教育部人文社会科学重点研究基地
山西大学“科学技术哲学研究中心”基金　　资　助
山西省优势重点学科基金

山西大学
分析与人文哲学丛书
魏屹东/主编

语言与逻辑

——当代反实在论的核心问题研究

胡瑞娜◎著

科 学 出 版 社
北　京

图书在版编目(CIP)数据

语言与逻辑——当代反实在论的核心问题研究 / 胡瑞娜著.—北京：科学出版社，2016.4

（分析与人文哲学丛书 / 魏屹东主编）

ISBN 978-7-03-047594-7

Ⅰ.①语… Ⅱ.①胡… Ⅲ.①批判实在论-研究 Ⅳ.①B085

中国版本图书馆 CIP 数据核字（2016）第047023号

责任编辑：邹 聪 刘 溪 刘巧巧 / 责任校对：张怡君

责任印制：赵 博 / 封面设计：无极书装

编辑部电话：010-64035853

E-mail：houjunlin@mail. sciencep.com

科学出版社出版

北京东黄城根北街 16 号

邮政编码：100717

http://www.sciencep.com

北京科印技术咨询服务有限公司数码印刷分部印刷

科学出版社发行 各地新华书店经销

*

2016 年 4 月第 一 版 开本：720×1000 1/16

2025 年 2 月第六次印刷 印张：16

字数：304 000

定价：78.00元

（如有印装质量问题，我社负责调换）

丛书序

分析哲学作为一种运动，自身有着各种不同的方法和理论主张。而统一这个运动的则是理性精神、对独断假设的怀疑以及追求严格的论证和自然科学模式的清晰性。这体现了分析哲学的逻辑特征和方法论特征。分析哲学注重审视哲学的性质、任务与范围，强调应用多元化的逻辑分析、语言分析与心灵哲学分析等方法。本丛书主要关注分析哲学和逻辑哲学，涉及的问题包括语境论、语义学、隐喻、真理理论、意义理论、指称理论等。逻辑哲学主要关注三个方面：逻辑的哲学分析，如逻辑的性质、逻辑与非逻辑的划界、逻辑与其他学科的关系等；对各种逻辑系统内所提出的问题的哲学回答，如蕴含与推理、有效性、悖论等；对于逻辑和哲学的基本概念的精细分析，如名称与摹状词、意义、指称、真理等。本丛书具体探讨了以下五个问题。

第一是逻辑真与意义的融合、分离问题。20 世纪现代形式逻辑的诞生使意义理论成为显学，并使得意义理论的研究与逻辑和真密切相关，这就让真与意义联系在了一起。20 世纪 80 年代，哲学的认知转向，促使人们热衷于自然语言意义理论，又使得真与意义和认知主体、认知实践相结合，真与意义的关系变得更为复杂，导致了以戴维森为代表的真与意义融合论和以达米特为代表的真与意义分离论两大阵营的争论。此后，哲学的实践理性转向使得越来越多的学者认识到，哲学要面对世界向它提出的问题，否则没有意义，逻辑的弱点在哲学领域似乎显露出来了。于是，哲学家、逻辑学家都热衷于研究实践中自然语言的意义理论，侧重于形式研究的逻辑似乎被哲学的光环所掩盖，自然语言意义理论中出现了真与意义融合还是分离的争论。

面对这场争论，学界或是对不同的意义理论进行内容上的建构、阐述，或从哲学角度对不同的意义理论进行优劣比较分析，或是对某个意义理论中的真与意义进行分析、评论，或对“真”的本质进行探析，但均没有专门以“真与一种内化的精神力量平衡于理性外化的物质力量，可以以其神秘主义对抗现代科学技术的去蔽，还自然以面纱，还世界以崇高。

在方法上，运用现象学方法和案例分析如关于尼采、克尔凯郭尔、詹姆斯、弗洛伊德、胡塞尔、海德格尔、萨特、伽达默尔等的相关理论和一些宗教现象的案例，对制度宗教观、基督教神学以及其他理性的宗教信仰研究方法进行悬搁，回到宗教信仰本身，通过对宗教信仰现状和宗教信仰活动的直观，探究宗教信仰的由来，分析宗教与科学关系的演变，反思科学时代的宗教信仰，解释宗教信仰经验，论证世俗化宗教信仰的合理性，最终是要寻求科学与宗教的融合、理性与非理性的平衡、人与自然的共设。

第五是宗教的“希望”范畴问题。莫尔特曼（J. Moltmann）是20世纪西方最具影响力的宗教哲学家和基督教神学家之一。他的思想以“终末论的希望”为起点和方向，对传统基督教神学中的上帝论、基督论、三一论、创造论、圣灵论、终末论、教会论等主题进行了创新性研究。这些研究与战争、解放、和平、人权、生态等社会现实问题联系密切。其早期思想从时间维度探讨上帝的应许以及对来临的上帝的期盼，并引申至政治神学领域。后期则在时间框架内引入上帝的自限（Self-limitation）与内住（insedere）等空间概念，通过对创造论信仰的重新解释，回应了生态自然领域的危机与挑战。我们正是从时间、空间和实践三个维度对莫尔特曼的“希望”范畴进行哲学诠释，具体是对“希望”范畴做细致的语词分析、意义阐述和哲学史梳理，从哲学维度对一个典型的神学主题进行深入的哲学分析，强调希望神学作为一种处境神学，对社会、历史和实践的关怀和反思。相信这一研究有利于启发读者从一种理性的视角认识宗教，了解宗教主题的深层内涵，正视其学术价值和现实意义。

魏屹东

2015年10月10日

前　言

实在论与反实在论分别代表了两种不同的哲学倾向，它们自始至终都作为两大对立的派别在西方哲学的历史长河中存在。尽管长期以来这两大哲学派别处于相互对峙的状态，一直进行着不休的论争，但是也恰恰是在这“对抗”与“排斥”中，二者分别展现出了各自不同的风格，不断地发展壮大起来。尤其是到了 20 世纪 80 年代之后，实在论与反实在论开始从僵持走向了对话与沟通，甚至还出现了试图调和这两种哲学的观点，二者的斗争与并存更成为当代西方哲学尤其是科学哲学发展中极其重要的特征。

随着现代数理逻辑和量子力学的发展，实在论受到来自各方面的挑战，面临各种困境。而现代数理逻辑和量子力学所证明的排中律和二价原则的无效性则为反实在论提供了强有力的依据。另外，从根本上来说，随着对形而上学的拒斥带来的“本体论的弱化”以及“语言学转向”的到来，语言和逻辑成为当代反实在论研究的核心。因此，站在反实在论立场上，从语言和逻辑这两个分析策略入手对当代反实在论进行全面的考察和分析、系统的把握和整合，揭示反实在论的发展趋向，进而把握当代实在论的发展趋向，不仅能够为反实在论研究提供广阔的视野，而且能够为实在论甚至整个西方哲学研究提供方法论启迪，对于解决实在论与反实在论之争具有实际意义，对于西方哲学研究具有一定的基础意义和理论价值。

尽管人们在科学实在论的探究过程中也曾对反实在论进行了分析和探讨，但是可以看出，这些分析和论述基本上都是站在科学实在论的立场上来看待反实在论的。因此，通过对当代反实在论研究的一系列考察，我们认为，在关于当代反实在论的总体特征和发展趋势的研究方面，国内外专家和学者所进行的研究工作还是较为欠缺的，但不可否认的是，实在论的研究和发展不仅离不开反实在论，相反，其必定是与反实在论息息相关的。而且，从某种意义上讲，实在论（尤其是科学实在论）在20世纪的复兴和发展是与以经验主义思潮为核心的反实在论的运动密切相关的。

众所周知，现代经验主义的基本原则在本质上就是对大卫·休谟（David Hume）的《知识论》中基本信条的精炼和修正。尽管休谟对经验问题的处理走向了极端，但是不可否认的是，休谟问题所产生的历史影响是深远的，它构成了之后一切经验主义者的不衰主题。对这一问题的不同解决和发展，形成了各自不同的观点、流派和演变阶段。

正是由于近代经验主义的片面性和极端性，随着世纪之交的科学革命的到来，自休谟以来的传统经验主义，在对科学理论的解释方面，遇到了不可解决的困难，于是，通过对传统经验主义的修正，以工具主义（instrumentalism）、操作主义（operationalism）和逻辑经验主义（logical empiricism）这三大经验主义流派为代表的新经验主义出现了。而它们也成为20世纪初最早的反实在论的流派。

从20世纪50年代初开始，以汉森（N. R. Hanson）、图尔敏（Stephen Toulmin）、费耶阿本德（Paul Karl Feyerabend）、库恩（Thomas Samuel Kuhn）和拉卡托斯（Imre Lakatos）为代表的反实在论从科学史和科学方法论的角度对新经验主义进行了猛烈的抨击。

正是基于对新经验主义的批判，库恩等建立了历史经验主义，试图从历史的角度挽回经验主义的命运。因此，尽管历史经验主义对休谟以来的传统经验主义和新经验主义都进行了批判，但是，从本质上讲，它仍然是西方经验主义在20世纪哲学发展中的一个变种，是经验主义在经历了一系列批评和责难之后所作出的选择。不过，就在这些必然性、必要性和合理性的背后，也同样隐藏着它的片面性、局限性和矛盾性。因此，随着它的矛盾的不断突显，历史经验主义也受到了来自内部和外部的各个方面的批评和攻击。正是在这样一种背景下，出现了以劳丹（Larry Laudan）、范·弗拉森（Van Fraassen）、达米特（Michael Dummett）、罗蒂（Richard Rorty）等为代表的反实在论者。他们一方面对实在论提出一系列批评，而另一方面也对以往的反实在论进行修正来发展他们各自的理论。而恰恰是反实在论自身内部的争论和反思，不仅使得它们不断修正自身理论的缺陷而寻求进一步发展，而且也令科学实在论开始反思自己，寻找自身理论的生长点。事实上，伴随着经验主义思潮的演变，当代反实在论逐渐形成了不同于休谟式传统经验主义的独具特征的经验哲学，因而也加剧了它们对科学实在论的责难。[①]

显然，对反实在论的研究与对实在论的研究同等重要。尤其是从20世纪80年代以来，随着当代自然科学越来越远离经验的发展，实在论更是面临着来自哲学各个领域的反实在论的挑战。例如，科学哲学中范·弗拉森对塞拉斯(Wilfred Sellars)的挑战、罗蒂与普特南(Hilary Putnam)的争论，以及语言哲学中罗蒂与戴维森(Donald Davison)之间的理论纠葛、达米特对戴维森的挑战、丹尼尔·丹尼特(Daniel Dennett)对塞尔(John Searle)的反驳等。正统的科学实在论由于受到强烈的批判，内部开始出现严重的分化，出现了标有各种不同修饰词的实在论概念。为了能够应对反实在论对它们的诘难，实在论不得不改变策略以寻求出路，于是这两个哲学流派从僵持走向了沟通和对话，实在论开始借鉴反实在论的观点，反实在论也吸取了实在论的方法。有些哲学家虽然声称自己是实在论者而拒不承认反实在论，但他却在暗自"贩运"反实在论的观点。事实上，经过实在论与反实在论的长期论战，实在论者们已经越来越清醒地意识到，反实在论的论证已经越来越精确化，越来越合理化，越来越复杂化，因而也越来越难以驳倒。因此，当代实在论与反实在论之间的争论表现为越来越趋向于缓和，交叉和渗透的趋向越来越明显地体现在各自的发展中。

正是基于这样一种研究现状，站在反实在论而不是实在论的立场，从一个全新的视角，客观地对当代反实在论的特征和发展趋向进行系统的梳理和评价，内在地揭示当代反实在论作为一种认识论和方法论原则在科学研究中的意义，阐述它所具有的认识论、方法论优势以及自身所存在的缺陷，就自然而然成为当代西方哲学研究中一项极其重要的课题。

当代西方哲学表现出的最显著的特征之一就是，哲学的语言逻辑化和语言逻辑的哲学化。一方面，哲学的后形而上学发展要求在语言和逻辑中寻求它的具体应用层面，引入语言和逻辑的分析手段以丰富自身的方法论特征，通过语言和逻辑的分析来揭示命题的特征和思想的本质；另一方面，语言和逻辑在摆脱了单纯的工具媒介特质后趋向于抽象和理性，试图在哲学基础上奠定自身的实在或本体地位，形成自身与世界的特定关联。正是当代西方哲学发展的这一趋势，使得整个21世纪的西方哲学的发展也深深地打上了"语言和逻辑"的烙印。哲学家们纷纷表现出对语言和逻辑问题的强烈兴趣，将语言和逻辑作为一种极其重要的分析方法来构造、解释和评价哲学理论。站在这样一种哲学大背

---

① 以上参见郭贵春 . 1991. 当代科学实在论 . 北京：科学出版社，第五章第一节。

景中，当代西方反实在论将语言和逻辑分析作为批判实在论并走出困境的一个重要手段，并随着“语言学转向”（linguistic turn）、“解释学转向”（interpretive turn）以及“修辞学转向”（rhetorical turn）这三大转向的到来，分别从语形、语义和语用层面以及隐喻分析、意义理论层面展开了其理论构建。尽管从这几个层面进行理论分析在一定程度上曾成功地解决了反实在论所面临的难题，但是它们毕竟有一定的局限性。因此，如何将语形分析、语义分析、语用分析、隐喻分析进行整合，构建一个更为完善、更为合理的语言和逻辑分析方法系统就成为一个非常重要的问题。

近几年来，“语境”（context）这一概念成为我们关注的焦点。语境作为科学哲学和语言哲学的横断的方法论研究基底，它不是一个孤立的、单纯的实体，而是一个具有复杂内在结构性的系统整体。因此，将“语境”作为研究的视角和方法去审视当代西方反实在论的发展历程，合理地解决语言分析和使用过程中所涉及的心理的、历史的、社会的等方面的问题，不仅为当代反实在论将语形、语义、语用分析和隐喻分析方法整合提供了可能，而且为整个语言哲学和科学哲学的共同发展提供了一个十分经济的基础。正是基于上述背景，本书从语境的研究视角对当代反实在论的核心问题，即语言和逻辑进行了系统、细致的考察，从而在语境的基底上揭示当代西方反实在论在语言和逻辑问题上的本质，进而彰显当代整个西方哲学的本质特征及其发展趋向。

事实上，关于实在论、反实在论乃至非实在论和准实在论，并没有一个严格的划分。尤其是非实在论和准实在论，从根本上来讲，它们对实在论和反实在论的反驳都是伴随着对后者的研究和论证的。而且，有许多自称是实在论的哲学家，或者受到反实在论的极大影响，或者影响了反实在论者，如实在论者弗雷格（Frege G.），不仅影响了整个分析哲学尤其是逻辑经验主义，而且还对当代著名的语言哲学的反实在论者达米特产生了极大的震撼；戴维森则大大影响了罗蒂；甚而至于有的实在论者还与反实在论纠缠不清，如普特南的内在实在论、奎因（W. V. Quine）的逻辑实用主义等。这就表明，仅从反实在论的角度去进行研究工作，也就是说，要给实在论和反实在论一个明确的划分无疑是一项较为艰难的工作。因此，本书中对那些曾对反实在论起到巨大影响力的实在论哲学家的思想也进行了分析和探讨。

此外，众所周知，实在论在哲学的不同领域有其形形色色的形式，相应地，反实在论也必然具有不同的表现形式。由于篇幅所限，本书只讨论科学哲学、心灵哲学与语言哲学领域的反实在论。之所以把这三者联结起来，是因为三者之间的关系较为密切。科学哲学、心灵哲学离不开语言哲学，语言哲学也必然对科学哲学、心灵哲学中的问题进行语言分析。因此，本书在探讨当代西方反实在论时，将科学哲学中的反实在论、心灵哲学中的反实在论与语言哲学中的反实在论都包括了进来，如科学哲学中的卡尔纳普、库恩、劳丹、范·弗拉森；心灵哲学中的丹尼特等以及语言哲学中的达米特、罗蒂等。

一方面，由于反实在论自身在表现形式与结构上的多样性和复杂性，因而本书涉及的哲学概念、哲学学派的内容非常丰富；另一方面，囿于本人的学术水平和资料的局限性，虽然尽其所能，但本书仍不可能对语言和逻辑分析方法层面的当代反实在论给出详尽无遗的评述，而仅仅是从特定专题性视角尽可能全面把握反实在论的一种尝试。本书不可避免存在着许多缺点和不足之处，在此请专家和学者们给予批评和指正。

胡瑞娜

2015年10月30日

目 录

第一章 当代反实在论的语言和逻辑转向

当人类理性地回顾、审视、整理和总结整个哲学的发展历程并展望哲学的未来发展趋向时，他们会自然而然地发现，哲学从产生以来，就与语言和逻辑密不可分，三者的关系源远流长。任何哲学思想都离不开语言和逻辑，思想的对象和思想过程本身都有赖于语言和逻辑。这也就是说，只有依靠语言和逻辑，才能把思想的内容和过程转化为可能把握的东西。

当代著名哲学家罗素（Bertrand Russell）就曾明确指出："语言也像呼吸、血液、性别和闪电等其他带有神秘性质的事物一样，从人类能够记录思想开始，人们就一直用迷信的眼光来看待它。"[①] 而且，从本质上讲，20世纪的西方哲学尤其是科学哲学、心灵哲学最根本的特征就在于，哲学家们以语言和逻辑为切入点，试图通过对语言和逻辑的研究去解决各种哲学难题，建构各种哲学新论。尽管这一尝试都以失败而告终，但是语言分析、逻辑分析作为构造、解释和评价理论的一种有效的方法，却越来越显示出其独特的魅力。正是在这个意义上，反实在论作为西方哲学尤其是科学哲学领域的重要组成部分，顺应整个西方哲学在20世纪发展的印迹，以"语言学转向""解释学转向"和"修辞学转向"这三个环节为基点和中枢，展开了其演化的历史进程、趋势定向和理性重建的模型及其各种特征。[②] 因此，本章旨在从宏观上系统地分析和揭示反实在论在其演变及其发展过程中与语言和逻辑的相互关联，阐明它在逻辑、语形、语义和语用中甚至在整体语境中演变和发展的总体特征和意义，这将是整个当代反实在论研究所面临的一项极其重要且不可忽视的任务。

---

① 罗素．1983．人类的知识．张金言译．北京：商务印书馆：68．

② 郭贵春．1995．后现代科学实在论．北京：知识出版社：11．

第一节 当代反实在论存在的历史渊源及其现实意义

一、反实在论的界定及其形式

当我们站在21世纪这一崭新的时期，回顾和考察整个20世纪西方哲学尤其是科学哲学的发展及其走向时发现，实在论与反实在论自始至终都作为其重要的两大对立的分支在不休的论争中存在并发展。正是在这论争与对立中，反实在论作为对自然科学进行哲学解释和理性重构的一种思潮或运动，成为人类理性发展和科学哲学发展中的一支劲旅，显示出了其勃勃的生机，以及独特的风格、特征、形式和发展趋向。

那么，究竟什么是反实在论呢？它与实在论的关系如何？二者争论的焦点是什么？争论的结果怎样？

不言而喻，反实在论是相对于实在论而言的，它是在与实在论的论争中形成的一个联盟。由于不同的哲学家对“实在”有着不同的理解和解释，所以就必然存在着不同形式的实在论。这样一来，针对实在论而言，反实在论就并非一个单独的流派，而是由很多流派构成的。事实上，对于“实在论”这个术语，以往的哲学家们并未很明确地给出界定。正像普特南所说：“‘主义’（ism）一词在哲学中已经不时髦了，这无疑是件好事，但某些‘主义’的词依然明显地顽固不化。‘实在论’就是这种词。近来，越来越多的哲学家都在谈论实在论，却很少有人谈到什么是实在论。”[①]正是基于这样一种状况，普特南为实在论进行了界定。在他看来，所有的实在论都有一个共同特征，就是承认真理的符合论。另外，为了进一步解释实在论，他还把实在论分为三种。第一种是唯物论的实在论，这是指物理主义（physicalism）的观点。他不同意物理主义把语言的意向性以及其他所有性质都归结为物理的性质。第二种是形而上学的实在论，即主张存在一个超越了所有人类可能认识的东西之外的真理观念。普特南声称这种观点也是他所不能接受的。第三种是他所谓的趋同的实在论，即是指把一切成熟的科学理论中的名词都看作是有所指称的，所以在一定程度上，这些理论或

① Putnam H. 1978. Meaning and Moral Sciences. London：Routledge & Kegan Paul Ltd：18.

多或少地近似于真理。这种主张是对科学与科学对象之间关系的一种描述。普特南认为，这种实在论把“有电子流经导线”这个陈述和“房间里有一把椅子”或“我头疼”这样的陈述看作在客观上是同样真实的。正如椅子（或感觉）的存在是客观的一样，电子的存在也是客观的。在这种意义上，普特南把自己看作是一个科学实在论者。

事实上，除了普特南所给出的关于实在论界定之外，哲学史上还存在着关于实在论的其他各种界定。例如，早在中世纪的哲学中，实在论就已经作为与唯名论（nominalism）相对立的概念而出现了。此时，它主张“一般”先于“个别”而存在，因此，作为一般的宇宙是实在的、客观的。到了近代哲学，实在论则主张，物质客体是独立于我们的感觉经验且外在于我们而存在的。在这个时期，实在论一般来讲是与唯心主义（idealism）相对立的。到了当代，对实在论又出现了新的界定。例如，科学实在论的创始人，美国著名科学哲学家威尔弗莱德·塞拉斯受其父亲罗伊·伍德·塞拉斯（Roy Wood Sellars）的物理实在论的影响，曾为科学实在论进行了界定，在他看来，科学研究的对象、状态和过程是真实存在的，微观观察不到的客体也是真实存在的；认识是外部世界的映像，理论对象只要在认识上有效，它便是实在的；科学理论是近似真的、趋近于真理的过程。而作为反实在论代表的范·弗拉森也曾经给科学实在论下了定义，他在其《科学的形象》一书中明确指出，科学实在论就是指，“科学给予我们的世界图景是真实的，其细节是可信赖的，科学所假设的实体是真实存在的；科学是通过发现而不是发明而获得进步的”①。因此，“科学的目的，就是要在其理论中给出关于‘世界是怎样的’本义上为真的描述；对科学理论的接受涉及其为真的信念”②。不管以何种方式对实在论进行界定，当代反实在论与实在论的争论从表面上看似乎都是围绕“科学能否表达外部世界的实在”这一问题展开的。例如，澳大利亚的科学实在论者埃利斯（B. D. Ellis）指出，“科学的理论观点是或力图成为对实在的真正普遍化了的描述”③。科学理论无论是物理实体、物理事件，还是时空关系、因果关系，所表达的对象都具有实在性。一切客体与事件都可还原为基本粒子、场，以及四种基本相互作用和由此产生的能量转换过程；所有事物的复杂时空关系都可还原为最终的物理组成关系。可见，在科学实在论者看来，科学所认定的世界是真实存在的，是客观的。而反实在

① van Fraassen B C. 1980. The Scientific Image. Oxford，New York：Oxford University Press：6-7.
② van Fraassen B C. 1980. The Scientific Image. Oxford，New York：Oxford University Press：8.
③ van Fraassen B C. 1980. The Scientific Image. Oxford，New York：Oxford University Press：7.

论者劳丹却认为，尽管科学实在论者认为由成功的科学理论一定可以推论出客观世界的存在，但其实科学并不一定成功。而且，即使科学的理论是成功的，也不要求它的词语都有所指谓。例如，化学上的燃素说、热素说，物理学上的热之唯动说、电磁以太说、光以太说，生物学上的活力论等，“其中许多核心说明概念都是成功的，然而却是非指谓的”。虚假和真实的理论都有成功机会。“一个理论之所以是成功的，仅仅因为它是有效的，或者说它是使用得很好的”①，但却不一定具有真理性。日本的实在论哲学家美浓正认为，所谓的日常世界和科学世界实际上只是在概念上不相干的两种立场或视角下所见到的同一个世界的两种不同的图景。不论是理论词语，还是日常词语所指示的对象都是实在的。正像“关于桌子的许多常识信念，与20世纪20年代由物理学阐述过的许多信念，以及由量子场理论提出过的许多信念是真实的一样，也都是名副其实的、真实的”②。而日本的反实在论哲学家黑崎宏则从日常世界观的角度出发，反对科学理论能够表达客观世界的观点。他明确指出：“我们的日常世界图像与科学世界图像虽然是不可能并存的，是二者择一的，但完全有理由把日常世界图像与科学世界图像作为世界的真实图像。因此，在科学实体问题上，应当采取反实在论观点”③。

加拿大的科学实在论者哈金（I. Hacking）从实体实在论和理论实在论相统一的角度批判了所谓理论实体不存在的观点。他认为，实体实在论断言，电子、夸克、场、波、黑洞等实体是真实存在的，这是正确的；理论实在论把理论作为真理的候选者，其目的在于求真，也是正确的。因为“假定的或推测的实体之实在的最好证据就是我们能够着手测量它，能够理解它的因果效应。另外，关于这种理解所拥有的最好证据是：我们能够从头开始制造运转相当可靠的机器，以利用这种或那种因果效应，所以，工程技术而非理论活动是关于实体的科学实在论的最好证明”④。但从更深层的原因来讲，则是在于科学假设的实在性问题或者语词所指称的对象的实在性问题。在实在论者看来，科学假设虽然可能无法用经验的方法得到证实，但它们设定的实体或过程却是在整个假设中起到了基础作用，因而，我们完全应当承认这样的实体是存在的或这个过程是真的。而在反实在论者那里，则认为科学的目的不是要证明科学理论的真理性，而是要寻求科学理论的恰当性，因此，对科学成功的解释并不能也不需要保证

① Laudan L．1981．A confutation of convergent realism. Philosophy of Science，48：36；3：22-24.
② 美浓正，刘绩生．1991．科学与反实在论．哲学译丛，(3)：35.
③ 美浓正，刘绩生．1991．科学与反实在论．哲学译丛，(3)：31.
④ Hacking I．1983．Representing and Intervening．Cambridge：Cambridge University Press：274.

科学假设的合法性，它仅仅是说明了成功的科学假说在一个具体的场合或语境中发挥了作用，但这并不需要保证其中承诺的实体是存在的或这个过程是真的。

显然，从实在论与反实在论争论的问题来看，反实在论与反实在是根本不同的。反实在是从根本上就反对客观世界存在的真实性，反对离开人的意识而独立存在的、不能为人的感官所感知的客观事物。而反实在论并不反对世界本身究竟是否真实存在的问题，相反，它对这个问题的回答同实在论一样也是肯定的。反实在论反对的仅仅是自然科学所揭示的世界是否真实存在的问题，反对的仅仅是超出经验的实体或不可观察的实体是否存在的问题。因为反实在论从某种意义上讲，就是彻底的经验主义，它在理论上是完全诉诸经验论的，也就是说，反实在论比起实在论而言更容易在经验上获得满足，而无需假设任何超验的、神秘的、不可观察的世界。在反实在论看来，自然科学所揭示的只是一种“理论实体”而非“自在实体”，换句话说，理论实体尤其是不可观察的理论实体和自在实体之间并没有一致性，而是存在着一条永远不可逾越的鸿沟。显然，当代反实在论对不可观察世界的观点实质上仍然具有中世纪唯名论的倾向，即认为自然科学所揭示的“理论实体”只是一个假设的名词而已，并不具有实在性。因此，从这个意义上讲，尽管当代反实在论与实在论的对立与斗争随着哲学的不断深化，论争的重心已经发生了转移，显示出全新的特点，但是与传统的实在论与反实在论的对立与斗争相比仍具有某种相似性。

如前所述，当代反实在论并非一个单独的流派，而是对应于不同的实在论形式，在不同的阶段和层面，形成了不同的反实在论的形式和派别。具体地讲，对于不同的实在论者，由于他们从不同的角度和方法对科学理论进行研究、解释、说明和评价，因而构成了以各自不同的立场和观点为基点的体系，以及具有复杂性的理论内容和层次结构，从而也就表现出了各种不同的实在论形式。我们大致可以把它们分为以下几种：本体实在论（ontological realism）、认识实在论（epistemological realism）、目的实在论（intentional realism）、方法实在论（methodological realism）、参照实在论（referential realism）以及语义实在论（semantic realism）等。

所谓本体实在论，主要是强调科学是研究独立于精神和观察的外在世界的，即客观物质世界构成了科学研究的对象。所谓认识实在论，反实在论者劳丹曾经给出了一个非常贴切的概括，即“认识实在论是一种经验的假设，它奠基于它解释科学活动的能力的基础上。越来越多的哲学家［如波义德（B. Boyd）、牛顿－史密斯（W. H. Newton-Smith）、西莫克（Simok）、普特南（H. Hilary

Putnam）和尼尼鲁托（Ilkka Niiniluoto）］已经认为认识实在论的原则具有作为科学的非常相同的经验地位的看法，成为被欢迎的观点之一；无论是否能够经得起详尽的研究，但这个看法毕竟标志着通过哲学的共同体面对了一个最被忽视的（和众所周知的）哲学问题，认识论主张的地位问题”[①]。所谓目的实在论，其特点就在于他们是根据直觉而不是根据经验的证实，来对某一理论所支配的、语法上相关的术语相一致的实体存在作出断言的。一般而言，这种实在论是基于某种科学或哲学的信仰，并通过断言而使得理论实体与客观实体对应起来的。所谓方法实在论，尽管从表面上来讲，与目的实在论有某种相似之处，但是，这种形式的实在论更多地强调的是，要为区分那些语法上相关的理论术语而提供一个目的实在论所缺乏的基础。因此，这种形式的实在论不是由纯粹的理论解释（理论的断言），而是由包含在（理论的或实验的）研究中的推理的解释所引导的。[②] 所谓参照实在论，即是认为，“科学方法不能产生真理”[③]。因此，实在论必须放弃建立在关于命题的真假“二价原则”之上，而以实体的“存在和非存在”来取代一个陈述的真或假，以实体作为科学实在论阐述的核心，使科学实在论建立在“事物和物质实践”之上。所谓语义实在论，则是从语义分析的角度，强调科学理论的语句是具有真值的，理论中并不存在“观察语句”与“理论语句”之间的严格的划界，成熟科学的理论术语不仅典型地涉及了相对应的客观实在，而且这种科学所描述的规律典型地接近了真实。

事实上，对实在论的分类除了上述这种区分以外，还有很多种。例如，反实在论者劳丹在其《进步及其问题》一书中，就对实在论进行了划分。在他看来，实在论至少有三种形式：第一种实在论是本体论的实在论，即认为世界具有独立于作为认识者的我们的确定性。从这个意义上讲，本体论的实在论是与唯物主义相对应的。而劳丹本人也承认自己始终是坚定地相信本体论实在论的正确性的。因为，在他看来，我们只有假定科学家并不是在虚构他们的工作，科学的成功才能予以解释，从另一个角度而言，如果否定世界的客观存在，就无法解释科学活动与科学成功。第二种实在论是语义的实在论，这种理论断定科学理论、科学定律和科学假说是关于世界所作出的或真或假的断言。在劳丹看来，语义学的实在论对理解科学理论的语义学作出了唯一一个连贯的叙述。第三种实在论是认识论的实在论。这种实在论主张：对于得到最好确证的那些

① van Fraassen B C. 1984. To save the phenomena//Leplin J Scientific Realism. California：University of California Press.

② 郭贵春. 1991. 当代科学实在论. 北京：科学出版社：15.

③ Harre R. 1986. Varieties of Realism. Oxford：Basil Blackwell：9.

自然科学理论，我们有权接受它们为真。但是，劳丹认为，这种实在论过于乐观了。在他看来，如果把科学描述为对真理的追求，那么就必然会得出这样一个结论，即科学总是令人沮丧地遭到失败，因为实际上我们所了解的所有重大理论已证明均存在例外。正是在这个意义上，劳丹得出结论说，科学活动的目的将不再是追求真理，而是成为一种解决问题的活动，应当取消认知实在论的核心地位。劳丹正是在这个意义上，成为一名反实在论者的。

显然，对实在论存在着各种不同的分类，而正是由于这些分类，出现了各种不同的实在论形式。针对这些不同的实在论形式，对当代反实在论的划分也表现出了它的多样性和复杂性。

一般而言，如果从特征上划分，20世纪以来，反实在论主要表现为现象主义（phenomenalism）、工具主义、操作主义、约定主义（conventionalism）、实用主义（pragmatism）、逻辑经验主义、构造主义（constructivism）等形式。具体来讲，以迪昂（P. Duhem）为代表的工具主义对休谟以来的传统经验主义做了两点最重要的修正。其一，在经验主义的理论中引入了“一致性理论”，从而将立足点从传统经验主义的经验基础转向了对这个基础的理论解释。在他们那里，一个科学理论中，理论术语是没有意义的，因为它不涉及可观察物。如果非要说它具有意义的话，那么，它所具有的唯一意义，也不过就在于从观察语言经过演绎的链条而展开的逻辑的形式意义。因此，对于科学理论而言，最有意义的不是直接观察到的东西的精确性质，而是对被观察到的东西（即理论事实）给出解释性的表述，因为正是这些理论事实的集合构成了科学知识的基础。可见，工具主义的整个理论都是建立在可参照的观察语言之上的。其二，在经验主义的理论中引入了“相关性理论”，从而认为理论事实不是孤立的，它们结合在一起并形成了对经验进行完全数学化表述的规律“网络”。这也就是说，无论是理论事实还是与这些事实相关的联系都不能孤立于网络的其他部分而独立地被决定，相反，一个假设系统必须受到作为整体的经验的检验。显然，工具主义作为反实在论的典型流派，它是彻底的现象主义在经验领域内“后退”的产物。

以布里奇曼（Percy Williams Bridgman）为代表的操作主义尽管也是反实在论的一个重要流派，但是却与工具主义在语义分析层面具有极大的区别。与工具主义不同，他们并没有武断地将科学理论中的理论术语全部视为是无意义的，相反，在他们看来，如果能够通过那些术语的应用而证明可观察实体的存在，并且同时能够对操作或实验的结果给出说明的话，那么，这些理论术语就是有意义的，我们就可以对这些术语进行可操作的定义。在这里，这些术语不涉及不可观察物，而仅仅是涉及可观察术语所组成的复杂的“词组速记”。显然，在操作主义那里，只有那些涉及不可观察实体且不能对操作或实验的结果给出说明的理论术语才是无意义的，因而也是必须从科学理论中排除出去的。另外，操作主义的理论陈述虽然与现象主义的（关于物理对象的）陈述类似，但现象主义要求将这种陈述转换成感觉资料陈述，而操作主义则将理论陈述转换成关于可观察实体的陈述，因此，在这一方面，操作主义也把理论术语看作是有意义的。可见，在这里，一个理论术语是否有意义关键就在于它是否在可观察层面上具有可操作性。正像布里奇曼所说：“总之，一系列操作比任何概念都更有意义，概念是相应的一系列操作的同义词。”① 可以看出，操作主义没有简单地诉诸直观的印象和简单的经验概括，而是将操作过程与观察术语直接联系起来，从而从根本上对传统经验主义做了修正。

以维也纳学派为主体的逻辑经验主义，以不同的形式在经验主义中引入了“一致性”和“相关性”理论，形成了不同于休谟式传统经验主义的独具特征的经验哲学。在他们看来，休谟式的传统经验主义是不完全的、哲学自然主义的经验主义，因此，他们要突破休谟的传统经验主义模式而试图在科学理性的重建中，构造逻辑的经验主义。这样一来，逻辑经验主义一反传统经验主义直接涉及“事件”的自然性，而强调涉及关于“事件陈述”的逻辑性，即强调观察陈述构成了整个科学理论的理性重建的逻辑起点。在他们那里，只要是在满足了有意义的证实标准的基础上，所有理论术语就在认识论上都是有意义的。

可见，尽管工具主义、操作主义、逻辑经验主义对自休谟以来的传统经验主义所做的修正不尽相同，但它们都是为了避免有限的经验与无限的客观世界之间、具体的观察事实与抽象理性的普遍性之间的矛盾，而将经验范围之内的不可观察物作为形而上学的东西予以限制或彻底地从科学研究的领域中排除出去，并且用可观察陈述取代直观的印象而作为整个理论的基础和源泉，从而从直观的经验主义走向了语义的经验主义。为了避免传统经验主义过分强调经验基础而转向了对经验基础的理论解释的强调，即从对经验事实对精确性的要求转向了对事实陈述的理性分析的要求，从而从朴素的、外在的经验主义走向了烦琐的、内在的经验主义。为了避免传统经验主义以单纯的因果联系为整个理论的网络和构架，因而具有了自然的、归纳的特征转向了以复杂而精确的现代

① Runes D D. 1967. Dictionary of Philosophy. New York：Philosophical Library：247.

科学逻辑作为经验基础之上理性重建之手段，因而具有了理性的、演绎的特征，从而从自然的经验主义走向了逻辑的经验主义。为了避免传统经验主义单纯注重个别的陈述和假设，因此强调个体陈述或假设的独立性“对应证实”，转向了注重理论的整体系统，因此强调所有陈述之间的相关的总体分析，强调对理论的内在结构的构造，从而从孤立的经验主义走向了系统的经验主义。

如果从纵向发展阶段上划分，反实在论则又表现为逻辑经验主义或逻辑实证主义（logical positivism）、批判理性主义或证伪主义（critical rationalism or falsificationism ）、历史主义（historicism）、后历史主义（post-historicism）、建构经验主义（constructive empiricism）以及新实用主义（new pragmatism）等这些流派。

如果从范围上来划分的话，可以划分为一般的反实在论（general antirealism or global antirealism）与有限的反实在论（limited antirealism）两种形式。一般的反实在论主要表现为从整体上一般地否认科学理论实体的本体论地位，而不做更详细的分析；而有限的反实在论则仅仅否认理论实体所参照的特定层次的实在性，如那些原则上不可观察的理论实体。而对于原则上可观察的实体，则完全承认其本体论的地位和意义。例如，范·弗拉森、劳丹以及麦克斯韦（G. Maxwell）就是这个意义上的反实在论者。他们都坚持认为，任何理论实体的存在都是由它所存在于其中的“理论的成功”所保证的。正如麦克斯韦所表述的那样：“实在论是真的，当且仅当它是可能的真的，即那些不可观察的实体归属于科学理论的存在。倘若那些理论失败的话，它们就不存在了。”①

如果从程度上来划分的话，则可分为“强”反实在论（strong antirealism）与“弱”反实在论（weak antirealism）两种形式。“强”反实在论从根本上排斥科学实在论，并试图通过某种确定的划界标准将实在论问题的研究作为形而上学而划出科学的范围；而“弱”反实在论则不是从根本上排斥科学实在论，也并没有绝对地在科学理论中拒斥形而上学的概念。“弱”反实在论立足于彻底的经验主义，仅是在常识的水平上，承认外在世界的实在性以及理论实体的存在，同时也承认某些形而上学概念在科学理论中可以作为工具和手段而被引入的必要性。

尽管反实在论在整个科学哲学发展历程中的各个阶段和层面的表现形式不尽相同，以形形色色的派别而出现，但是，由于他们从各自不同的角度对科学实在论进行了怀疑和攻击，或强或弱地都表现出了“对科学实在论的乐观主义的‘反动’”②，即反科学实在论的态度，因而在这个基础上结成了广泛的联

① Trigg R．1980．Reality at Risk．Sussex：Harvester Press：188．

② 郭贵春．1991．当代科学实在论．北京：科学出版社：219．

盟，并在联盟的旗帜下对科学实在论进行着深刻的和尖锐的批评。正像当代反实在论的著名代表范·弗拉森所指出的：“劳丹于1981年出版的论文集《科学和假设》赋予我对特定的哲学观点以新的洞察……。它的反实在论和他的论证虽然与我不同，但我们却紧密地结成了联盟。……埃利斯对当前的问题讲得很清楚，而且他并不想停留在这里；他全力想取代他（根据普特南）称之为‘内在实在论’的实在论。他论争的矛头是，科学实在论者应该放弃实在论，或者转向实用主义的真理论。这种论证在我看来是非常有说服力的。……阿瑟·法因试图找到一个介于实在论和经验论之间的中间立场，这个立场他称之为自然本体论态度。这一态度认为，这两个阵营都是可接受的，每一方均可看到对方行进中的错误。……法因对他的立场的辩护，像劳丹、埃利斯和卡特莱特（N. Cartwright）的辩护一样，是由对实在论的论证进行研究和从事反驳相伴随的，我热烈地欢迎他们对我本人的增援。”① 正是由于上述各个流派之间的这种联盟，不仅使我们在某种程度上对它们进行整体性把握成为可能，而且还自然地强化了反实在论的力量，加大了科学实在论对反实在论进行责难与捍卫自身立场的困难和复杂性程度。可以说，当代反实在论不仅没有因为各种思潮，尤其是各种实在论对它的攻击而丧失其存在意义和价值，恰恰相反，正是在与实在论的论争中，当代反实在论获得了新的存在意义及其特征。在某种程度上，当代反实在论似乎越来越显示出自身的合理性。

二、当代反实在论存在的历史渊源

尽管当代反实在论通过从各个不同的角度对实在论的批评和反驳，不断发展壮大，形成了一个较为全面的联盟，但是我们应该看到，作为贯穿整个西方哲学史的哲学派别，当代反实在论仍然带有不可避免的历史印迹，深受其前人，如高尔吉亚（Gorgias）、洛克（John Locke）、休谟（David Hume）、康德（Kant）等人的影响。换句话说，当代反实在论的存在具有深刻的历史渊源。

早在古希腊，反实在论的主要表现形式为非实体论，其主要代表人物就是高尔吉亚。在他看来，存在即物是不存在的。事实上，通过考察高尔吉亚的思想，我们可以看出，他并不是认为存在绝对不存在，他只是认为，认识不能超越感知经验。因此，可以说，他的思想是近代经验主义哲学的最早前驱。他的

① Churchland P M，Hooker C A．1985．Images of Science．Chicago：The University of Chicago Press：245-246．

“无物存在”与贝克莱的“存在就是被感知”所要表达的意思是相近的。显然，这是一种极端的强反实在论的表现形式。

到了中世纪，反实在论则又以唯名论之称而存在，主要代表人物为极端的唯名论者让·吕塞林·洛色林（Jean Rucelin Roscelin），后来的温和的唯名论者皮埃尔·阿伯拉尔（Pierre Abelard）、罗吉尔·培根（Roger Bacon）、邓斯·司各脱（John Duns Scotus）、威廉·奥卡姆（William Occam）等。在洛色林看来，只有个别事物才具有实在性，“一般”“共相”只是有关事物的名称和观念，甚至只是声音或空气的振动，而不具有任何实在性。而阿伯拉尔则既反对安瑟尔谟（Anselmus）的实在论，也不同意洛色林的极端唯名论。他试图以唯名论为基础，极力去克服极端实在论和极端唯名论的片面性。在他看来，“一般”“共相”等不是独立自存的实体，而是概念、名词，只有个别事物是实在的。但作为概念、名词的“共相”，不仅仅是词，而且也有其客观意义。但这种客观意义并不意味着，共相所指称的是实体或有形体的事物，相反，其客观意义意味着，它们所指称的不是实体性或有形体事物。它虽然具有诸多个别的同类事物的相似性，但却不是诸多个别事物的共同本质。此外，罗吉尔·培根、邓斯·司各脱和威廉·奥卡姆在阿伯拉尔的基础上，对唯名论进行了发展。

近代反实在论的表现形式主要是休谟等彻底的经验主义、不可知论（agnosticism）和德国古典哲学中康德的先验哲学（transzendental philosohie/transcendental philosophy）等。按照休谟的观点，感觉经验是认识的唯一源泉，除了知觉，物质实体或精神实体存在与否，都是不可知的。而康德虽然肯定了“自在之物”的存在，但是对于“自在之物”这一超出我们经验的东西，我们一无所知，我们能够感觉到的“现象”，不过是我们的一种纯粹主观的感觉表象。

当代反实在论则是以19世纪的实证主义以及20世纪以来逻辑经验主义、证伪主义、历史主义、后历史主义、构造经验主义以及新实用主义等流派为其主要表现形式和主要特征的。

纵观整个西方哲学史的发展，实在论与反实在论之争无疑为我们梳理出了一条清晰的脉络。而正是在与实在论的争论中，反实在论与实在论一样都表现出了从强到弱、从极端到温和的发展态势。

可以说，当代西方反实在论之所以表现出了极强的生命力，其根源就在于，一方面，历史地讲，从洛克、休谟一直到实证主义哲学，向来就存在着经验主义的哲学传统，即强调感觉经验的唯一实在性，反对因果联系的必然性和有效性，从而反对客观实在的超经验的存在。而正是这一传统为反实在论提供了经验的理论基底；同时，随着当代自然科学尤其是现代物理学越来越远离经验直观的发展，从本体论角度对科学理论进行哲学层面上的构造、解释和评价面临着越来越多的困境，而科学哲学家尤其是科学实在论者在本体论方面也有所退却。而且，在此基础上，科学哲学家尤其是科学实在论者在认识论和方法论层面也在不断地弱化，这样一来就不仅在本体论层面而且在认识论和方法论层面也为反实在论提供了广阔的空间。具体而言，当代反实在论者反对把真理看作是与外在世界的一致，而仅仅强调真理所具有的理性的内在性或内在化，进而在认识论上对科学实在论提出了诘难。另外，建立在逻辑经验主义的意义理论之上的语义学观点，将任何表征实体的科学术语都还原为可观察性标准，并且用这个标准来评价理论术语的意义，从而否认了理论实体所对应的客观实在，进而在方法论上对科学实在论提出了质疑。另一方面，随着科学以及科学哲学的高度发展，科学家和科学哲学家们越来越开始关注作为科学哲学一部分的科学发展的非连续性、相对性和不可比性，这样就不可避免地将科学发展的累积特征（cumulative character）仅仅在相对的意义上赋予其低层次的经验规律，进而从整体性上否认了科学理论及科学真理发展的内在的前后相关性和累积性，从而导致了反实在论的趋向。[①] 而正是这一趋向为当代科学实在论与反实在论的融合提供了可能和契机。

显然，当代反实在论的存在和发展壮大绝不是偶然的和一蹴而就的，而是有其深刻的历史和理论根源的。

三、当代反实在论存在的现实意义

当代反实在论的存在之所以显示出强劲的发展势头，除了有其历史根源之外，还在于当代科学实在论自身所面临的困境以及当代反实在论自身具有的丰富的现实性，主要表现为：

1. 当代科学实在论在论证策略方面所面临的困境为反实在论提供了发展的契机

众所周知，当代科学实在论主张，科学理论为我们提供了关于不可观察的理论实体的本体论与认识论的陈述，并且认为有很好的理由可以令人确信这

① 郭贵春．1991．当代科学实在论．北京：科学出版社：221．

些陈述是正确的。这一观点主要集中表现在科学实在论关于“逼真论证”（the convergence argument）与“操作论证”（the manipulability argument）这两个论证策略中。“逼真论证”与“奇迹论证”（miracle argument）是紧密联系在一起的。其核心思想就是认为，只有始终坚持站在实在论的立场上，来解释实验现象与科学的成功，才能不会使其成为一种奇迹。斯芒特（J. Smart）、普特南和波义德就是这一论证策略的主要代表人物。他们分别从各自的立场给出了三种不同的论证方法。具体而言，斯芒特在其1963年出版的《哲学与科学实在论》一书中，就曾站在物理主义的立场上，通过其对宏观客体与微观客体的物理特征的考察，以及对现象主义的详尽分析，指出对理论实体的现象主义的解释，仅仅具有工具价值，亦即这种解释只是简单地能使我们在电流计和云雾室的层次上预言现象，根本不可能消除这些现象的惊异特征（surprising character）。相反，只有对理论赋予实在论的解释，才能不会对电流计和云雾室对行为感到惊讶。同样，普特南也通过科学实在论的观点来解释科学的成功。他认为，假设一个理论做出的某种存在陈述为S，如果这个世界好像正如S所陈述的那样，那么，这个理论就是成功的。理论的成功性恰恰说明，理论对世界的陈述是正确的，并且前后相继的理论将不断地向逼近真理的方向发展[①]。也就是说，如果抛弃科学理论对实在论的解释，那么，科学理论的成功就将会成为一种奇迹。在这里，普特南是借助于溯因推理的逻辑分析方法，以科学成功的实例作为依据，来解释理论的逼真性，然后再以理论的逼真性作为前提，进而解释理论实体存在的本体性的。显然，这种从理论到模型，从模型到现象，再由现象的真推演出理论的真，亦即推出实在的思路，从根本上来讲，它并没有真正说明现象的真如何能够保证理论的真的问题，而且，这种推理还隐含了休谟所提出的“归纳问题”。综上所述，我们可以看出，当代科学实在论在“逼真论证”策略上陷入了困境。为了克服这一困难，20世纪80年代，科学实在论以“操作论证”策略代替了“逼真论证”，卡特莱特和哈金就是持这种观点的典型代表。卡特莱特通过限制最佳解释推理的方法，提出了最可能原因（inference to the most probable cause）的推理，即依赖大量的关键性实验，使我们在可以不相信附着在理论实体之上的理论解释的情况下，有理由相信理论实体的现存性。但是，很明显，这种观点无疑带有“逼真论证”方法的特征。而且，依赖这一思路所做出的论证，大多是以教科书中的成熟科学的最终成果这些事例为依据的，而事实上，在真正

① Putnam H. 1975. Mind，Language and Reality. Vol. 1. Cambridge：Cambridge University Press.

的科学研究过程中，科学家很少使用教科书中的理论。[①] 因此，可以说，卡特莱特仍然没有走出“逼真论证”策略所陷入的困境。而哈金为了进一步克服卡特莱特的不足，则完全将注意力转移到了理论实体的可操作性上，即当且仅当我们能够运用作用于世界的某种实体时，我们才有资格相信，这个理论实体是真实存在的。尽管哈金的操作论证在一定程度上维护了科学实在论，但是，它依然不可避免地存在着自身的困难。以至于他自己也不得不承认，当他把他的论证运用到天体物理学的客体时，他就成了一名反实在论者。[②]

显然，上述论证策略都没有能够为科学实在论的解释给出令人满意的证明，正是科学实在论的这些困难和不足，为反实在论提供了生长的空间。[③]

2. 当代反实在论作为实在论的对立派别，始终是与实在论息息相关的

随着实在论的全面复兴，反实在论也形成了一个强大的联盟。它在 20 世纪以来，逐渐发展成为当代西方哲学中的一支劲旅，影响并阻碍着科学实在论的生长，但同时又反过来刺激了实在论的发展，提供了实在论得以生存和发展的动力和张力。正如实在论者罗姆·哈利（R. Harre）所说：“近来对科学理性的攻击正在加倍地骚动。他们不仅仅威胁由科学团体的实践所获得的知识的可靠性，而且他们损害了它作为一种道德范例的声望。”[④] 显然，当代反实在论对实在论的影响是深远的，批评是较为全面的、深刻的和机智的，在一定程度上是合理的。它揭示了当代实在论的某些“缺陷”，击中了实在论的某些“要害”，迫使他们不得不进一步深入研究以寻求出路。因此，在某种意义上，当代反实在论是实在论的激励者，它们为整个西方哲学尤其是科学哲学的发展起了催化剂的作用。

3. 当代反实在论的存在及其发展使我们对“实在”这一概念的理解更为丰富、更为深化

在古希腊哲学，尤其是柏拉图（Plato）之前，“实在”这一概念主要被理解为本体论或实体论意义上的问题。在这里，“实在”是与“存在”密切相关的，当我们讨论“存在”为何物时，便会涉及对“实在”的理解。这也就是说，“实

① Klee R. 1997. Introduction to the Philosophy of Science. New York：Oxford University Press：218.

② Shapere D. 1993. Astronomy and antirealism. Philosophy of Science，60（1）：134-150.

③ 郭贵春. 2004. 科学实在论的方法论辩护. 北京：科学出版社：10-15.

④ Harre R. 1986. Varieties of Realism. Oxford，New York：Blackwell：1-2.

在”事实上是被看作“存在物”或“实体”的特性。正是在这个意义上，古希腊时期的反实在论主要是以非实体论为其表现形式的。在柏拉图主义和中世纪哲学唯实论那里，他们主张共相是独立于心灵和殊相而真实存在的，因此，“实在”主要是指共相或一般。在近代哲学唯理论那里，“实在”指精神性的实体，而在经验主义那里，“实在”则指物质性的实体。到了当代哲学中，严格的实在论者本来仍然将“实在”概念看作是存在，但是，一方面由于随着世纪之交的科学革命的到来，当代自然科学的发展越来越远离经验；另一方面也为了应对当代反实在论这一强大联盟的攻击和挑战，于是出现了带有不同修饰词的实在论，“实在”概念也随之被赋予了不同的、更为丰富的含义。例如，在当代反实在论特别是当代弱反实在论那里，“实在”概念就并非指存在，而仅仅指的是不可观察物，即超出经验之外的东西。因此，反实在论并不是从根本上反对物质实体，而仅仅是反对超出经验之外的东西。而在常识实在论中，“实在”一词也不是通常意义上的含义，而是指常识。显然，实在论不等于唯物主义，反实在论也不等于唯心主义。

不言而喻，由于当代反实在论的介入，哲学家们对“实在”概念的理解有了全新的思考和认识，这也显示了当代西方哲学概念发展史上的巨大进步。

总而言之，当代西方反实在论的存在是人类理性进步的动力和源泉。正是它对实在论的反叛促成了当代实在论甚至整个当代西方哲学的发展。因此，我们不应该对反实在论有所排斥，相反我们要客观地对它进行研究和探索，挖掘它的合理之处，同时也要看到它的不足，这才是研究当代反实在论所应有的态度。

第二节　当代反实在论语言和逻辑转向的意义

当代反实在论的存在及其发展壮大表明，反实在论已经不再处于从属地位，相反，它作为当代西方哲学中的强大联盟，与实在论一样也成为哲学发展的主流，并开始探索在新的基点上存在的新方式，而20世纪初的“语言学转向”恰恰为其提供了契机，从而使得当代反实在论开始了一场方法论上的革命，实现了其语言和逻辑的转向。

一、反实在论与语言和逻辑的历史渊源

历史地讲，早在古希腊时期，人们就已经开始了对语言和逻辑的哲学思考。那时，语言、逻辑和理性、规律是同义词。例如，赫拉克利特（Herakleitos）是

西方哲学史上最早从哲学的角度对语言和逻辑在认识中的功能和语言的意义进行思考的人。众所周知，本体论是古希腊哲学的主题，因此他从本体论的角度出发，认为语词包含了事物的本质，语言是认识实在的普遍规律性即他所谓的“逻各斯”（logos）的主要源泉。所谓那些不断变化的世界中最恒定的东西，无不存在于语言中，无不存在于人的表达中。换句话说，人类语言的结构反映了世界的结构。[①]可见，在古希腊哲学一开始，语言和逻辑及其表达就处于核心地位。但在赫拉克利特那里，对语言和逻辑的思考还仅仅处于朦胧状态。

巴门尼德（Parmenides of Elea）则同时从思维和认识的角度，以及语言和表达的角度对赫拉克利特关于事物既存在又不存在的观点进行了批判。他认为非存在是不可能存在的。当你说存在物可以不存在的时候，这是不可思议的。关于这一点，你既不能认识，也无法言说。因为，你绝不可能遇到一个思想是没有它所表达的存在物的。换句话说，“当你思想的时候，你必定是思想到某种事物；当你使用一个名称的时候，它必定是某种事物的名称。因此，思想和语言都需要在它们本身以外有某种客体……在哲学上，这是从思想与语言来推论整个世界的最早的例子”[②]。作为怀疑主义者的高尔吉亚则恰恰与巴门尼德相反，他认为事物是不存在的。他曾经在他的著作《论不存在者或论自然》中明确提出了三条原则：第一，无物存在；第二，如果有某物存在，人也无法认识它；第三，即便可以认识它，也无法把它告诉别人。[③]显然，在高尔吉亚的这三条原则中，前两条原则包含了本体论和认识论，第三条原则则包含了语言传达的层面。高尔吉亚在其哲学论证中对语言的可传达性非常重视。塞克斯都·恩披里可（Sextus Empiricus）在其《反数学家》一书中详细记述了他的观点：

> 同样的，当我们感知到它的时候，也是无法把它告诉别人的。……
>
> 因为我们告诉别人时用的信号是语言，而语言并不是给予的东西和存在的东西；所以我们告诉别人的并不是存在的东西，而是语言，语言是异于给予的东西的。因此，可见的东西既然不能变成可闻的东西，同样情形，反过来，因为存在是当作外在的东西而被给予的，对

---

① Ogdem C K，Richards I A．1956．Meaning of Meaning．London：Routledge and Keqan Paul Ltd：32．

② 罗素．1982．西方哲学史．上卷．何兆武，李约瑟译．北京：商务印书馆：79．

③ 北京大学哲学系外国哲学史教研室编译．1995．西方哲学原著选读．上卷．北京：商务印书馆：56-57．

于我们，就不能真正地有语言。

由此可见，语言不能传达给别人。然而，语言是随着从外界刺激我们的事物而产生的，亦即随着感性事物而产生的；由于事物与体质的接触，才产生了转达这种颜色的语言。如果是这样的，那么，便不是语言转达我们之外的东西，而是我们之外的东西表达语言了。

当然，绝不能说可见的东西情形与可闻的东西是一样的；由于语言是给予的东西，是存在的，所以它不可能向我们表达给予的东西和存在的东西。因为如果语言是所给予的东西，它便与其他给予的东西不同，最低限度，可见的物体是与语言不同的。因为我们用来感知可见事物的手段是异于用来感知语言的手段的。所以语言不能向我们表明大部分给予的事物，这些事物也不能向我们相互表明它们的性质。①

高尔吉亚对巴门尼德的批判实际上代表了西方哲学史上反实在论与实在论在语言和逻辑问题上的第一次正面交锋，尽管实在论与反实在论作为哲学术语在这时还没有出现，但它们已经以最朴素的方式在哲学史上开始了论争。而恰恰是从这次论争开始，使得实在论与反实在论之争成为贯穿哲学史的一条主线。

苏格拉底（Socrates）在其伦理学问题研究中借助对话和问答的方式，运用语言和逻辑的分析方法对道德语词的含义进行了分析。事实上，苏格拉底的伦理学研究，更确切地来说，不如说是对语言和逻辑使用问题的探讨。正如罗素所说的那样："我们大家都在随便地使用'正义的'或'非正义的'这些字，只要考查一下我们使用这些字的方式，我们就可以归纳出最能与习惯相符合的那种定义。我们所需要的，只是关于问题中的这些字应如何使用的知识。但是当我们探讨得出了结论时，我们所做的只不过是一桩语言学上的发现，而不是一桩伦理学上的发现。"② 尽管苏格拉底在哲学研究中运用了语言和逻辑的分析方法，但是，他对语言意义的一般性问题的探讨却有所忽视，因此，在他那里，对语言和逻辑的理解和使用还是较为模糊的。而真正对语言和逻辑有清晰思考的是柏拉图。

柏拉图在《斐多篇》中明确提出过借助语言研究把握世界的设想。他还在《克拉底鲁篇》中专门详细地讨论了语言的起源、使用和功能的问题，尤其是名

---

① 北京大学哲学系外国哲学史教研室编译．1982．古希腊罗马哲学．北京：商务印书馆：142-143．

② 罗素．1982．西方哲学史．上卷．何兆武，李约瑟译．北京：商务印书馆：130．

称的意义问题；还讨论了语言自然主义与语言约定主义之间的对立问题。在这本书中，柏拉图借苏格拉底之名明确提出了对语言的两种截然不同的观点。一种观点是，克拉底鲁（Kratylos）认为，名称是自然而然的，而不是约定俗成的。因此，对于名称而言，包含有真实性或正确性的问题。一个语词之所以有意义，是因为它与它所表示的事物之间有某种内在的恰当性。另一种观点是，赫莫根尼（Hermogenes）认为，名称是约定俗成的，因此，对于任何名称而言，都是正确的。一个语词之所以有意义，不在于它与它所表示的事物之间有某种内在的恰当性，而在于人们是否有所约定。

显然，这两种截然相反的对待语词的态度已经显示出实在论与反实在论在语言和逻辑问题上的不同立场和观点。而柏拉图、苏格拉底以及克拉底鲁显然代表的是实在论的立场。赫莫根尼代表的则是反实在论的立场。这两种相反的立场可以说是实在论与反实在论在哲学史上继高尔吉亚与巴门尼德争论之后的又一次较早的交锋。此外，在语言和逻辑问题方面，柏拉图还提出了著名的“语言命名理论”。

与苏格拉底和柏拉图的观点不同，亚里士多德（Aristotle）在语言和逻辑意义问题上与柏拉图《克拉底鲁篇》中的赫莫根尼一样，坚持语言和逻辑的约定论立场。在他看来，名词是因为约定俗成而具有某种意义的，因此，语词本身是无所谓对错的，只有通过对它们分离和结合才产生出正确或错误。同样，以语词为基本单位的语句也就无所谓对错，而且在约定的意义上，所有的语句也都是具有某种意义的。此外，亚里士多德还探讨了关于语言和逻辑的其他问题，如对口语与书面语的区分、对语词意义与时间性关系的探讨等。显然，在古希腊时期，语言和逻辑问题不仅与哲学问题息息相关，而且，在某种意义上讲，已经初步显示出了实在论与反实在论论争的迹象，尽管这时二者还没有以实在论者或反实在论者自居。

到了中世纪，在苏格拉底、柏拉图、亚里士多德等古希腊时期哲学家们对语言和逻辑的研究成果的基础上，中世纪的哲学家们在对亚里士多德以来形式逻辑的研究过程中，似乎对语言和逻辑问题的研究愈加重视。尤其是在这一时期，经院哲学家们对《圣经》中一些关于人类生活与语言关系的故事的研究、解释和引证，更成为语言和逻辑研究的重要契机。教父哲学的代表人物奥古斯丁（Aurelius Augustinus），在其著作中，就曾引述过这样一段关于语言的神话故事：

那时，天下人的口音和言语都一样。他们往东边迁移的时候，在示拿地遇到一片平原，就住在那里。他们彼此商量说："来吧！我们要做砖，把砖烧透了。"他们就拿砖当石头，又拿石漆当灰泥。他们说："来吧！我们要建造一座城和一座塔，塔顶通天，为要传扬我们的名，免得我们分散在地上。"耶和华降临，要看看世人所建造的城和塔。

耶和华说："看那！他们成为一样的人民，都是一样的言语，如今既做起这事来，以后他们所要做的事，就没有不成功的了。我们下去，在那里变乱他们的口音，使他们的语言彼此不通。"于是耶和华使他们从那里分散在全地上，他们就停工不造那城了。因为耶和华在那里变乱天下人的言语，使众人分散在全地上，所以那城名叫巴别（意即"变乱"）。

这是《圣经·旧约》"创世纪"中第11章的一段原话，也是当代哲学家们常常引证的一段话。奥古斯丁通过引述这段关于语言的神话，实际上是想要表明一种观点，即人类彼此最根本的隔绝是语言的隔绝，那是因为冒犯上帝而招致的惩罚。因此可以认为，人类最终的得救必须包括可理解性、可交流性问题的解决。①

显然，这一观点与后期维特根斯坦的观点在某种意义上有一定的相似之处。或者，我们也可以说，维特根斯坦在一定程度上受到了奥古斯丁语言观的影响。因此，维特根斯坦在后来曾提出，全部哲学问题就是语言问题。这里的语言也包括了逻辑。当然，从根本上来说，奥古斯丁与维特根斯坦，尤其是后期维特根斯坦对语言的看法是不同的。前者代表的是典型的实在论的观点，而后者则是处于反实在论的立场。

奥古斯丁正是在上述语言观的基础之上提出了，所谓语言或言语，就是"道"。用他的话来说就是："……因此你一言而万物资始，你是用你的'道'——言语——创造万有。"② 这样一来，奥古斯丁就赋予了语言以本体论或本质论的地位，从而显示出了中世纪时期实在论的语言观。此外，奥古斯丁还指出，言语与言语的意义是同一的，当人们说出任何言语时，也就已经赋予了其以言语的意义。而当人们听到任何言语时，实际上，就已经同时获得了该言语的意义。言外之意，就是任何言语都是有意义的。显然，在奥古斯丁看来，语言与实在具有相同的逻辑一致性。在这里，语言不仅是思维、表达与交流的

① 参见徐友渔等. 1996. 语言与哲学——当代英美与德法哲学传统比较研究. 北京：生活·读书·新知三联书店：13.

② 奥古斯丁. 1963. 忏悔录. 周士良译. 北京：商务印书馆：251.

工具，而且，它更是一种具有本体论性的实在。

相对于中世纪时期实在论对语言和逻辑问题的研究，唯名论者或反实在论者在对实在论批评的基础上，提出了自己关于语言和逻辑问题的看法和观点。例如，阿伯拉尔并没有将语言和逻辑看作是独立自存的实在。相反，在他看来，语言和逻辑无非是用来表达讲话者的某些思想的活动的一种工具、方法或手段。因此，语言和逻辑作为工具和方法而言，它并不先于表达讲话者某些思想的活动而存在，相反，这些活动是先于语言和逻辑并且独立于语言和逻辑而存在的。基于这样一种唯名论或者说反实在论的语言逻辑观，阿伯拉尔对实在论者进行了批判。在他看来，思维、概念和物质、事物分属于两个不同的领域，前者属于物理的领域，后者则属于精神和心理的领域。而实在论把这两者混为一谈，把概念看作是客观存在的实体，显然是错误的。阿伯拉尔还借助于逻辑学的概念分类和语言学的名词分类，来说明共相的性质。他指出，名词有两类，一类叫作共名词，另一类叫作单数名词，作为名词的共相，则是指前一类。而正是基于这样一种划分，阿伯拉尔进一步指出，语词与对象并非一一对应的，换句话说，并不是每个语词都有它所表示的事物。例如，关于共相的语词就并不对应于某一个确定的事物。具体而言，“人”这个共相，就既不是指称某一个确定的张三或李四，同样，它也并不指称一群人。另外，阿伯拉尔不同意洛色林把共相看作是毫无任何客观意义的“声息”的这样一种极端唯名论的看法，而是将共相看作是具有一定含意的词或符号。正像他所说的那样：

> “种”和“属”是否存在？也就是说，它们是表示某些真实存在的东西还是只属于理解之中？……对此，必须回答说，实际上它们是用命名来指出真实存在的事物的，这和单数名词所指示的事物是相同的，这绝非是空洞的意见……①

正是对共相的这样一种看法，阿伯拉尔将共相既不看作是名词，也没有看作是事物，而是看作概念。显然，在这里，阿伯拉尔坚持一种温和的唯名论的立场。罗素在其《西方哲学史》中对他的观点曾做过这样一番评价，即“他的哲学是一套批判的分析，多半偏重于语言的批判分析。论及共相，也就是说，能够用来表述许多不同事物的东西，他认为我们并非在表述一个物，而是在表

① 阿伯拉尔．1995．对波尔费留的解释//北京大学哲学系外国哲学史教研室编译．西方哲学原著选读．上卷．北京：商务印书馆：252．

述一个词。从这种意义上来讲他是一个唯名主义者。但是为了反对洛色林，他指出‘声息’（flatus vocis）是一物；而我们所表述的并不是作为一个物理事象的词，而是作为意义的词”①。

在阿伯拉尔之后，中世纪另一名唯名论者威廉·奥卡姆对前人的观点做了进一步的发展。他从逻辑和语言分析的角度对共相进行了探讨。与阿伯拉尔一样，他也认为共相不是实体，它仅仅是人们关于事物的知识，因此，当人们谈论共相时，就无所谓它是存在于事物之先还是存在于事物之中或之后这些问题了。也就是说，只要正确地看待共相，一些哲学上争论不休的问题也就会相应地消解了。另外，奥卡姆还提出，共相在逻辑上表现为概念，在语言上则表现为“术语”。他创造性地把概念称作是“自然符号”，认为在不同的语言中，这种“自然符号”所表示出来的逻辑含义必然是相同的，而作为“术语”，共相则不一定相同。因为，在奥卡姆看来，“术语”是约定俗成的，因此，也可以把它叫做“约定符号”。换句话说，“术语”对概念的表述，就因语言不同而不同，它不是先天就存在的，而是人们构造出来的，因而也叫做人工符号。因此，共相无论是作为概念，还是作为术语，就仅仅是存在于人心之中的东西，而不是独立的、客观的精神实体。这样一来，奥卡姆就否定了实在论关于“共相”是独立的客观精神实体的观点。

显然，奥古斯丁与阿伯拉尔、奥卡姆分别代表了中世纪时期的实在论与反实在论这两大派别。前者承认语言的本体论的实在性，而后两者则否认这一点，他们仅仅把语言看作是一种工具、方法或手段，看作是构造的。也就是说，在他们那里，语言仅仅具有方法论的意义。

近代哲学尽管是以认识论问题为哲学研究的核心，但哲学家们同样也十分关注语言和逻辑问题，探讨语言意义的起源问题、逻辑实在性问题、逻辑的有效性问题，真理问题、意义问题以及语言对于思维的作用等问题。他们认为语言是心灵的最好的镜子，研究语言有助于把握人类理解力的实质。这一时期，实在论与反实在论主要是以经验主义和唯理主义的形式出现的。尤其是贝克莱的经验主义和休谟的彻底的经验主义鲜明地代表了反实在论的观点。他们反对唯理主义者，认为普遍名称必然有意义的观点，而主张普遍名称仅仅是指称了特殊的观念，从而最终否认了“物质实体”的观念。从这个意义上讲，贝克莱和休谟代表了激进的反实在论者，而且正是后者，对20世纪的语言分析和逻辑

① 罗素．1982．西方哲学史．上卷．何兆武，李约瑟译．北京：商务印书馆：533．

分析哲学产生了极其重大的影响。

综上所述，我们可以看出，从古希腊哲学到近代哲学漫长的历史时期，反实在论与实在论始终围绕着各种不同的语言和逻辑问题进行着不休的论争，围绕着这些论争，二者不断地发展壮大，最终导致了20世纪的语言分析哲学的“哥白尼式的革命”，即“语言转向”和逻辑哲学的产生，即“逻辑转向”。需要指出的是，尽管西方哲学家们一直以来都在探讨语言和逻辑问题，但是，与20世纪的语言分析哲学和逻辑分析哲学相比而言，具有本质上的区别。

二、当代反实在论与语言和逻辑的深厚关联

如前所述，实在论与反实在论以其在各个阶段不尽相同的表现形式将其对立与斗争始终贯穿于整个西方哲学史中，但是事实上，“反实在论”这一术语却是近几十年的产物。具体地讲，在古希腊，实在论与反实在论的斗争表现为实体论与非实体论的对立；而到了中世纪，这二者却又分别被赋予实在论和唯名论之称并继续进行着不休的论争；此后便又相继出现了近代英法的唯理论和经验论之争、德国古典哲学的“自在之物”和“绝对理念”的二元对立、实证主义的实证论与人本主义的反科学主义思潮，如解释学、现象学等之间的对垒，以及20世纪以来逻辑经验主义、证伪主义、历史主义、后历史主义、构造经验主义和新实用主义等反实在论的主要流派与实在论的对立与斗争。显然，在整个哲学的发展过程中，我们可以清晰地看到“实在论”这一术语较之“反实在论”要出现得早得多。早在中世纪时期，“实在论”一词就已经被使用，当时，这一术语是被用来表征一般先于个别而存在并且相信存在心脑之外的客观世界的。随着哲学的不断发展，“实在论”一词开始在更一般的意义上使用，即它也开始适用于指称存在独立于心脑之外的实在。在这个意义上，实在论是用于反对各种形态的怀疑主义和唯心主义的，它与真理符合论紧密相连，而与其他各种“认识论”和“实用主义”相对立。与此同时，尽管反实在论也已经产生并与实在论同步地发展着，但是那时它却是以唯名论的形式出现的。一直到20世纪中叶之前，“反实在论”这一术语也并没有真正出现。直到1959年，反实在论者达米特在其有关“真理”的一篇论文中首次提出并使用了“反实在论”这一术语用来表达他对实在论所产生的怀疑。“反实在论”一词一经提出就显示出了其巨大的生命力。它一开始是作为一般现象而存在的。到目前，这一术语正在以比达米特所引进时更宽泛和更深远的意义上使用着，甚而至于，“反实在论”

一词有时还用于与达米特意义上的反实在论完全不相容的观点中。具体地讲，“非认知主义”（non-cognitivist）学说本来是关于一定范围内语句的学说，它主张那些句子是不能被适当地评价为真或是假的，因为它们缺少“说明事实的功能”（fact-stating role），而且同时又服务于表述除信仰之外的心理状态，但是，这一学说却被划分为“反实在论”。另外，众所周知，范·弗拉森是科学领域中关于理论实体的不可知论者。他的学说人们普遍认为是科学的反实在论。但它并不反对实在论者关于描述不可观察实体的语句的意义概念。相反，他完全赞同实在论者的这一概念。显然，“反实在论”这一术语的提出及其发展都是与语言和逻辑密切相关的。它不仅涉及语言和逻辑分析中的语句、逻辑、意义、真理及其指称等重要方面，而且，从某种意义上讲，20世纪的反实在论就是关于语言、意义和逻辑的学说。[①] 因此，我们完全可以说，反实在论在20世纪初已经开始“朝向语言和逻辑生长”，并成为哲学发展进程中不可避免的一个重要的发展趋向。另外，随着20世纪初叶以来“语言学转向”（linguistic turn）、“解释学转向”（interpretive turn）和“修辞学转向”（rhetorical turn）这三大转向的相继到来，以及20世纪中叶“后现代主义”思潮的广泛渗透，哲学研究的重点又一次发生了根本性的转变，即继本体论转向认识论之后又转向了方法论。正是在这一转向中，语言和逻辑成为哲学家们密切关注的对象，从语言分析的角度去研究各种哲学理论或科学理论成为一种流行的趋势。这也就是说，随着20世纪哲学发展中本体论的有原则的后退、认识论的逐步消解和方法论的全面扩张，哲学的语言化和逻辑化，以及语言和逻辑的哲学化，成为当代哲学突现出来的最显著的特征之一。一方面，哲学的后形而上学发展要求在语言和逻辑中寻求它的具体应用层面，引入语言和逻辑分析手段以丰富自身的方法论特征；另一方面，语言和逻辑在摆脱了单纯的工具媒介特质后趋向于抽象和理性，试图在哲学基础上确立自身的实在或本体地位。而反实在论作为科学哲学，在心灵哲学和语言哲学发展过程中一支非常重要且极具前途的哲学运动，为了能够在与科学实在论的论争中求得生存，就不可避免地要适应整个哲学大背景，站在后现代的立场上，从语言和逻辑分析的角度，不断地修正自身的不足，从而在理论的构造、解释和评价方面取得优势地位。正像当代反实在论的代表人物尼尔·坦能特（Neil Tennant）所指出的：从某种意义上讲，当20世纪的反实在论对理论进行构造、解释和评价时，它主要依赖于以下四个基本原则：

① Tennant N. 1987. Anti-realism and logic. Oxford: Clarendon Press: 3.

（1）当我们掌握一种语言并且付诸实践时，我们通过探明或传达意义就能够获得言说者的可观察行为。

（2）语言中具有完美形式的表述的意义无不在严格的意义上取决于其简单表述的意义。

（3）如果我们已经掌握了一种语言，那么，其语句的意义必然具有确定性。

（4）对意义的认识能够由言说者通过对其所具有的认知能力的适当实践而显示出来。①

显然，上述四个原则无一不是围绕语言和逻辑而进行的。尽管这四个原则并不能代表反实在论所有派别的观点，但是，它们至少揭示了整个反实在论研究的重点正在并且已经转移到语言和逻辑分析上来了；而且，在某种意义上，它们还与科学实在论的某些观点有一定的相似性，从而预示了科学实在论与反实在论在语言和逻辑层面上的融合倾向。正是在这个意义上，站在后现代的立场上，从语言哲学、分析哲学的角度客观、系统地阐明和论述当代反实在论语言和逻辑分析方法的演变特征和未来发展趋向，不仅有助于我们更明确、彻底地理解和把握整个20世纪反实在论的演变特征及其发展趋向，而且，对于我们站在反实在论的立场上去理解和把握20世纪科学实在论甚至整个科学哲学的演变特征并揭示其发展走向及态势具有极其重要的意义。

如上所述，哲学在20世纪发生了一系列转向，即“语言学转向”“解释学转向”以及“修辞学转向”，正是这三大转向为理解和把握科学实在论演变的历史进程、趋势定位和理性重建模型提供了整体发展的脉络。这是因为，所谓的“语言学转向”就是“以逻辑实证主义为核心的分析哲学的广泛运动，它试图通过对语言形式的句法结构和语义结构的逻辑分析，去把握隐含在语词背后的经验意义，从而推崇科学主义的极端观念和形式理性的绝对权威”。“解释学转向”的宗旨“就是要把人类的行为、科学、文化或整个历史时期作为本文来阅读的，强调作为对话的个体和共同体之间的协调和互补，从而在一切本文的社会意义上超越语言转向的狭隘性和片面性。”“修辞学转向”的目的“是要把科学修辞作为一种确定的科学研究方法，充分地揭示科学论述的修辞学特征，从而在科学论述的境遇、选择、分析、操作、发明和演讲中，给出战略性的心理定位和更广阔的语言创造的可能空间。”② 显然，从对这三大转向的内涵界定中，我们可以看出，事实上，这三大转向先后带来了语言和逻辑分析层面上的“语形学转向”“语义学转向”和

---

① Tennant N．1987．Anti-realism and logic．Oxford：Clarendon Press：3．

② 郭贵春．1995．后现代科学实在论．北京：知识出版社：2-3．

“语用学转向”。换句话说，“语言学转向”“解释学转向”和“修辞学转向”体现出了哲学在方法论上的研究重点从语形分析到语义分析而最终走向语用分析，而正是在语用分析中彰显出语境为基底，语形、语义和语用的统一。

20世纪的反实在论同科学实在论一样，也正是在上述这些转向中体现出了其自身在历史进程、趋势定位和理性重建模型方面的发展脉络。正是在这个意义上，本书试图从20世纪整个哲学对逻辑分析方法的演变，以及从语形分析方法、语义分析方法和语用分析方法研究重点的先后转移上对反实在论进行语言和逻辑分析层面上的研究和探讨。同时，本书还试图适应整个哲学的大背景，站在后现代主义这一全新的视角上对反实在论进行理解和把握，从而预示出反实在论甚至整个科学哲学的未来发展趋势。

三、当代反实在论语言和逻辑转向的特征

20世纪初以来，随着以逻辑实证主义为核心的“语言学转向”这一分析哲学的广泛运动的普遍展开，从本质上促成了哲学第二次根本性的转变，语言和逻辑在认识论取代本体论之后进而取代认识论成为哲学研究的中心课题。正是这一转向引发了反实在论者们在研究重点上的转移。他们不再全力关注知识的起源、认识的能力与限度以及主体在认识活动中的作用等问题，转而从哲学的角度探究真概念的起源、语言的意义、语言的理解和交流、语言的使用、语言的本质、结构和一般特征，以及意向性和言语行为等。同时，他们把语言和逻辑本身的一种理性知识提升到哲学基本问题的地位，这就使得哲学关注的主要对象由主客体关系转向了语言和逻辑、世界及其使用者的关系。正是在这个意义上，反实在论开始以语言和逻辑为契机实现其哲学新的转向。具体地讲，这一转向的特征主要体现在以下几个方面：

首先，20世纪反实在论的语言和逻辑转向显示出其丰富的内涵。

从广泛的意义上讲，20世纪反实在论的语言和逻辑转向并非仅仅局限于强调语言形式的句法结构和语义结构的逻辑分析这一层面，相反，它还凸现了语言的指称、意义、真理及其使用等多方面。这样一来，语言转向就似乎超越和突破了传统狭义的观念而拓展了其原有的域面。正像当代著名的反实在论者尼尔·坦能特所指出的，反实在论的核心就在于四个简单的命题：①语句由语词而构成；②语句应在公共实践中使用；③我们因而知道语句的意义；④知识是

用来判断语句使用的适当性的。[①]可见，这四个基本命题涵盖了语言和逻辑的各个层面，即语形、语义和语用层面。因此，从这个意义上讲，20世纪反实在论的语言和逻辑转向事实上就已经内含了语形学转向、语义学转向和语用学转向的到来，它标示了反实在论在新的转向中不仅从逻辑层面、句法层面，而且还在更广泛的意义上从语义的、语用的、心理的以及社会的视角对科学理论进行语言和逻辑层面的探究。

其次，"整体论的扩张"和"意义理论的深入"成为20世纪反实在论语言和逻辑转向具有"后现代性"的最根本特征。

具体地讲，一方面，20世纪中叶以来，随着"语言学转向"的深入展开，反实在论开始认识到，语言和逻辑不仅仅具有构造理论的功能，更重要的是，它还具有解释和评价理论等实践功能，因此，它力图强化科学解释学和科学修辞学的实践性，将人类的行为、科学与文化或整个人类历史时期作为"大写"的本文来阅读，从而在一切科学理论的"小写"的本文的社会意义上超越其"语言转向"初期所带来的狭隘性，使语言、逻辑与社会自然地融为一体，实现科学认识论和方法论的社会化，使科学认识论的语言具有整体的意义。正是在这个意义上，反实在论将个体的整体性和自主性与整体的个体性与相关性结合起来，既对实在论过分强调"普遍论"进行反叛，同时又修正传统反实在论过分强调"个体"的这一做法，从而达到在"开放"和"弱化"的基底上去阐明科学运动的存在方式和运作方式，最终实现了其"整体论的扩张"。另一方面，20世纪的反实在论者们将意义的真理性和真理的意义性统一起来，以弱化真理概念的方式去否定和超越实在论的"符合真理论"，以及传统反实在论对真理的彻底消解的做法，从而去阐释科学运动的表征方式和解释方式。具体而言，他们试图用"意义大于指称"的观念去消解实在论所主张的传统的对应论的指称论；用"经验的适当性""超可断定性"去解构传统反实在论对真理的否定；同时，它自觉地借鉴和引入语形、语义和语用分析的方法去消解传统形而上学的断言，从语形、语义和语用的融合去确定科学理论术语的语义空间和逻辑空间，从而说明其语形的精确性、语义的一致性和语用意义的整体性。正是在这一基点上，反实在论完成了其后现代转变，实现了其"意义理论的深入"。

最后，语形、语义、语用分析与语境实践、语境分析之间以及后者与各种具体的科学研究方法之间内在的关联和同一成为当代反实在论语言和逻辑转向

① Tennant N. 1987. Anti realism and Logic. Oxford：Clarendon Press：V.

的方法论特征。

随着20世纪中叶“解释学转向”特别是“修辞学转向”的到来与实现，以及“后现代主义”思潮的广泛和深入的展开，使得“语境”作为一种整体性的方法论渗透到整个哲学领域。正是在“语境”这一方法论基底上，反实在论不仅促成了语形、语义和语用分析的融合与交流，而且实现了语境实践、语境分析与其他各种具体的科学研究方法之间内在的关联与同一。而恰恰是在这个意义上，20世纪的反实在论力图跳出传统形式语言的逻辑预设，在科学论述的境遇、选择和分析、操作、发展和演讲中，给出战略性的心理定向和更广阔的语言创造的可能空间，从而促成了反实在论消除在静态的规范标准与动态的交流评价、理性与非理性、语言的形式结构与心理的意向结构、逻辑的自洽性与论述的说服力之间的僵化界限，以强调心理重建与语言重建的统一。

四、当代反实在论语言和逻辑转向的实质

20世纪反实在论的研究重点从认识论到语言和逻辑分析方法的转变，不仅仅提供了一个理解和把握反实在论在整个20世纪中的发展脉络的基本思路，而且，更为重要的是，它对于探究整个20世纪哲学方法论的演变和哲学思维的演进都无疑具有非常重要的意义。正是由于反实在论与语言之间所具有的这一丰富的内在关联，反实在论者们开始从构造、解释和评价科学理论的语言和逻辑视角出发，延伸、扩展和深化了反实在论研究的相关层面。事实上，合理的反实在论恰恰就是关于系统的、交流实践的理论，而这又是与语言和逻辑密不可分的。因此，从这个意义上讲，对语言学和逻辑学的研究必然蕴含了对反实在论的发展，反之亦然。正是通过语言和逻辑对反实在论的扩张和超越，从而实现了反实在论在语言层面的实践重建。具体而言，20世纪反实在论的语言转向其实质在于以下几个方面。

第一，标示了反实在论其立场开始走向“开放”和“弱化”。

20世纪五六十年代，伴随着“语言学转向”特别是“后现代主义”思潮的广泛深入和展开，“解释学转向”“修辞学转向”开始得到关注。在这一哲学背景下，反实在论发生了根本性的转向，以崭新的姿态展现在人们面前。一方面，“语言学转向”初期所导致的极端性及其对形式理性的绝对权威和科学主义的极端观念的推崇，给哲学的发展设置了种种障碍，因而使得哲学在其进一步向前发展的道路上困难重重，而“解释学转向”和“修辞学转向”的到来恰恰适

应了形势发展的需要，也为反实在论提供了一个启示性的视域。另一方面，任何一门学科都不可能长期生存在封闭的状态下，哲学也不例外。因此，作为哲学重要组成部分的反实在论也必然要与其他流派相互交流和渗透。更为重要的是，20世纪以来，随着自然科学越来越远离经验的发展，科学理论的构造、解释和评价问题在科学哲学研究中越来越具有了突出的地位。在这一总体框架中，反实在论作为当代西方科学哲学发展中的一支健全的哲学运动，力图在新的形势下寻找自身生存的方式和地位，正是在这一哲学大语境下，反实在论由原来较强的反实在论立场走向“开放”与“弱化”，开始借鉴并吸纳实在论的可取之处，采用语义分析、语用分析方法，并在与解释学与现象学传统相融合的过程中以求生存。另外，“后现代主义”思潮的渗透也促进了反实在论的发展。这主要是因为，“后现代主义”思潮较显著的特征和倾向之一，便是具有鲜明的反实在论的立场。具体地讲，“后现代主义”从否定中性存在的视角出发，把一切表征、一致和指称都看作是依赖于概念框架而生成和变动的，而且这些变动本身并非朝向实在的收敛运动，而是根据文化发展的趋向社会发散的。[①] 正是这一倾向将反实在论作为一种立场和方式渗透于其他哲学派别，从而为反实在论的运动和转向提供了更为广阔的和可能的空间。

第二，导致了分析哲学与解释学、英美哲学与欧洲大陆哲学、科学主义与人文主义从极端对立的断裂关系走向了相互关联的融合局面。

众所周知，“语言学转向”的到来及其实现初期不仅使得实在论与反实在论之间的关系愈益僵化，而且还导致了分析哲学与解释学、英美哲学与欧洲大陆哲学、科学主义与人文主义的对立局面。这是因为，解释学是欧洲大陆哲学的主要流派，它坚持强烈的人本主义倾向而反对科学主义，它强调用历史的、心理的、社会的观点去看待一切，主张所谓的“视界融合”。而分析哲学则恰恰相反。由于在“语言学转向”运动展开之初，分析哲学仅仅强调逻辑分析方法的使用，提出建立理想的人工语言，因而坚持了极端的科学主义并且通过拒斥一切形而上学而反对人本主义，当这种对立终于发展到不可调和的地步时，代表分析哲学流派的英美哲学和科学主义便与代表解释学传统的欧洲大陆哲学和人文主义走向了断然的分离。

随着以“语言学转向”为先导的三大转向的普遍展开以及“后现代”运动的广泛深入，语言作为一种中介和桥梁无疑为它们的相互渗透和融合寻找到了

---

① 郭贵春．1998．后现代科学哲学．长沙：湖南教育出版社：10．

新的哲学研究基点上的可能的、合理的途径，从而使代表着不同哲学主题的英美分析哲学和欧洲大陆哲学、科学主义和人文主义传统、语言分析与解释实践、科学技术与人类知识的社会化等在这一新的基底上开始消解对抗、增进对话，为它们在本体论性、认识论性和方法论性上达成整体的一致性，以及结构统一性和意义的一致性找出突破点和关节点。正是这种渗透与融合揭示了20世纪反实在论演变的总体特征及其未来发展趋向。

不言而喻，在整个20世纪反实在论的生成和发展过程中，对语言、逻辑及其分析方法的青睐以及二者之间的内在关联恰好标示了实在论与反实在论、英美分析哲学与欧洲大陆哲学、科学主义与人文主义、理性与非理性从断裂走向相互渗透和融合是20世纪反实在论的总体特征及其未来发展趋向。同时，20世纪反实在论的语言转向作为“后现代性”在科学哲学研究领域中某种时代的映射，它还预示了后现代科学哲学的未来发展趋向，即从单一转向多元，由绝对转向相对，从外在走向内在，由宏观走向微观，由形式分析转向对语义分析、解释分析、修辞分析、社会分析、案例分析及心理意向分析等的具体引入。

因此，在21世纪，从全新的视角细致地、系统地、全方位地分析与透视当代反实在论的语言和逻辑分析的演变特征及其未来发展趋向，对于把握当代科学实在论甚至整个科学哲学，并在更为深层的意义上探讨科学主义和人文主义、英美哲学和欧洲大陆哲学、分析哲学和解释学、现象学以及理性主义和非理性主义在整体上的相互渗透和融合，寻求面向21世纪的发展生机具有重要的理论价值和现实意义。

第二章 当代反实在论的逻辑分析策略

随着现代数理逻辑和量子力学的发展，排中律和二值原则（principle of bivalence）的有效性越来越受到人们的质疑。而二值原则恰恰是经典逻辑的一个重要原则，也是实在论者为逻辑和逻辑真理本身进行辩护（justification）的基础和重要根据。因此，本章以二值原则面临的困境为契机，对当代反实在论的逻辑分析策略进行了探究。

众所周知，20世纪西方哲学与逻辑发展进程中表现出来的一个显著特征就是，伴随着分析哲学与现代逻辑的兴盛，逻辑与哲学出现了相互渗透和融合的趋势，即“哲学的逻辑化”与“逻辑的哲学化”的趋势。因此，逻辑分析成为当代哲学发展的一种不可或缺的方法。当代反实在论以拒斥二值原则作为逻辑抉择，并以此为基点展开了其反实在论的逻辑观。

第一节 二值原则面临的困境

如前所述，二值原则或排中律是经典逻辑的一个极其重要的原则。按照这一原则，对世界中任何事物存在状况的陈述或语句断定有且只有两种真值，即要么必定为真，要么必定为假，不存在任何既不真又不假或既真又假的中间状态，即A或者$\neg A$。这也是我们所认定的排中律。具体而言就是，“所谓‘收获者’所说的就是这样：要么就是你收获，要么就是你不收获，两者必居其一……所以不管发生什么事，你总绝对地必须这样做或者那样做”[①]。换句话说，二值原则就是强调任意陈述、命题或语句断定都具有超越于人类认识的真假值。

① 罗斑．2003．希腊思想和科学精神的起源．陈修斋译，段德智修订．桂林：广西师范大学出版社：167.

这也就是说，任意陈述、命题或语句断定的真值条件，都是完全可以独立于人们对这些真值条件的识别能力而存在的。

可以说，二值原则恰恰是实在论者所坚持的观点。正如达米特所说："实在论学说的一个共同特征就是坚持二值原则——主张每一个命题都是确定的真或者确定的假。"[①]在实在论者看来，任意一个陈述、命题或语句断定都必定具有确定的真假值。其内容是可以通过排中律的"普遍有效性"来加以概括的，即A或者¬A这种二值的确定性始终是成立的。显然，在实在论那里，语句或陈述存在着独立的真值，因为他们提前预设了存在着独立于认识的实在。任何一个语句或陈述，其真值都是与心理无关、与意义无关的。就像弗雷格在其《算术基础》(1884年)一书的序言中所明确指出的那样："要把心理学的东西和逻辑的东西，主观的东西和客观的东西明确区别开来。"[②]在他看来，逻辑是具有客观性的，而心理的东西则仅仅具有主观性，逻辑的东西如概念和对象等与任何关乎心理的东西如表象等都是无关的。

但事实上，历史地讲，从古希腊开始一些哲学家就已经对二值原则的有效性提出质疑了。例如，亚里士多德就曾经从必然性的否定中推断出二值原则的无效性。在亚里士多德那里，只有涉及过去的命题才是必然的，因而也有其一定的真值，而所有涉及未来的命题都不是必然的，也就理所应当没有真值。也就是说，既定的真值与所有涉及未来的命题都是不相符的。这是因为，任何语句或陈述的真值与其意义都是密切相关的，任何语句或陈述的真值必定无法脱离其意义，更不能超出我们的认知能力。

更为重要的是，当我们考察任意陈述、命题或语句断定时，会发现在自然语言中还大量存在着不具有真值但是却具有意义的陈述或命题，如伦理学、美学、文学尤其是诗学等领域中的一些陈述或命题。因为在这些领域中的陈述、命题或语句中有些是不可判定的。而对于这些不可判定的语句我们不可能赋予它们任何真值条件，但这却并不影响这些语句或命题所具有的意义。这样一来，基于二值原则之上的真值条件语义学，即实在论所坚持的真值条件语义学便面临着困境。

显然，随着现代逻辑的高度发展，二值原则或排中律的普遍有效性问题越来越突出，因而面临着越来越多的困境。正是由于这些困境，使得当代实在论也陷入了两难境地。正是以此为契机，当代反实在论以拒斥经典逻辑中的二值

① Dummet M. 1991. The Logical Basis of Metaphysics. Cambrige: Harvard University Press: 9.
② 弗雷格. 2001. 算术基础. 王路译，王炳文校. 北京：商务印书馆：8.

原则和排中律，甚至反对经典逻辑中的德摩根律为策略，走向了直觉主义逻辑（intuitionistic logic）或者构造逻辑主义（constructive logicism）。

第二节 直觉主义逻辑的内涵

众所周知，直觉主义是哲学家们回答关于数学的本质和认识论等问题的最基本也是最具有代表性的观点之一。它与柏拉图主义形成了相互对立的派别。因此，直觉主义代表的是当代反实在论的观点，而柏拉图主义正是代表了实在论的观点。

一、柏拉图主义及其困境

按照柏拉图主义的观点，数学的研究对象就是客观的数学事实，纯粹的数学事实是完全独立于人的智力活动的。不仅如此，就连数学陈述、数学理论、数学研究的手段、方法乃至数学发现的过程以及结果都是客观的，而和我们的思维领域无关。就像他们所指出的那样："数学由一批陈述组成，这些陈述讨论由熟知的数学对象（如集合、数、函数和空间）所构成的独立实在。……数学对象独立于我们的思考，它们与物理对象不同，不是通过与人体产生相互作用，从而在人脑中引起改变以最终导致对它们的认识。"[①] 例如，在对数学的处理上，逻辑主义者和集合论基础主义者指出，数学家无权创造出新的数学对象或数学概念。同时，也无法获得和利用数学的知识。尽管这样，还是有必要对数学对象的客观存在给以假定的。因为数学的发展需要有更加"理想"的对象来提供支持，这样才能说明数学知识以及其他那些依赖于数学知识的知识之所以存在和增长的原因。弗雷格和罗素作为逻辑主义的代表，提出了把数学还原为逻辑的主张，认为数学这种知识是可用语言表达的。对数学对象而言，借助于确定事物的真假概念，语言就能给它以表达。也就是说，数学陈述的真假依赖于其所指称的那一领域的状况，而和人的知识状况以及认识能力无关。因为与这些陈述相关的、能使它们为真的条件，并不需要进入到我们的识别范围内。

从表面上看，柏拉图主义作为对数学科学中一个超现实理念世界的描述，在如何处理数学中的"无限"问题上，似乎提供了一种最为简便的方法。它

---

① [美]保罗·贝纳塞拉夫，希拉里·普特南．2003．数学哲学．朱水林等译，陈以鸿等校．北京：商务印书馆．34．

的影响经常不自觉地渗透在人们的思维和语言习惯中。保罗·贝奈斯（Paul Bernays）指出，能够从希尔伯特（David Hilbert）的几何公理化上清楚地看到柏拉图主义在形成理论方面的具体方式。在希尔伯特看来，点、直线和平面系统一开始就存在着。例如，在对“两点决定一条直线”这一公理性的表达上，希尔伯特会做出这样的表述：对于任何给定的两点，总存在这两点都在其上的一条直线。“这个例子已经表明了，我们正在显示把对象与反思主体之间的联系完全割断的意向。”① 柏拉图主义强调，数学陈述往往都是对一个独立于我们的数学实在做出的表述。这种表述常常正确或错误地描述了数学实在：数学实在是客观的，它们独立于我们使用的概念和我们的认知能力，而不被我们影响。尽管在某些特定的条件下，人类的心灵能够发现这些事实是存在的。但它们的身份却是客观的，人的活动绝不能产生这些事实。也就是说，按照柏拉图主义的观点，人在数学对象上是无知的，不能在认识和思维上把握它们，因而无法得到数学陈述的真值。

尽管如上所述，柏拉图主义在如何处理数学中的“无限”问题上，似乎提供了一种最为简便的方法。但事实上，它存在着很多自相矛盾的地方。具体而言，柏拉图主义者把数学对象、数学命题看成是真正地独立于我们之外的东西，但是，他们对数学的这种处理，恰恰忽视了对数学概念的把握必须以能读懂形式的逻辑语言和理解其数的意义定义为前提，因此他们并不能真正解释我们是如何获得和利用数学知识问题的，从而也就不可能解释我们如何把对有限自然数的理解扩展到无穷集、无穷级数或超限数的理解上去。尽管柏拉图主义者试图诉诸不同的工具如类型论（type-theory）来保护数学免受这些矛盾的影响，但这些手段本身仍然存在着一些问题。正是在这个意义上，直觉主义者提出了反驳柏拉图主义的数学观点以及修正其数学实践的要求。

二、直觉主义逻辑的内涵

与柏拉图主义相对应，直觉主义者强调数学哲学的任务之一就是要解释：我们有什么理由相信，具有有限认识能力的人类如何引用并理解代表结构知识的无穷符号。在这一点上，直觉主义引入了“思想构造”这个概念，并以“存在就是被构造”这一论点为基石，表明数学对象不能完全独立于人类的思想和思考。同时，“它们对某种性质的具有只在这些性质能被思想从它们中加以识别

① [美]保罗·贝纳塞拉夫，希拉里·普特南．2003．数学哲学．朱水林等译，陈以鸿等校．北京：商务印书馆：301．

的意义上才得以可能”[①]。也就是说，只有在能被思想决定的范围内，数学理论才具有合理性可言。

历史地讲，对直觉主义的最初推动源于一种彻底的康德式观点。在康德看来，几何和算术都是知识的先验形式，是第一个在外在经验的类别中作为根据的东西，只能通过欧几里得（Euclid）几何学经验到空间后才能对它概念化。但随着非欧几何的发展，表明了先验的空间直觉并不存在。这一事实使得康德对数学真理以及数学知识上的态度发生了根本性的转变，从而认为数学上的真是从感觉的类别中获得的。因此，从这个意义上讲，直觉主义就成为数学上的一种认识论观点。在它这里，体现着有关数学知识、语言表述和认知观点的融合。很多对真理、意义以及认知领域进行研究的哲学家都从直觉主义那里获得了教益，达米特就是其中的一个。

在直觉主义看来，数学是不能建立于逻辑上的，数学对象是依赖于心灵和思维的，它是由数学家构造出来的，而非独立于人类思维的抽象存在。自然数和实数就是心灵构造的结果。因此，数学对象的结构就必须具有某种可构造性，而且，任意一个数学命题只有当它得到构造性证明时，该命题才能被看作为真。这种观点的重要特征就在于强调一种个人心灵活动或能力的“直觉”概念，看重创造力在数学中的地位。在海汀（A. Heyting）看来，“人们创造了自然中的秩序，计算和测量的法则都以我们自己的活动为基础”[②]。数学陈述只是对我们思想构造的描述，其真值不能超过我们的证实能力。只有在思想构造的相关经验出现时，一个数学陈述的断言才可能是真的。也就是说，数学陈述的真假就在于能否找到能给它以证明的经验证据。陈述的真值属性在很大程度上是现实的。就像布劳威尔所指出的那样，在数学中，没有被经验过的真是不存在的。如果一个断定的内容不在主体的意识中显现，那么它的真就是不能被识别的，因而就是没有意义的。在这里，我们可以明确地看到，直觉主义的数学观是带有鲜明的实证主义的倾向的。换句话说，直觉主义就是强调只有当有关于数学对象的陈述表明了一些和真值相关联的意识经验时才有意义。因此，数学就如同物理学、化学等自然科学一样，都成为经验的、实证的、可错的而非先验的科学。

另外，在直觉主义看来，与数学陈述的真值相关的是它的意义问题。数学陈述的意义和它的真值直接关联，数学陈述的真值决定了它的意义。因此，对

① [美]保罗·贝纳塞拉夫，希拉里·普特南．2003．数学哲学．朱水林等译，陈以鸿等校．北京：商务印书馆：61．

② Heyting A．1975．L. E. J. Brouwer Collected Works．Amsterdam：North-Holland：124．

数学陈述意义的探讨有必要和它的真值情形相关联。比如，在直觉主义者看来，数学中的不可判定陈述不会因按柏拉图主义方式规定的那种真值条件而合法地呈现出它的意义。他们坚持在可证实性和可判定性之间所存在着的那种特定关系，认为一个可判定陈述的“可判定”就在于能识别它的真值条件，一个语句为真的条件等价于它的可证实条件或证据。在他们看来，如果一个语句是可证实的，那么它就是可判定的。如果它是可判定的，那么言语者就有能力判定它的真假，就有能力收集到它的证据。就证据的收集能力而言，可以把这种能力限定在“实际的人”身上，也可以把它限定在“可能的人”身上。“实际的人”的能力是有限的，对一些关于某个事件的陈述来说，他并不一定有能力收集到它们的证据。而“可能的人”则具有很广泛的能力，如超人就有很大的能力范围。因此，第一种情形下的不可判定语句，在第二种情形下就可能是可判定的。这样，二值原则或排中律的普遍有效性在这里便不复存在了，因而建立在二值原则基础之上的经典逻辑就面临着困境。

总体而言，直觉主义强调的是人在进行数学活动时的一种内直觉，它始终坚持一种动态的数学观，把数学看作是一种人类的特殊的思维活动，从而强化了数学对人类创造性思维的依赖性。就像直觉主义的奠基人布劳威尔所认为的那样，数学思维活动就是智力构造的一个动态过程，在这个动态过程中，决定概念正确性和可接受性的不是经验，更不是逻辑本身，而是直觉。换句话说，数学思维活动是独立于经验和逻辑的，它只受到数学直觉的限制。显然，在这里，直觉主义是反对把数学和逻辑看作解析性活动的，相反，它把它们看作是“构造性”的精神活动，甚至是一种游戏构造。它用证实性替代了真实性，从而弱化了数学概念的真理性。当然，这里需要强调的是，尽管直觉主义承认直觉是数学思维活动的前提和基础，但并不是要彻底否认经验，相反，它还是重视经验的作用的。这一观点与康德在回答纯粹数学何以可能时的观点极其相似。他们不但将数学活动看作是以直觉或直观为前提和基础的，而且他们同时也把数学看作是综合的而非分析或推理。因此，从这个意义上讲，康德无疑是当代直觉主义逻辑的先驱。而正是在康德以及康德之后布劳威尔等的直觉主义逻辑的基础之上，当代反实在论的重要代表人物达米特才构建了其具有反实在论特征的直觉主义逻辑观。

三、达米特的直觉主义逻辑观

由于对斯特劳森（Peter Frederick Strwson）研究真概念以及如何可能批判基

本逻辑法则而形成的那种兴趣，使得当代反实在论的重要代表人物达米特对有关于数学上的真理问题给予了关注。[①]尽管他并没有接受那种像布劳威尔式的、依赖于数学家个人脑子里的零件来运行的直觉主义。当然他也不像布劳威尔那样，认为数学完全独立于逻辑，逻辑不过是数学的一个分支和论证手段，从而将数学看作是逻辑论证的一种形而上学基础。但直觉主义提出的有关于真值本质的看法还是对他产生了重要影响，从而接受了布劳威尔的基本研究方法，认为确立一个数学陈述为真的唯一方法就是证明。一个数学陈述如果要算得上为真，就应当有一个证据来证明它，数学家的工作就是要建构和给出这样的证据来。因为，数学家必须从事概念分析，寻求像数字上的等值、连续性以及维数等概念的定义。他们关注于形成一个确切的概念，在其之下可以合理地认为所有的情形确定地出现或不出现。然后，使他们的论证在已接受的定义范围内继续下去。正是基于这样一种认识，达米特对弗雷格关于数学基础问题的研究和回答进行了批判。

按照达米特的理解，弗雷格在数学基础问题的处理上，把数学问题看成是有关于逻辑的，他的思想核心就在于使语言的逻辑分析成为阐明数学思想的关键。因此，对他思想给予说明的方式应体现在对逻辑真的本质的理解中，即数学与逻辑上的真存在于客观存在的概念和自然法则之间。而有关于这一点的本质概括恰恰是古典逻辑中的二值原则。在达米特看来，弗雷格从未对古典二值逻辑的合理性提出过质疑。相反，他始终确信，像二值原则这样的逻辑原则在给予我们有关于独立存在的实体的知识方面是非常可靠的，是不会有什么问题的。他对模糊谓词的否定以及对概念必须被严格定义的坚持实际上“都建立在必须坚持二值这一要求上”[②]。显然，弗雷格提出的这种真值与人无关的观点具有非常鲜明的实在论特征。由此引发了直觉主义对弗雷格的反驳。当然，达米特的反驳主要集中在弗雷格把数学还原为逻辑以及逻辑描述实在的结构这一点上。就像达米特指出的那样，“第一个清楚地理解了否定实在论就意味着否定古典逻辑的人是直觉主义者”[③]。在他看来，在数学的选择上一种普遍的依据就是经验。对数学概念的把握必须以能读懂其形式的语言和理解其实质的定义为前提。按照直觉主义者的看法，要把握一个数学陈述的意义，并不需要知道在什么条件下这个陈述是真的，而是在于有能力认识到，对任何一个数学构造来说，它是

---

① Dummett M．1978．Truth and Other Enigmas．London：Duckworth：220．

② Frege G．1984．Frege：Tradition and Influence．Oxford：Basil Blackwell：148．

③ Dummett M．1995．The Logical Basis of Metaphysics．London：Duckworth：9．

否构成了这个陈述的证明。对这个陈述的断定并不意味着认为它是真的，而是应被看成可以构造它的证明。数学和逻辑是无关的，数学不能建立在逻辑之上。但大多数数学家却接受了古典逻辑及排中律的使用，用形式上的公理系统来给正确的数学实践以规范化，认为数学上的真值是一种固定形式系统中的真值。而直觉主义者则不同，他们认为，数学上的真不只是有关于形式体系的真，数学中的真值标准就是证据。这种证据不是一种固定形式系统中的证据。也就是说，它不是形式的，而是一种内在的感觉。假如并不存在证实一个数学陈述的经验证据，那么该陈述就不会有真值可言。换句话说，"'真'是一种普遍的感觉现象，它通过伴随的现象能或不能与数学的形式研究相匹配"①。这样，直觉主义者就不仅对古典逻辑而且对实在论提出了批判。这种批判表明，人类无法实现对无穷符号的引用和理解，因为人类的认识能力是有限的。在布劳威尔看来，体现二值原则的排中律只是从有穷的情形下概括出来的，要是把它延伸到有关无限集合的陈述上时，就会使它成为无效的。这一点完全可以在数学构造活动的具体特征这一基础上得以论证。"假如用数学语言来试图处理一种直觉主义的数学运算，那么古典逻辑原则中一个的运用轮廓就是盲目形成的。"②

到目前为止，在对古典逻辑的批驳上，达米特的观点是最具有特色的。尽管他在这一点上受到了布劳威尔和海汀研究的影响，然而，他比布劳威尔和海汀走得更远。因为布劳威尔和海汀只是认为古典数学家提出了一种错误、可疑和无根据的形而上学观点；而达米特则指明了古典数学家作为的不连贯性。因为数学真值在原则上的不可知，让经典数学成为不可理解的。这实际上是一种更严肃的指责。在他看来，数学术语尤其是逻辑术语至少在原则上是能被理解的，它们的意义由用法决定和穷尽。比如，像逻辑上的"合取"这个联结词的用法就决定了自然演绎系统的引入和消除规则的意义，表明了能在数学证据中做出什么样的步骤。就 $\wedge I$ 来看，如果一个人知道 A 和 B（有证据支持它们），那么他也知道 $A \wedge B$。所以 $\wedge I$ 说明为了得到 $A \wedge B$，我们都需要些什么。相应地，消去规则说明，在 $A \wedge B$ 的证据基础上，我们能主张些什么。如果一个人知道 $A \wedge B$，则他知道 A，也知道 B。由于逻辑术语（"否定""如果……那么""或者""而且""存在着"等）决定着推理的合理性，对它们的意义把握不合理，就会影响推理的正确性。达米特认为，古典数学陈述的意义解释上有缺陷，这

① Heyting A．1975．L. E. J. Brouwer Collected Works．Amsterdam：North-Holland：451．

② Van Dalen D. 1981. Brouwer's Cambridge Lectures on Intuitionism．Cambridge：Cambridge University Press：5.

种缺陷决定了古典数学推理的不可靠。“按照解释数学陈述的所有合理方式，古典数学运用的推理形式都是不合理的。”[①] 因此，必须改变古典数学家的方法。这样，达米特就依据直觉主义在重建数学上的影响，提出了对古典逻辑的反驳。

正是基于对古典逻辑的反驳，达米特在前人的基础上提出了他自己的直觉主义逻辑观。在他看来，直觉主义逻辑是正确推理的逻辑规则，应把它接受为科学推理的一种重要形态，以此来给许多哲学观点提供一种逻辑上的支持。例如，哲学中的不确定性问题的解决就有赖于直觉主义逻辑。就命题“明天将发生某件事”的真值而言，它一定是非真即假的吗？会不会有第三种状态的值？这两种情况显示了标准逻辑的一些不足。所以，只能拒绝给命题“明天将发生某件事”和“明天将不发生某件事”一个确定的真值。达米特认为，直觉主义逻辑是一个人能够在形而上学争论中做出断定的有效工具，所以这种逻辑体系将必须在哲学家中间被普遍地接受。事实上，他在《形而上学的逻辑基础》中也回答了这一问题，即在构造和确证一种形而上学观点时，需要一种直觉主义的逻辑体系，我们能够通过这一逻辑的正确使用来解决传统的形而上学问题。

另外，达米特的直觉主义逻辑还围绕对悖论的解释和解决而展开。当我们审视达米特直觉主义逻辑建构的思想历程时，会发现他第一次提出直觉主义的思路是在《哥德尔定理的哲学意义》一文中。在这里，他指出了这样的事实，即在对悖论的直觉主义应对和反二值论证之间存在着特定的关联。可以说，直觉主义的论证就是一种反二值论证。哥德尔定理是继罗素的集合论悖论之后揭示数学基础有问题的另一个重要成就。这一定理表明，如果数学是连贯的，那么它就是不完全的，不存在能完全表述所有数学的有效形式理论。这就打破了19世纪末数学家所认为的“所有的数学体系都可以由逻辑推导出来”的理想。达米特在对哥德尔定理的解释上，提出了这样的观点，在基础算术的任何连贯形式体系中，我们得到的只是一个在形式体系中可表达但却不能被证实的陈述。因为，所有的公设系统都不是完备的，其中必然存在着既不能被肯定也不能被否定的陈述。所以，存在着一个超越我们确定其真值能力的真语句。这样，哥德尔定理就意味着不存在能包括全部算术真值的形式体系。依照那种哥德尔式的技巧，我们就可以构造出一个不可证实的正确陈述来。在达米特看来，这显然是一种悖论，因为它包含了三种并不一致的成分。它们分别是：真值可超越

① Dummett M．1978．Truth and Other Enigmas．London：Duckworth：215．

证实的实在论假设；把意义等同于使用；存在不可判定的真语句。这样，哥德尔定理就可被看作提出了两种不同的挑战：首先，如果一个人接受把意义等同于使用，并接受存在着不可判定的真语句，那么他就必须拒绝有关真值的反实在论假设；其次，如果一个人接受有关真值的反实在论假设，并接受存在不可判定的真语句，那么他就必须拒绝把意义等同于使用。在这一点上，达米特指出，至少存在着三种解决这些不一致的途径：第一，接受不可判定语句的存在以及把意义等同于使用，拒绝有关真值的实在论假设；第二，接受有关真值的实在论假设以及把意义等价于使用，拒绝存在着不可判定的语句；第三，接受有关真值的实在论假设以及不可判定语句的存在，拒绝把意义等价于使用。很显然，达米特的这三种回答都是围绕着拒绝还是接受存在着不可判定的真语句这一点而展开的。这些回答建立在他对直觉主义观点合理性的确信上。为了对从哥德尔定理中得出的“教益”给出一种不同的解释，达米特使直觉主义者的应对顺应了这个悖论。他指出，哥德尔定理的“教益”在于直觉上可接受的证据类别是不明显的、可扩展的。在一种形式体系中，我们能够表明归纳的合理性只是这个体系中能被表达的属性。一旦体系形成，我们使用它就能定义在这个体系中不能被表达的新属性，并且通过把归纳应用于这样的新属性，我们就能得到不能在这个体系中被证实的结论。这就表明，如果直觉主义者认为数学陈述的意义以一种在直觉上可接受的证据概念的形式给出，那么它就不能被等同于一种形式体系中的证据。

显然，达米特对哥德尔定理所带来悖论的应对表明，坚持直觉主义逻辑，在一定程度上能够使我们消除二值原则所面临的困境。因为对于直觉主义者来说，拒绝二值的显示性论证是非常直接的。如果认为言语者通过他们在特定的条件下去断定那些语句的方式来显示他们对语句意义的理解，那么，“我们就可以把知道一个语句真值条件的那种可显示条件等同于认为当获得了语句的真值条件时，言语者就能识别它。或者当言语者不处于识别那种真值条件获得的状态下，就已对获得这种状态的程序有了一种实际的知识”①。尽管我们不能直接显示我们对一个语句的真值条件的掌握，但我们却能够显示为了使某个人识别那个句子的真值而采取的步骤的知识。这在很大程度上是一种语言能力，只要用于描述那种程序的语句将产生对其真假的识别是我们能显示我们对真值条件的掌握，那么理解就将被还原为说话者进行言语和实践的能力。

---

① Dummett M．2000．Elements of Intuitionism．2nd ed．Oxford：Oxford University Press：373-374.

为了更好地阐明上述观点，达米特还着重从实在论和反实在论的角度进行了讨论。他指出，实在论者和反实在论者之间的根本区别在于："反实在论者把'能被知道'解释成'能被我们知道'。而实在论者把它解释成'能被某个假设的、其智力和观察力都可能超过了我们的人知道'。"[①]显然，按照达米特的理解，可以把证据收集的能力区分为内在的能力和外在的能力。所谓内在的能力是人实际上具有的能力，这种能力的具备是不需要借助于任何器具的，而只是运用我们的身体五官就得到的能力。而外在的能力则是借助于工具的使用而获得的能力。在这一点上，把"可能的人"这一概念限制在那些其内在的证据收集能力和"实际的人"的能力是同等的，这似乎是可能的，因为这些能力能被经验地确定。当然，我们也希望给出特定的理论限制。比如，人们普遍认为同时确定电子的位置和速度在理论上是不可能的。人类能力的延伸将不能表明"在时间 t 时电子 e 处于 p 位置以 v 的速度运动"是可判定的。同样，我们也可以排除工具的应用结果是不可能被人类的内在能力识别或理解的。例如，有些数学家假设四色问题现在通过使用高速计算机得到了解决。然而，计算机产生的证据如此广泛，超过了所有人"仔细检查"证据的寿命期限，所以使用这样的计算机来解决四色问题并不能被看作是合理的。

事实上，具有不可识别的真值条件的语句在自然语言中到处存在，如有关未来的语句、虚拟条件句等就是这样的情形。对它们来说，那种确定是否满足所论及语句真值条件的有效程序并不存在。就语言中的不可判定语句的来源而言，它的出现与人类的思维和语言的属性有关。具体来讲，首先，语言能够指称时空上的不可达及领域，像过去和空间上的偏远之处；其次，对无限总体，如所有将来时间的极大量化的使用；最后，对虚拟条件的使用。人类总是能够以可能性的形式来思考，他们能想象出有关于在实际世界中不能找到的事物的观点，并把这些假设的事物实体引入到假设的情形下。人类思维的这些方面在语言模型中被得以表达和体现。比如，语言使用者能反思"蓝鲸"以及"曾经存在的最大动物"这些术语的抽象内容。在这里，达米特以"不可判定"语句的形式论证了他在真值问题上所坚持的反二值原则的立场。在他看来，"我们的语言包括很多甚至在原则上、我们没有有效形式判定其是否有真假的语句；我们称其为'不可判定的语句'。如果认为真值隶属于二值原则，即每个语句确定的真或者假，语言也包括这样的语句，即对它而言，我们没有理由认为，如果

① Dummett M. 1978. Truth and Other Enigmas. London: Duckworth: 24.

它们真，那么我们一定在原则上能识别它们为真”①。只有在没有可容许的人有能力确定语句 S 真值的情况下，S 才是不可判定的。达米特给出了这类不可判定语句的例子——“在这一块从来不会有一个城市建成”。很显然，这是不可判定的，因为没有人有能力确定它是真的还是假的。这里的主要观点是，语句只有在存在着“一种确定它们的真值条件是否达到的有效程序”这一情形下才是可判定的。相反，没有这样的程序，语句就是不可判定的。对一个语句要么是可判定的要么是不可判定的看法非常类似于认为一个语句有可识别的或不可识别的真值条件这一点。对任何一个这样的语句而言，即使能发现一种识别方式来确定该语句的真值条件是否得以满足，但仍不能把识别该语句的成真条件等同于有关那种条件的知识。因为语句的意义的形成一定要和经验相关联，并且这种关联需要通过“认识”这一概念来达到。所以，达米特认为，如果我们希望依据有关于真值条件的知识来说明言语者对语言的掌握，那就不会获得对意义的真正解释性说明。比如，一个有关于太阳中心温度的语句的意义，乍看起来，似乎可以合理地认为存在着确定它的真值的程序，即到那里获得温度的读数。但由于我们的缺陷，我们没有能力去识别那种程序的结果。这个语句似乎是不可判定的。这样一来，我们就有理由认为并非所有的可判定语句都有可识别的真值条件。再如，当人们使用像“蓝鲸”或“曾经存在的最大动物”这样的术语时，他们拥有的不只是这些生物在大脑中实际存在的例子，因为他们并没有直接接近这种动物的认识方式。没有人知道这种普遍术语的外延是什么。这样，这些术语的意义就不能为它们的外延所穷尽。换句话说，“蓝鲸”这个表达不能由诉诸这样生物的一个序列而被穷尽。

达米特从反对二值原则和排中律出发，站在不同的视角对当代实在论以及经典逻辑提出了质疑，做出了反驳，从而建立了他的直觉主义逻辑观。这些观点不仅对于当代反实在论具有重要的意义，而且对当代实在论也具有方法论上的启迪。

第三节 当代反实在论逻辑观的本质特征及其意义

如前所述，当代反实在论的直觉主义逻辑观作为20世纪哲学中的一种极其重要的观点，它在数学基础性问题的解决上相对于传统的柏拉图主义提出了非

① Dummett M. 1995. The Logical Basis of Metaphysics. London: Duckworth: 314-315.

常新颖的回答，同时也显示出具有反实在论倾向的本质特征。

首先，构造性是当代反实在论直觉主义逻辑观的出发点。从某种意义上讲，直觉主义逻辑就是构造主义逻辑，它是在数学上的直觉主义观点中经常使用的一种逻辑形态。直觉主义的基本信条就是不存在独立于我们或我们知识的对象与真理。数学上的柏拉图主义或实在论都是没有根据的，因此，我们完全有理由怀疑古典数学的合理性。直觉主义逻辑观强调，数学思维作为人类思维最精确的部分，它并不是外在于人类思维而独立存在的，相反，它是数学家们的精神构造。数学对象如自然数和实数以及数学命题都只不过是由数学家的心灵构造出来的一种结果而已。在直觉主义者看来，任意一个数学陈述的构造意义都需通过给出条件来得以解释。在这种条件下，一个人拥有该陈述的证据。例如，$A \rightarrow B$ 就是一个构造，它使我们把 A 的证据转变为 B 的证据，在由 A 到 B 的构造中，陈述 B 的证据表明了 B 的意义。我们所做的就是提出似规则的东西，并对可构造对象的次序进行选择。在这里，这个过程没有被看作是可以完成的。例如，自然数就是一个似规则的过程。

尽管对这样的一种形式化演算是否在实际上把握了直觉主义的哲学特征存在着争议，但从实用性的观点看，它却是非常有用的工具。因此，在应用直觉主义逻辑方面，存在着强烈的动机。如果一个人找寻像逻辑编程的自动推理，那么他显然不只是对存在性的陈述感兴趣。因为计算机程序是被假定用来计算答案的，而不是去陈述答案的。这样，在对直觉主义逻辑的应用中，就通常需要找寻一个断言给定存在的证据。另外，直觉主义还有一个更为积极的逻辑观点，即认为逻辑和数学是应用内在相一致的方法，去认识更加复杂的心灵计算的。这样，对心灵计算这种精神构造能力的关注，就催生了一种依赖于直觉主义逻辑的构造论数学。实际上，当代直觉主义或构造主义的很多内容，都是把数学简单地看成是在直觉主义逻辑的帮助下从直觉上可接受的公理中导出定理来。就像布里奇斯概括的那样，当代构造主义数学家在实际中所做出的其实就是“以直觉逻辑来处理数学的”。构造论数学的显著特征就是强调有效的计算过程。其背后的观点就是把数学和逻辑看成是一种“构造性”的精神活动，这种活动的有效性依赖于它与它的上下情形在知觉上的一致性。因此，这就有必要诉诸意向性和意识概念来正确地理解关于意义和心理构造的直觉概念。有必要直接和详细地论述我们的数学意向，即与我们的数学活动相关的意义或内容。数学意向必须被直觉主义地考虑，因为这是一个基本的事实，即意识表现了特定的意向性。海汀认为，直觉构造就是已完成或能完成的数学意向。他指出，对一个陈述的断定就是一种意向的实现。同时，这个断定又是一个事实的断定。这样，构造就成为一方面指由主体实现意向而展开的认知过程，另一方面又涉及通过这个过程所得到的对象。和认为数学陈述具有确定真值的经典观点所不同的是，构造主义的数学陈述本身只是对计算内容的表达。这就意味着，有关于数学陈述中的基本事实和证据条件有关。而这种证据条件的找寻是通过计算来得以确定的。在这里，达米特把这一看法延伸到了自然语言并把证据概念弱化为证实。按照这种观点，在对“存在”的解释上可以证实和构造地进行。“证实一个满足条件 C 的对象 O 存在”就可被解释为具有显示或构造 O 的方法。也就是说，能找到伴随着 O 满足 C 的一个构造证据就行。这样，直觉主义逻辑在它的逻辑演算中，就用“正当性”这一有关于理由与根据的表述替代了“正确性”这种有关于真理方面状态的表述。因为，逻辑演算跨越生成导出陈述的变换只保持了正当性，而不是正确性。

正是由于直觉主义涉及精神构造，所以数学中的一些意向方面就在直觉中得到了保留。那么，精神构造当然也就不能完全地靠形式体系来把握，同时，精神构造也就不能完全地被机械计算所把握。从这个意义上讲，直觉主义又是反形式主义的。

其次，约定性是当代反实在论直觉主义逻辑观的实质。当代反实在论的直觉主义是以拒斥二值原则和排中律为契机的，因此，他们反对根据塔斯基（Alfred Tarski）的真理概念去解释意义概念，认为这种实在论的真理概念实质上是把语言中语句或陈述的真假置于我们对其真假的识别能力之外了。这无疑是把二值原则应用到了不可判定的命题上面，而这当然是不具有合理性的。因此，直觉主义者认为应该对实在论的真理概念进行修正。在他们看来，语句或陈述的真假并不是独立于我们认知能力之外的，相反，它只不过是人类在对世界进行探索过程中证实的结果。因此，逻辑真理的必然性并不是由独立自存的实在外加给我们的，相反，它来自我们使用我们自己的语言的方式：一个命题是必然的，因为我们已经决定了将不再把它视为假的，并且把此种意义赋予给它。更明确地说，逻辑真理的必然性来自我们所接受的语义约定和我们所遵守的规则，并且最终可以化归于这些约定和规则。①

最后，动态化是当代反实在论直觉主义逻辑观的基本特征和走向。如前所述，直觉主义强调数学思维是人类思维中的一种创造性活动，数学研究是思想

① 参见陈波．1999．实在论和反实在论的逻辑观．湘潭师范学院学报（社会科学版），（5）：5-9.

的一种自由活动。因此，在这里，数学研究不再是发现，它从根本上来说更是一种发明。因此，从这个意义上讲，直觉主义的核心任务就在于回答人是如何构造、获得和利用数学知识的。在当代的直觉主义者看来，人类在数学对象上是可知的。他能通过陈述把数学对象表述出来，并且得到这种陈述的真值。只有在能被思想决定的范围内，数学对象才是存在的，数学本身就是人类精神的产物。他们强调，绝不能将数学对象看作是独立于我们思想之外的存在。在任何情况下，数学对象都不能完全独立于人类的思想。它并不是超越于人的真实存在，而是由数学家构造出来的。数学陈述就是一个数学家对他所做构造的一种报告。对数学进行的心理构造能在人的语言实践中体现出来。数学家运用自然的或者形式化的语言，只是为了交流思想，使别人或自己能懂得他的数学想法。就像直觉主义的代表人物普特南所说的那样："在描述直觉主义数学时，我是把思想传播到我的听众那里去；这些语句不应当在某种哲学系统的意义上，而应当在日常生活的意义上去理解。"①因此，就数学陈述而言，只有在它实际上能得到证实时才会为真，数学陈述的真假就在于有无证据能给它以证明。这样，数学陈述的真值在很大程度上是现实的。并且，"人们的思想之外是没有数学真理存在的"②。正是从这个意义上讲，数学真理的获得、数学思维活动就在于其动态的构造过程，而不是静态的发现过程。

无疑，当代反实在论的直觉主义逻辑观的构建和发展对于当代整个哲学领域都具有极其重要的意义。它不仅消解了二值原则以及以二值原则为基础的实体实在论和经典逻辑所面临的难题，更为重要的是，它还推动了现代逻辑的发展，为现代逻辑的进一步发展开辟了广阔的空间。

首先，达米特对实在论的表述是在他对传统形而上学实在论观点的挑战过程中完成的。他之所以这样做的原因就在于形而上学实在论有缺陷。在这里，达米特概括出了这种实在论的以下几个缺陷。

（1）这种实在论忽略了不同实在论之间的真正相似性，而把一些非根本性的相似性当成它们的相似性。比如，在有关"当前""过去"和"将来"的实在论方面，形而上学实在论并没有很好地反映它们之间的正确相似性和错误相似性。实在论形而上学问题的传统方法缺乏解释性。它无法解释很多领域内的实在论问题。例如，关于过去和将来的实在论、数学实在论等都是实在论的生动

① [美]保罗·贝纳塞拉夫，希拉里·普特南．2003．数学哲学．朱水林等译，陈以鸿等校．北京：商务印书馆：88．

② van Dalen D．1981．Brouwer's Cambridge Lectures on Intuitionism．Cambridge：Cambridge University Press：6．

问题，但这些问题并非实体的实在性。比如，实在论者在不用承认过去实体的“当前”存在这一情形下，就能解释过去时态陈述如何被过去的实在以真值链而变得确定的真或确定的假。在达米特看来，这些领域的问题是关于真值的问题：存在于一类陈述是否服从二值原则这一点上。有关过去或将来的实在论和物理对象的实在论之间确实不同，因为，我们不能像形成物理对象那样形成有关存在于过去或将来的实体。

（2）达米特认为，形而上学的实在论传统会使一个人认为实在论和还原论是相互对抗的论题，“这是一种误解”[①]。从根本上讲，还原论并不和实在论相对抗，还原论本身不会是反实在论的，因为存在着很多并没有违反实在论的还原论形式。反实在论者认为，如果一个陈述为真，那就一定是凭借着某种如此这般的东西而为真的。也就是说，一定存在着某一个使它为真的东西，这是不可置疑的。比如，有关物理世界的一个陈述，如果真，那么一定是凭借某种实际的或可能的感觉经验；一个数学陈述为真，凭的是某个证明的存在；一个过去时陈述为真，凭的是记忆、证据。为了避免诉诸关于事实的本体论，反实在论者会提出另一类可称为“还原类”的陈述，并认为一个陈述若为真，就必然是凭借还原类中陈述的真而为真的。所以，达米特认为，反实在论总包含着某种还原论。而对形而上学实在论而言，也不得不面对当一个争论类陈述为真时，凭借什么而为真的问题。

由于传统的实在论拒绝还原论，所以它不可能提出任何有价值的答案。按照还原论的观点，在实在论的研究上，我们可以探求是否真的存在着特定类型的实体，也可以不问它们是否存在，而是问它们是否存在于实在的最终构成中。如果这样来看，实在论就采取了还原论的形式。在这里，问题不在于去探讨被考虑的实体是否独立于我们而存在，而是在于它们是不是实在的最终构成。形而上学实在论强调，如果能把特定的实体还原为其他类型的实体，那么它就有可能并不是实在的最终构成。比如，与实在论观点相反的现象主义，并不否定物理对象的存在，但却认为物理对象能被还原为感觉资料，从而否定了物理对象是实在的最终构成。

（3）对实在论论题的传统理解将使我们偏离了我们对不同领域内实在论真正论题的那种理解。比如，在数学中，实在论争论的双方是柏拉图主义者和直觉主义者。如果按照传统的理解，即相信他们的争论是有关数学对象的本质，

① Dummett M．1978．Realism，in Truth and Other Enigmas．London：Duckworth．

那么就会歪曲他们争论的论题。这样，我们就可以认为对实在论问题的达米特式表述胜过了对它的传统表述，这一点至少在关于过去和将来时态的陈述上是这样的。

其次，如前所述，随着现代逻辑的高度发展，人们对二值逻辑和排中律的普遍有效性提出了责难，由此引发了经典逻辑的难题。当代反实在论的直觉主义逻辑以此为出发点，对二值原则这一逻辑形式以及经典逻辑进行了反驳和修正。正是这些反驳和修正，拓展了经典逻辑的视域，使得哲学家们不仅关注语句或陈述的“真”“假”的条件，而且还将语句或陈述的“真”“假”的条件与意义、心理的方面关联起来。他们强调，对语句或陈述的探究不能仅停留在真值条件上，还应该关注其意义。而对意义的探讨也不能与理解以及对具体语句使用的证明、证据相分离，正像达米特所说的那样：“一个陈述的意义是通过知道它在何种环境下为真以及在何种环境下为假而得以确定的。”[①] 任一自身意义清楚的陈述都会涉及一些与它有关的证据，其中有些证据支持它，有些反对它。而这个陈述最后的真值状态就取决于这两类证据间的力量对比。如果有证据反驳某个陈述，并且反驳超过了辩护，那么这个陈述就是假的。如果所有的证据都支持这个陈述，且我们确信不会再有新的证据出现，那么这个陈述就为真。如果现在我们得到的证据都支持这个陈述，但我们并不确定将来是否还存在反对它的证据，那么这个陈述就不能被确定地看成是真的，当然也不能确定地被看成是假的。这样一来，陈述或语句的真假就是由我们所获得和具备的证据来支持的，这种支持的程度则决定了陈述的真假程度，而对陈述的真假情形给予确定的过程其实就是人们对陈述意义的一种把握。显然，这是一种证实主义的意义观点。它弥补了传统的二价性真值观对这一点强调不够的缺陷。

当然，这里需要指出的是，直觉主义所提出的上述对语句真值、语句意义等的看法，并没有彻底地抛弃或否定非真即假这种以二值原则为前提的经典逻辑的合理性和充分性，它仅仅是想指出在语言意义分析上这种逻辑效力的有限性而已。显然，只要满足直觉主义逻辑对于语句“真”“假”的条件限制，作为多值逻辑特例的二值逻辑的相对效力就不会被否定掉。也就是说，直觉主义逻辑在这里想表达的是，尽管一个陈述可以是真的或假的，但它并非必然的非真即假，因为在陈述的真值问题上，还有一个基础性的证据层面在起作用。正是在这个意义上，如果仅仅将反实在论直觉主义的观点和传统观点间的分歧看成

---

① Dummett M．1978．Truth and Other Enigmas．London：Duckworth：8．

是多值逻辑和二值逻辑间的分歧是远远不够深刻的；相反，我们应该将这一分歧具体为“强调决定陈述之真值条件的证据”和“强调陈述的真值条件自身”之间的分歧[①]，从而彻底地解决了二值原则框架下的真值概念在阐述意义上的不足与困境。

最后，对经典逻辑的反对以及对其难题的消解，都无疑为非经典逻辑、多值逻辑提供了契机。由于对经典逻辑推理有效性的质疑，非经典逻辑提出了“真”在很多情况下不能代替“有效性”“可证性”等概念，在很多情况下也的确不是非真即假的观点。为了更好地说明这一观点，直觉主义者提出了有效推理的精确规则，而这些规则明显比经典规则更严格。例如，就直觉主义逻辑在表述逻辑项的真值状态上，把“真”和“可被确定为真”相关联来论述推理式的有效性而言，它比古典逻辑更可靠。而且，直觉主义逻辑作为形式逻辑演算的典范，它超越了传统的逻辑，因此不论它是否完美，但在现代逻辑的发展上都曾经起了极其重要的作用。

① Dummett M．1978．Truth and Other Enigmas．London：Duckworth：23．

第三章 当代反实在论的逻辑与意义的关联

如前所述，当代反实在论在探讨语句或陈述的真假值时，并没有将它孤立起来，而是始终将其与意义、心理的东西相关联。他们强调，对语句或陈述的探究不能仅停留在真值条件上，还应该关注其意义。显然，在当代反实在论者那里，语句或陈述的真值与意义、逻辑与意义从来都是相关联的。正是在这个意义上，本章以实在论的“真概念”为契机，进而探究当代反实在论的意义理论，并最终揭示其未来的发展趋向。

第一节 当代反实在论对“真概念”的考察

众所周知，真概念是语言哲学、逻辑哲学、心灵哲学、分析哲学以及形而上学领域中极其重要的哲学概念之一。哲学家们对待真概念的立场和态度不尽相同，有的还处于极端对立的方面。其中，当代实在论和反实在论对真概念的不同看法无疑是最具有特征的。

当代实在论将真概念看作是意义理论的核心概念。历史地讲，从古希腊开始，哲学家们就对真概念有所探讨。例如，说非者是，或是者非，即为假，说是者是，或非者非，即为真。一直到近代，真概念越来越成为哲学探讨的核心内容。对真概念的界定也随着哲学的不断发展而有所变化。最早对真概念的界定实际上就是符合论。像古代早期对真概念的界定就是一种符合论，但这种符合论更接近于直觉符合论。正像早期的戴维森为了为真理符合论做辩护而在其论文《对事实为真》中所说的那样：“由塔斯基发展的语义学的真理概念，应该被叫做一种符合论，因为其中有一部分是由满足概念起作用的……必须指出的是，这种关系和满足完全不是直观上所理解的那种符合；而用于满足的函项或序列也不可能是就像事实之类的东西。……”[①]

在实在论者看来，真概念是客观独立存在的，是超越于人类认识能力和语言实践活动的。它不是被构造出来的，相反真概念是我们人类在语言实践活动过程中被发现的，它永恒存在。换句话说，真概念仅仅通过真值就可以对语句或陈述的断言的意义进行评价，而无关乎说话者或陈述者的认知能力以及认知语境。也就是说，即使在不知道一个语句或陈述的真值的情况下，真值也是客观存在的。

可以看出，实在论对真概念的界定很显然带有一种独断主义的倾向，因而面临着挑战。

当代反实在论针对实在论对真概念的上述界定，提出了他们的反驳观点。他们首先反对的就是将真概念作为意义理论的核心概念，指出真概念虽然构成了意义理论，但是它仅仅说明了“真的”整个谓词的具体运用，而以此为内涵的意义也不过就是一种辩明而已。在他们看来，陈述的客观性其实是就它的真假性而言的。但是，如果以这样一种形式去理解真概念和其产生的意义的话，那么必将产生超越于我们知识或理解的意义概念。

事实上，从弗雷格开始，便把“求真”看作是语句陈述的目标，承认“含义决定指称”，主张可以借助“真”来刻画句子的内容。“知道一个句子的含义”因而被看作是去把握句子的真值条件；而作为句子的任一“表达式的含义”，则在于它对于它出现于其中的整个语句之真值条件的作用。而真作为初始性的概念，是不能够被定义的。就像他在多处地方所指出的：“真不能定义；人们不能说……真是基始的和简单的。……如果表达了某种东西，它也就一起被表达了出来。”[②]“真显然是基始的和简单的东西，以致不可能再还原为更简单的东西。”[③]这样一来，求真在弗雷格那里尽管是语句陈述的终极目标，但由于真的不可定义性以及真与语句表达式的同一性，便使得求真陷入了循环论证当中。

正是基于弗雷格对真概念的描述及其态度，当代反实在论者尤其是达米特强调指出，求真并不是语言活动的终极目的，尽管它的诞生有其必然性，但它只是特定的语言实践的产物，因而不足以用来刻画一切语言活动。在他看来，有关于语句真值给其意义以充分表述的所有情形都体现在由直觉主义意义所获得的证实主义意义理论中。所以，构造可行的意义理论应该摒弃以“真”为核

① 唐纳德·戴维森．2007．对真理与解释的探究．牟博，江怡译．北京：中国人民大学出版社：63-64．

② 弗雷格．2001．弗雷格哲学论著选辑．王路译，王炳文校．北京：商务印书馆：179．

③ 弗雷格．2001．弗雷格哲学论著选辑．王路译，王炳文校．北京：商务印书馆：182-183．

心，而考察“以什么意义为核心”。他指出，一种旨在对语句意义进行解释的新颖意义理论应当把直觉主义对数学陈述的意义解释作为仿照的榜样。在数学中，确立一个陈述为真的唯一手段就是证明，而对其他的常见陈述来说，需要的一般概念则是“证实”概念。从一种证实论的观点看，理解陈述就在于能识别对该陈述的证实，或者说，在于能够识别决定性地确立其真假的那种东西。这并不意味着我们在每一种情况下都必须具有一种判定陈述真值的方法。但当一个陈述的真值得到确立时，我们一定能够识别这一点。这样，达米特就试图以“证实”概念来取代“真值”概念。在自然语言真值的阐述上，他给出了真值的最后定义，即“S”是真的当且仅当存在着算作为 S 的证据或证实。这一观点直接影响了他对意义问题的看法。在他看来，证据这个概念恰好满足了可传达性和可观察性的要求，所以领会一个陈述的意义就是在它的一个证据摆在我们面前的时候，我们能够辨别出这个证据来。由于证实主义的意义主张把真值看成由证实来确定，所以它就可被看成建立在对这一观点的拒绝的基础上，即世界的某些方面在原则上不能为我们接近，从而客观地否定了二值原则这一先验的逻辑设想。

在达米特看来，语句的“真”“假”应当是可判定的，和言语者对语言的实际用法密切相关。所以，语句的“真值条件”是为言语者所知晓的。而传统的真值条件意义理论则将陈述的真假看成是与人的意向活动以及现有的举证能力无关的自然存在。这种观点并没有透过语言的实际使用来表明对语句的真值条件知识，从而完全等价于通过上帝之眼来看待语句的真值。他指出：“把陈述区分为真或假的分类活动并不存在于真空中，它总与我们所具有的某些兴趣相关。这样，将某些东西归入此类或彼类，就是产生于这一兴趣的相关后果。明显的例子就是如何去证明一个演绎论证或归纳论证的形式的合法性。从演绎的角度或从归纳的角度将论证分为有效的与无效的两类，并不是一种为了分类而进行的活动。”①这就表明，有关意义的问题应当涉及我们在区分真和假这一活动上的意向、目的以及旨趣，使得对陈述的真值条件知识的解释与我们语言的实际用法相联系，而不满足于对真假二元性的天然假定。也就是说，不能只从无法阐明的真概念出发来表述意义，否则就无法表明在日常生活中给真进行断定的语用目的。一种完全的、有关于意义的理论应当包含我们对真假分类活动目的的关涉。另外，按照达米特的看法，真值条件的意义还存在着它的局限性。当面

① Dummett M. 1978. Truth and Other Enigmas. London：Duckworth：3.

对自然语言时，这种局限性就明显地表现出来。比如，在自然语言中，有些语句的真假是难以判定的，我们无法用真值条件把它们的意义表示出来。包含有过去或将来时间的语句就是这方面的例子。在这里，达米特对真值条件意义理论批判的实质就在于揭示经典逻辑所隐含的有关真值的形而上学预设，并通过这种揭示进一步为植根于人类现有经验有限性中的新逻辑进行辩护。

总之，反实在论不仅将真概念看作是与意义相关联的语言实践中的产物，而且以此为基点，强调意向性和意义之间的密切关联，从而推动了当代反实在论意义理论的进一步发展。

第二节 丹尼特反实在论的意向工具主义

意向性问题是当代哲学、心理学、社会学共同关注的重要论题，而意向工具主义则是当代西方反实在论的心灵哲学在探讨人类心智过程中形成的两种代表性理论之一（另一种为意向实在论）。本章立足于哲学理性发展的背景和趋势，梳理并阐明了作为当代反实在论的重要代表人物、意向工具主义的灵魂和核心人物丹尼特的学术思想的形成及其在心灵哲学中的理论地位。

丹尼特是当代西方最著名的反实在论的心灵哲学家之一，现代功能主义的主要倡导者。作为意向工具主义的灵魂和核心人物，丹尼特从工具主义的立场出发，巧妙地运用意向战略有效地完成了对常识心理学的辩护和对功能主义的论证及发展，不仅丰富、充实、拓展了当代哲学意向性理论的内容和成果，还在更加深远的意义上影响、启迪了心灵哲学研究的方法和思路。因此，对丹尼特及其思想进行深入研究，有助于从整体把握当代反实在论的心灵哲学思想的发展与走向，对于进一步探讨与之有关的哲学问题有着重要的理论意义和实践价值。

一、丹尼特反实在论心灵哲学思想的理论地位

从总体上讲，丹尼特的意向工具主义思想是在20世纪西方心灵哲学发生深刻变革的大背景下逐渐形成的。一方面，心灵哲学从行为主义（behaviorism），经同一论向功能主义（functionalism）发展的演进方向引导了丹尼特学术思想的变化和发展，而在另一方面，丹尼特独创性的学术观点又在同时推动和引领着心灵哲学的研究前沿。因此，探讨当代心灵哲学的发展特征与走向，对于清楚地把握丹尼特的学术思想的精髓，分析其理论意义与价值是非常必要的。

（一）心灵哲学的当代发展及其特征分析

心灵哲学（philosophy of mind）是一门以诸心理现象（如感觉、知觉、思维、意识、意向等）及其形式、本质、特征，以及心身关系、心理内容与心理因果性等为研究对象的哲学分支学科。它是一门古老的学科，这缘于心灵的哲学研究有着悠久而又漫长的历史，其渊源可以追溯至古希腊时代甚至原始思维时期。同时，它又是一门年轻的学科，因为严格来讲，作为一门独立的，有其相对稳定的研究对象、范畴和内涵，有其自身独特的理论内容和方法论体系，在一定意义上较成熟和完善，进而得到长足发展的学科却还是在西方哲学进入20世纪以后学科分化并相互交叉发展的结果。特别是到了20世纪中下叶，当被喻为“哥白尼式革命”的语言哲学逐渐失去其往日辉煌之际，心灵哲学则在此时表现出了极强的生命力，并且在一定意义上取代了前者而一跃成为当今哲学的基础与重心。

当我们理性地回顾与审视心灵哲学在20世纪的异彩纷呈的发展时，不难看出：尽管此时的心灵哲学可谓观点杂陈、新论迭出，各个流派在沿着不同的哲学理路对相关问题进行研究和推展之时也形成了在具体观点上有着较大分歧的不同理论，但从总体上讲，它们的发展有其共同的逻辑主线，这条主线便是物理主义的自然主义纲领。换言之，当代心灵哲学的主流是自然主义的，而这股自然主义思潮又集中地体现于形形色色的物理主义理论之中。就其具体的理论形态而言，从逻辑行为主义（logical behaviorism）到心身同一论（mind-body-identity theory）再到功能主义，当代心灵哲学的进步与走向呈现出显然而清晰的发展脉络，即由还原的物理主义走向了非还原的物理主义。

1. 行为主义对二元论的清算及逻辑行为主义的诞生

简而言之，心的本质问题作为最传统、最重要也是争议最多、最难解决的问题之一，构成了心灵哲学的核心问题。其他问题的探讨都是围绕这个核心问题或是其基础上展开的，而这一问题通常又可直接转化为在笛卡儿（Descartes）哲学中曾明确提出的心身关系问题（the mind-body problem）。可以说，笛卡儿在这一问题上的经典性描述占据了20世纪初的心灵哲学舞台。换言之，尽管在此时关于心灵的哲学探讨在理论上有了进一步的突破，但从总体上讲，由于以笛卡儿为代表的心身二元论在哲学传统中有根深蒂固的影响，在这时心灵哲学中居统治与主导地位的还是这种思想。正因为如此，当代的心灵哲学实质上是在反对笛卡儿二元论的基础上日益发展并壮大的。行为主义义不容辞地成为这股力量的主力军。

笛卡儿的二元论是一种较强的“实体二元论”(substance dualism)。其重要思想可表述为：身（物）与心是两种完全不同而又并行不悖的存在范畴，二者是本质上不同的独立实体，前者具有广延性而无思想，后者能思想但无广延性；前者占据一定的空间，遵循一定的机械规律，因而可通过外在的观察来认识，后者并不占据空间，因而是无形的，且不受机械规律的制约，它的状态和活动均属私人的、内在的东西，因而只能由主体通过内省来认识。自行为主义作为一个心理学流派产生于美国之后，对笛卡儿的心身理论构成了强有力的挑战。尤其是行为主义渗透到哲学领域之后，哲学行为主义把反对二元论作为自己首要任务来对待。著名的哲学家、现代分析哲学日常语言学派的代表之一赖尔（G. Ryle）在其著作《心的概念》(*The Concept of Mind*)中对之进行了颠覆性的抨击。赖尔将这种实体二元论形象地称为“机器中的幽灵说”(the ghost in the machine theory)，认为这种理论由于使用了不正确的语言习惯而犯了严重的范畴错误(category-mistake)。这就是说，心与身（物）各自属于不同的逻辑类型与范畴，因而不能放在一起相提并论。在此基础上，赖尔又剖析了导致范畴错误的根源，并最终指明心身对立、心物对立实际上是空洞、虚假的结论，因此应把它作为毫无意义的形而上学问题从而被否定与拒斥掉。不仅仅是赖尔，其他的行为主义者也在遵循面向外界的法则下纷纷指出：心、思想、知觉和情感的实质应该从外在的人的行为去发现。这样，心灵的内在状态在行为主义那里就被取消了。心身关系问题也因此被排除在心灵哲学的研究领域之外。

行为主义在心灵问题上的主张恰巧与逻辑实证主义(logical positivism)的基本理论不谋而合地走到了一起。逻辑实证主义在认识论上强调“经验”的第一性，宣称要在哲学与科学领域中清除形而上学。它的这种见解影响到心灵哲学中，直接导致了逻辑行为主义的诞生。逻辑行为主义试图运用实证原则为内在的心理过程寻求一种外部标准，即人的行为，以此来对心理现象作出物理的解释。正是由于它对关于心理的语言进行逻辑分析的主张，一方面将心的本体论问题作为没有意义的问题排斥到对心的研究之外；另一方面又将心理学纳入到自然科学（物理学）的框架之中，从而确立了心理学的科学地位。

逻辑行为主义主张运用逻辑实证主义的方法对意向等心理现象进行重新分析，通过分析其陈述的证实条件，将意向的心理陈述转换、还原为物理的陈述，即可观察行为的陈述。正是在这个意义上，逻辑行为主义可以说是通过语言的还原，在方法的层面上，使心理现象的研究获得科学的地位，并使心理现象的描述在物理科学方法中得到自然化的说明。按照逻辑行为主义的看法，“关于心理术语的意义不是在于具有私人性和主体性的内部状态，而是在于可观察、可证实的行为”①。基于此，逻辑行为主义者试图将“意向心理状态到底是什么”的问题作为没有意义的形而上学问题排除在他们的研究之外，并试图为内在的意向心理过程寻求一种外部的标准，试图借助人的行为以及习得技巧的外部表现的观察来对意向心理现象作出物理的解释。

2. 心身同一论——强物理主义的还原策略

行为主义虽然盛极一时，但由于其过于强调外在行为的偏激主张，很快便遭到来自各方的批评。随着逻辑实证主义意义理论的逐渐衰弱，心灵哲学家们也开始对行为主义进行反思。这种反思最终导致了两个方面的结果。一方面，是解除了对建立心理学理论的限制。作为科学领域内的东西不必再局限于直接可观察的有机体的行为和反应，而是可以包括有意识和无意识的心灵状态，以及头脑内的知觉、语言和认知过程。这就是说，曾经在逻辑行为主义影响下已被清除的“心的本质”等相关问题，又重新被纳入到关于心灵科学与哲学的研究领域中来。从这个意义上讲，此后的心灵哲学的主要特征之一便是重新肯定深入研究内在心理活动的必要性与可能性，无论是在科学上还是在哲学上。另一方面，也是更重要的，是坚持、继承了逻辑行为主义的物理主义这一基本立场，是对心的内部状态的一种极强的物理主义的肯定。上述两方面的结果又直接导致了心身同一论（也称作等同论）的产生和发展。简而言之，心身同一论在上述问题上，反对逻辑行为主义把心理状态和事件等同于外在的行为乃至假设的行为倾向，而是将它们等同于在当事人的中枢神经系统中出现的状态或事件。确切地说，即“每个心理状态或事件在数目上等同于某个神经生理状态或事件”②。可见，按照心身同一论的主张，心理状态就是物理状态，即大脑的神经生理状态。因为心理现象（性质、状态、过程、事件等）就是大脑神经生理现象或大脑中的物理化学现象。显然，信念、愿望等意向心理状态在这里也无一例外地被看作是某种特定的大脑的神经生理状态。正如谢费（J. A. Shaffor）对心身同一论的概括：“思想、情感、愿望等心理现象与身体的状态和过程（也许更确切地说是神经系统或只是大脑的状态和过程）是同一的，它们是同一个事

① Kim J. 1996. Philosophy of Mind. Boulder：Westview Press：26-28.
② Plaee U T. 1956. Is Consciousness a Brain Process? British Journal of Psychology,（44）：47.

物。"[①] 这里的"同一"并非是指两种事物的一致性（如两个一模一样的器具），这里的"同一"所预设的是同一种事物，即心理状态与物理状态（神经生理状态）就是同一种事物。可见，心身同一论所强调的同一性是一种严格意义上的同一性。

如前所述，心身同一论对逻辑行为主义进行批判的同时，却保留了后者的物理主义的基本主张。不仅如此，心身同一论还将物理主义推向了极致，这一极致的表现就在于它坚持一种强的可还原性。当然，这里的还原不同于逻辑行为主义中的还原，如果说后者注重的主要是一种语言学上的分析的还原的话，那么前者则更加致力于借助科学力量的理论之间的还原事业。因为逻辑行为主义强调的是"所有有意义的心理学陈述，即是说在原则上可检验的心理学术语都可以翻译成不涉及心理学概念的物理学命题。不仅如此前者还可以归结为、统一于后者"[②]。也就是说，它更主张还原的结果应当是在较高层次的陈述与较低层次的陈述在语义上的等同的。而心身同一论则不然，它提倡的是一种旨在理论间还原的科学还原论（scientific reductionism）。具体而言，它"将人类的心理结构看作是某种理论或某些理论的集合，并认为人类的心理结构作为理论是能够被还原为神经科学等低层次的物理科学理论的，就如同热力学能够被还原为经典物理学一样"[③]。可见，心身同一论更多追求的是一种规律的还原（nomological reduction），而不仅仅是定义的还原（definitional reduction）。总之，心身同一论所要求的还原的结果就是使每一种心理状态都对应着一种神经生理状态。换句话讲，当且仅当两个个体处于同一神经生理状态时，他们才可能处于相同的心理状态。

然而，心身同一论的上述限定显然是太强了，恰恰是这一强的限定以及这种对还原的物理主义的极端推崇，不仅使其遭受到来自各方面的批评，更使其自身陷入了难解的理论困境中，寸步难行。也正因为如此，心身同一论在心灵哲学中的地位很快便被功能主义所取代。

3. 功能主义 - 物理主义的弱化

历史地讲，功能主义的形成是对心身同一论与逻辑行为主义批判与反思的一个逻辑结果。一方面，对心身同一论的异议是功能主义产生的一个直接动机；

---

① Shaffor J A. 1968. Philosophy of Mind. Englewood Cliffs: Prentice-Hall: 39.
② 高新民. 1994. 现代西方心灵哲学. 武汉：武汉出版社：54.
③ 田平. 2000. 自然化的心灵. 长沙：湖南教育出版社：20.

另一方面，功能主义在对逻辑行为主义忽视了心理现象作为一种内部状态和过程的本质特征进行批判的同时，又在其理论构筑过程中保留了逻辑行为主义对心理概念的分析要诉诸感觉刺激和行为反应或感觉输入和行为输出这样的一个基本观点。因此，功能主义的产生与发展同逻辑行为主义及心身同一论有着密切联系。可以说，功能主义思想正是自然主义心灵哲学试图克服后两者理论困难的一个集中体现。

与心身同一论相比，功能主义在对心理现象及其性质的探讨中，试图超越前者的物理层次，而将心理状态定义为某种因果角色或功能角色。因此，对于功能主义来说，重要的不是大脑神经生理状态本身，而是大脑神经生理状态所从事的工作，即它的因果或功能角色。可见，在功能主义者眼中，心理属性是人脑的一种功能属性，心理事件也必然是人脑的一种功能事件。显然，功能主义也追求“同一”，但这种“同一”与心身同一论的“同一”无疑是不同的。如果说后者是心理状态类型与物理状态类型的同一，那么前者则是心理状态类型与因果角色或功能角色类型的同一。换言之，功能主义主张心理状态与人脑的功能属性是同一的，而不能与其物理－化学结构相同一。这就是说，心理状态不能被一对一地还原为物理状态（神经生理状态）。按照功能主义的主张，心理属性在一定意义上还依赖于物理属性，因为与其同一的功能属性也是通过物理－化学的方式实现的，意向属性也是如此。这样，功能主义既坚持了心理对物理依赖的物理主义立场，同时又避免了还原论所面临的理论困境。正是在这个意义上，功能主义所认同的实则是一种较弱意义上的物理主义。

通过以上的分析可知，从行为主义到心身同一论，再到功能主义，它们有着共同的特点，即将所有现象（包括事物、事件、性质、关系等）都看作是物理现象，无论是通过还原的途径，还是依靠其在本体论上的附随性质。当然，也能看到，这里的物理主义并不是完全意义上的统一概念，它只是“一种给予物理学以专门特权的统一方案。其目标是在于建立一个知识的体系，在这一体系当中，现实的各个方面都以某种明确的方式在物理学中占有一席之地或与物理学相关”[①]。这说明在物理主义的名称之下，允许存在包含不同的哲学立场与观点。事实上也是如此，心灵哲学中的物理主义经历了上述理论形态的批判性的继承与更替，呈现出了由强到弱的总体发展趋势。

需要说明的是，在当代心灵哲学以物理主义为基点的自然主义阵营中，当

① Poland J. 1994. Physicalism. Oxford: Clarendon Press: 10.

然不仅限于上述的几种理论形态。事实上，取消主义（eliminativism）也是这一阵营中不容忽视的一种主张。在取消主义的视野中，心理性质既不能还原为物理性质，也不能附随于物理性质上。因为根据其主张，信念、愿望和其他为我们所熟悉的意向状态本身是不存在的[①]。尽管它们都是关于心理现象的常识理论的理论术语，但“我们关于心理现象的常识的概念本身就是一种完全错误的理论，其原则和本体都是最终要被完成了的神经科学所取代”[②]。显而易见，取消主义是一种较为激进的主张。相对于还原论的心身同一论来讲，它对于心理现象的解决方案实则是从一个极端走向了另一个极端。不论如何，尽管上述几种物理主义主张在心理现象的解释上存在着或多或少的不足与缺陷。但是，从总体上讲，它们在揭示心理现象的基本特征、实现机制、必要条件等方面都做了富有建设性的尝试，为我们进一步认识心理现象的深层本质和结构提供了一定的科学基础。总之，比较而言，功能主义可以说是在心身同一论与取消主义之间的一种较为温和、折中的理论。它在功能意义上对意向心理现象的说明可谓为我们提供了一个独特而新颖的视角。上述理论优势使得功能主义得到了学界广泛的关注、讨论与认可，并且一直被看作是心灵哲学当中最有前途的一种理论形态。而事实也证明功能主义在英美哲学中的异军突起与发展速度之快、影响之深远的确令人瞠目。

总而言之，上述各种理论形态的更替发展，深刻反映了当代心灵哲学发展的主流趋势及其演进特征。丹尼特的心灵哲学思想及其工具主义的意向理论正是在这样的理论背景下形成和发展起来的，而其本人也在其独特的意向理论基础之上成为心灵哲学现代功能主义的主要缔造与倡导者之一。

（二）丹尼特学术思想的形成及其在心灵哲学中的理论地位

丹尼特于 1942 年 3 月 28 日出生在美国波士顿北名叫温彻斯特小镇上的一个中产阶级家庭里。自小就受到良好教育熏陶的丹尼特虽然有着广泛的兴趣爱好和艺术修养，但从中小学开始就一直对诸如时间、空间、思维以及上帝是否存在等此类抽象的哲学和宗教问题情有独钟。因此，1959 年，他一考入威斯林大学（康涅第克州）便将哲学定为所学专业，开始了他辛苦又颇具挑战性的哲学研究生涯。

---

① Stich S P．1996．Deconstructing the Mind．Oxford：Oxford University Press：116.

② Churchland P M．1990．Eliminative materialism and the propositional attitude//Lycan W．Mind and Cognition．Malden：Blackwell：206.

1960年，年仅21岁的丹尼特满怀激情地转入了美国的一流大学——哈佛大学继续深造，因为在那里能更好地向当时的哲学权威和泰斗奎因发起大胆的挑战，并试图找出其哲学理论的错误之所在，因为哈佛大学正是奎因任教的地方。哈佛大学哲学系虽然是群英荟萃、人才济济，但凭着与生俱有的敏锐的哲学思维和全身心的努力，丹尼特很快在青年学者中崭露头角，经过三年的潜心努力，他终于完成了旨在重点批判奎因语言分析中行为主义方法的毕业论文——《奎因和日常语言》（*Quine and Ordinary Language*）。尽管奎因本人并不同意丹尼特的某些批评，但还是对他的论文给予了很高的赞赏和评价，并写亲笔信将丹尼特推荐给了英国牛津大学哲学系的著名教授吉尔伯特·赖尔。正是在牛津大学直接攻读博士学位的过程中，丹尼特将其研究重心放在了以心身问题为核心的意识理论上面，只用两年时间就已完成的博士论文《内容与意识》，奠定了其心灵哲学思想的基本体系框架，标志着丹尼特建立在意向理论基础之上的独具特色的功能主义意识理论已经初步形成。此后（1965年之后），伴随其在美国加州大学尔湾分校教授哲学的学术研究生涯中，丹尼特一直是沿着这条主线充实发展其哲学理论的。

从总体上讲，丹尼特学术思想的发展是一个连贯的整体，有其清晰的发展脉络，就其主要学术观点的形成特征而言，我们可以将其大致划分为以下几个阶段：

第一，对行为主义和心身同一论的反思和梳理，为其学术思想的形成提供了必要的理论准备。师从赖尔，丹尼特进入牛津大学时，正值行为主义和心身同一论在心灵哲学中较为盛行的时期。丹尼特阅读了大量与之有关的著作和论文，仔细分析了这些理论产生的动因及特征、发展的趋势与走向，并在此基础上指出了当时心灵哲学在深层次上存在的发展危机。具体而言，他认为“从赖尔开始，日常语言哲学、行为主义、同一论，这一波又一波新思潮对笛卡儿心身二元论的冲击，无非是想在批判笛卡儿二元论的基础上，在心身之间重新建立一种联系，并对这种联系作出新的解释。这些流派对意识问题的解释有得有失，都不是一种完全科学的理论。其原因并不在于具体理论的错误，而在于研究方法上的缺陷”[①]。除此之外，丹尼特还进一步分析了上述危机的主要原因，在他看来，“自赖尔的《心的概念》一书出版后，对心身问题的研究，不可能再使用传统的思辨方法，即坐在扶手椅中反省沉思的方法，对科学的发展默然视之。

① 转引自：章士嵘，王炳文．1996．当代西方著名哲学家评传（第二卷：心智哲学）．济南：山东人民出版社：169．

哲学家在哲学研究中应当积极热情学习和运用科学的新发现和新方法。但更为重要的是，这种运用应当使哲学仍然成为哲学，而不要变成科学的一个部门”[①]。更确切地讲，如果仅仅按照日常语言哲学分析的方法只能使心灵哲学完全变成一门语义学，而反过来仅仅依据行为主义和同一论的方法，则会导致心灵哲学变成纯粹的心理学和脑科学。因此，最佳的选择是：心灵哲学应当重视科学并运用科学，但它仍应当是一门哲学。[②]基于以上考虑，丹尼特将他的研究触角伸向了诸如计算机科学、脑神经科学、人工智能、信息论、控制论等科学发展的前沿领域，试图借鉴其最新的成果推动心灵哲学对意识问题的研究。在这样的研究思路和方法的启迪下，新的理论逐渐在他的脑中形成雏形。

第二，根据其博士论文进一步修改并出版的第一部专著《内容与意识》，标示了丹尼特功能主义思想的正式形成。攻读博士学位期间，丹尼特沿着上述研究思路，阅读了一系列哲学与脑神经科学、人工智能等学科交叉研究意识问题的一些文章和著作。例如，斯马特（J. J. Smart）的文章《感觉和脑的过程》（*Sensations and Brain Processes*），安德森（A. R. Andson）的《心灵与机器》（*Minds and Machines*）以及普特南的《心灵与机器》（*Minds and Machines*）等。这些文章与著作给了丹尼特极大的触动。此后，他特别关注、分析并批判了普特南的机器功能主义，并另辟蹊径将落脚点放在了意向问题上面，运用其大胆的意向理论进一步发展了功能主义，为功能主义的拓展奠定了重要的理论基石。也正因为如此，丹尼特于1968年出版的《内容与意识》一书不仅成为其代表作和成名作，更为重要的是这部著作与和其同年出版的福德（J. A. Fordor）的《心理学解释》（*Psychological Explanation*）一起成为现代功能主义正式形成的最重要的文献和标志。

第三，基于工具主义视角，对意向立场的选择以及对意向系统理论的建构与阐发，并在此基础上运用意向战略对常识心理学的辩护表明丹尼特的心灵哲学理论已逐渐走向了成熟并形成一套较完备的理论体系。常识心理学中的意向性术语，如相信、想望等命题态度（propositional attitude）作为一种心理性质应该如何定位一直是当代心灵哲学探讨的核心问题之一。既然丹尼特将自己的理论基础建立在了意向性（intentionality）这一基础之上，那么他就必须首先对意向心理性质做出必要的解释和说明。而意向性问题也恰恰是当代哲学和认知科

① 转引自：章士嵘，王炳文．1996．当代西方著名哲学家评传（第二卷：心智哲学）．济南：山东人民出版社：169．

② 参见：Dennett D．1978．Current issues in the philosophy of mind．American Philosophical Quarterly，15：4．

学讨论最激烈、争议也较多的一个热点问题。对于这个问题的看法，针锋相对的两种理论分别是意向实在论（intentional realism）与取消主义，然而丹尼特并不同意上述任何一种主张。在他看来，意向实在论的观点过于乐观，而取消主义则过于悲观，两者都濒临较大的理论困境。为此，应当巧妙地采取一种较为温和的折中策略，以有利于我们在解释实践中对之进行运用，而工具主义恰恰能较好地满足此要求。这就是为什么丹尼特选择了工具主义立场作为其论证意向理论的一个核心出发点和基本点，正是他独具特色的工具主义意向理论较成功地使其完成了对常识心理学的辩护和对功能主义的论证和发展。也正是由于丹尼特以及普特南、福德等的共同努力，使得功能主义成为20世纪70年代以来英美哲学界最有影响的学派之一。总而言之，随着丹尼特学术思想的形成和不断完善，其相应的哲学观点在整个心灵哲学中的理论地位也愈加清晰和重要。他的理论成就不仅推动了心灵哲学的整体发展，在一定意义上更是引领了心灵哲学的发展趋向，其理论意义自是不言而喻。此外，通过以上分析我们不难看出，丹尼特的意识功能主义思想是建立在意向理论这一基石上的，而其意向战略的运用又是必须以工具主义为基本出发点的。换言之，意向工具主义无疑是丹尼特心灵哲学思想体系中最为核心、最为重要，也最具特色的一部分，这也是本书立论要义之所在。

二、丹尼特反实在论意向战略的理论核心及其本质特征

如前所述，丹尼特一直致力于对民众心理学或常识心理学的工具主义方案的清晰阐述，并试图在此基础上运用“意向战略”（intentional strategy）为之进行必要的辩护，从而在此基础上使意向分析方法在科学的行为解释和预测中获得合理的地位。在他看来，民众心理学或常识心理学中诸如“相信”“愿望”等具有意向性的术语虽然并不指称什么实在，意向心理状态也并非是实在的内部状态，但它们却在我们对行为的解释和预测中起着重要的作用。丹尼特站在工具主义立场上对意向方法的论证使其蜚声于西方哲学界。正是由于他的努力，意向方法在更大的程度上日益受到科学家及哲学家的认可，并且逐渐在对意识等科学及其哲学研究中发挥出越来越重要的作用。

（一）意向工具主义立场的选择

如果以实在论与反实在论来划分当代心灵哲学关于心理性质的看法的话，

丹尼特的意向工具主义主张很难被明确归入哪一阵营中。因为虽然丹尼特一方面承认常识心理学中具有意向性的信念、欲望等术语的有用性，承认它们有存在的理由与价值；而另一方面，他又否认意向心理状态是真实存在的内部状态，否认具有意向性的常识心理学相关术语、概念能够指称、描述任何实在、过程、状态和属性。显然，丹尼特的这一观点既不同于以福德为代表的意向实在论的主张，又不同于以取消主义为典型的意向反实在论的看法。不过，丹尼特是以反对意向实在论为出发点来构建其意向工具主义理论的。意向实在论主张具有意向性的信念、愿望等概念，表示的是一种实在，而且它们是存在于人脑内部的。而丹尼特却坚决否认上述观点的合理性。他将意向实在论以及与其相近的理论斥为“内因论”，并且从以下五个方面对之提出了批评：第一，他明确指出任何科学以前没有，今后也不可能发现内因论所说的那种作为内部状态或机制的信念，这是前提与基础。第二，他认为内因论所主张的“有信念这样的意向状态就是有用思维语言表达的心理语句”实际上就等同于主张人脑之内有黑板之类的东西，可以在上面写出心理语句之类的句子，这显然是错误的。第三，他通过把关于信念、愿望等意向状态的解释与关于动物、博弈计算机的解释相比较，认为：在这种情况下，我们没有理由认为对信念、愿望的描述是对内部状态的描述而不是演算或预言的手段。第四，他认为内因论将信念、愿望等意向状态看作是内部的原因仅仅是缘于从主体在他的环境中“相信”或“想要”的东西中的推论，仅凭推论便断言上述状态的存在是不可靠的，因为既然能推论有，那么也可以以同样的方式推论没有。第五，如果纯规范的假定或者说合理的假定是描述的一个重要特征，那么描述本身并不一定就是对事件、状态的纯实际描述。这表明，关于信念和愿望等意向状态的描述并不同等于对内部事件或状态的描述。[①]然而，丹尼特虽然不满意实在论对意向心理状态的种种看法，但他并没有采纳取消主义的极端化主张，即我们关于心理状态常识的看法以及在这种看法中对信念、欲望等意向心理状态的预设根本就是完全错误的，它们终将随着神经科学或认知科学的发展而被取消。丹尼特没有完全拒斥意向心理状态的术语，相反，他还强调上述这些现象的客观性。总之，与实在论及取消主义相比，丹尼特的主张似乎比二者都要温和，可以说他采取的是一条中间的线路。就连他自己都称自己所主张的是一种较温和的实在论。[②]

---

① Dennett D. 1982. Beyond belief//Woodfield. Thought and Objcet: Essays on Intentionality. Oxford: Oxford University Press.

② Dennett D. 1987. The Intentional Stance. Cambridge: The MIT Press: 28.

丹尼特的意向战略的工具主义色彩是显而易见的。其核心内容是从实用的角度出发，将信念、欲望等意向术语、概念及其思想、理论看作是人为了某种目的而设计的。因此，它们的真理性不在于它们与实际的一致或符合，而在于它们能有效地充当人们行动的工具。这些工具是用来预测、演算的手段，其本身无所谓真假，只有有效与无效、适当与不适当、经济与浪费之别。也就是说，丹尼特构建的意向战略及意向系统理论在本质上只是解释、预测的工具。人们拥有信念和欲望等意向心理状态的意义只是在于它们有助于对行为进行解释和预言，就如同地球对赤道、经线、纬线等概念的使用是为了有助于对地球地理以及气候等现象进行描述与解释；也好比力的平行四边形中的线，它并不表示力，但借这条线可由此计算力的关系；抑或类似算盘上的小珠，当小珠被拨动时，虽然并没有触及实在的事物，但对小珠的操作、计算却可帮助我们解释或预言实在世界中的事物。这就是说，信念、欲望等术语所指谓的意向状态并非是真实的状态，它们只是“抽象物——与计算连在一起的实在或逻辑构造”[①]。这充分表明，在丹尼特的意向工具主义理论框架内，关于信念和愿望这些“所谓的……状态”其实就是“行动预言和行动解释演算中的理想化虚构角色”[②]。这样看来，意向工具主义与意向实在论相比，至少在以下几方面是不同的：其一，如果说在意向实在论者眼中，信念、欲望等意向心理术语所预设的实体、性质指称了状态类型或标记，并且其句子有真值，那么，这些术语在工具主义那里则没有指称，它们的句子也没有真值。其二，意向实在论认为，信念、欲望等意向心理状态相互之间以及它们与刺激和行为之间具有一定的因果关系，因而意向解释是一种真正的因果解释。而意向工具主义则否认上述关系的存在，否认意向解释是一种真正的因果解释。其三，意向实在论主张，意向心理状态的真实存在是其具有解释效力的前提。而意向工具主义则相反，它坚持认为正因为意向心理状态强有力的解释效力才使其获得了存在的意义、理由与价值。正是在这个意义上，在丹尼特的意向战略中，“一方面，信念、欲望等由常识心理学所预设的意向心理状态的形而上学的实在性就被工具主义地取消了；另一方面，常识心理学的概括及其所预设的意向心理状态的解释作用又被工具主义地合法化了”[③]。

---

① Dennett D. 1981. Three kinds of intentional psychology//Healey B. Reduction，Time，and Reality. Cambridge：Cambridge University Press.

② Dennett D. 1978. Brainstorms：Philosophical Essays on Mind and Psychology. Cambridge：The MIT Press：30.

③ 田平. 2000. 自然化的心灵. 长沙：湖南教育出版社：147.

（二）意向战略的核心内容及其本质特征

在丹尼特看来，意向战略是一种有用的战略，因为“它给予我们以预言的力量”,“是预言的极其有力的工具”[①]。而意向战略的预言和解释功能是通过运用意向系统方法，站在意向的立场上，在系统合理性预设的前提下，将信念、欲望等意向心理状态归属于意向系统或作为相信者的人的方式得以实现的。具体地讲，意向战略的核心思想及本质特征主要体现在以下几个方面。

1. 三种立场的划分是意向战略的理论前提

丹尼特认为，人们在对一个系统行为进行解释和预测时，可根据解释对象的不同类型及其复杂程度，分别按照三种不同立场来操作。这三种立场分别是：物理立场（physical stance）、设计立场（design stance）和意向立场（intentional stance）。丹尼特对意向立场的阐释与说明正是通过与物理立场、设计立场的对比而进行的。就物理立场而言，它是比设计立场、意向立场更为基本的一种立场。可以说它是对一切物质科学进行解释和预测的标准方法。事实上，自然科学对各种自然现象的解释和预测大多都属于这种物理立场上的解释。当站在物理立场采用其方法时，就是要诉诸因果自然律，利用已知的有关物理规律，根据被解释对象的实际的物理结构与组成以及它所处的物理环境来进行解释和预测。例如，对手中放开一块石头会摔到地上的预测所采取的就是这种物理立场。因为在这一解释预测过程中，解释、预测者考虑的只是引力定律和石头本身的质量，而并没有把信念和愿望赋予这块石头。然而，基于物理立场的解释虽然是基本的、安全的，但在某些时候却是冗长的而且并非是有效的。例如，对于一些人造物品（如摩托车、计算机、钟表、恒温器等）以及通过进化而获得的具有功能性的大自然的作品（即生物体及其组成部分，如动物、植物及肝脏、心脏等器官）来说，采用设计的立场的预测虽然有一定“风险性”，但比采用物理立场往往有效得多。当我们利用闹钟叫早的时候，我们只需根据其设计的功能，简短地查看按钮与显示，并按动它们便可达到目的，而无需考虑闹钟这一功能的物理学原理。当人们依靠种子收获粮食时，只需要将种子种入土中，再加上更进一步的照料便可在几个月之后如愿以偿，但他们根本没必要掌握植物生长与繁殖的物理学和化学原理。可见，设计立场是一种非常好的捷径，因为

---

① Dennett D. 1990. True believers//Lycan W G. Mind and Cognition：An anthology. Malden：Blackwell Publishers：157.

运用它可以忽略被解释对象的物理构造而可凭借该对象的特定的设计与功能在不同环境下作出合理的解释和预测。至于意向立场，它适合于复杂程度更高的系统。因为面对这样一些系统，物理立场和设计立场都显得“力不从心”，而在这时，意向立场便成为必不可少的一种选择。例如，有一台正在下国际象棋的计算机，若要解释预测它的“行为”，只需把它看作是一个有着“想赢”愿望的有理性的自主体便可得到较为满意的结果，尽管这台计算机在物理层次与设计层次上是非常复杂的。在这里，意向立场无疑是比物理立场、设计立场更为有效、更为方便、更为快捷的“好方法”。当然，意向立场在某种意义上可被看作是一种特殊的设计立场，但二者的重要区别在于对解释对象是否是真实存在的这一问题上，前者持否定态度而后者持肯定态度。总之，无论如何，“意向立场正是我们通常对彼此采用的态度或观点，所以对其他东西采用意向立场似乎是故意将它拟人化”。也就是说，“它把一个实体（人、动物、人造物、其他任何东西）看作似乎是一个理性的自主体，它通过考虑自己的‘信念’与‘愿望’来对‘行动’加以‘选择’”[①]。丹尼特正是以这一立场为基点，来构建他的意向战略及意向系统理论的。

2. 有理性的自主体是构建意向战略的重要基石

通过以上分析，可以看到：丹尼特意向战略的核心与关键是站在意向立场上“将某一对象——它的行为是你所要预测的——看作是具有信念、欲望以及其他表现出布伦塔诺和其他人称之为意向性的心理状态的有理性的自主体”[②]。这表明，其意向战略是在意向系统（intentional system）中才能够实施的。因为，只要我们采取意向立场对一个系统的行为进行解释与预测，这个系统就是一种意向系统。而这里的有理性的自主体除了作为相信者的人之外，还可以是其他事物。例如，具有向光性的植物与具有趋利避害特性的微生物，都可以被视为是具有理性的自主体，因而在此意义上，它们也都可归入一个可以预测的意向系统。那么，具备了这样的前提条件，意向战略又是如何进一步实施的呢？意向系统又是如何工作的呢？其步骤是这样的：“首先，将你要解释和预测其行为的对象看作是一个有理性的自主体；其次，推测他应有何信念，并给定其在世界中的位置及他的目标；再次，出于同样的考虑，设想他有何愿望；最后，预

① 丹尼特．1998．心灵种种——对意识的探索．罗军译．上海，上海科学技术出版社：21．
② Dennett D. The Intentional Stance. Cambridge：The MIT Press：15．

测这个有理性的自主体将会按照其信念作出特定的行为以实现其目标。”[①]可见，所谓的意向战略就是根据行为来确定信念、愿望等心理意向的归属，并且反过来又依赖这些具有意向性的信念、愿望从而解释和预言其行为的一种战略。尽管，这一战略不是万能的，但它却有相当程度的可靠性与准确性（当你不明白某一意向系统的物理结构或对之进行物理立场或设计立场解释存在很大难度之时）。当然，有一点是必须明确的，那就是丹尼特强调意向战略的有用性并不能等同于对意向心理状态的本体论承诺。也就是说，在构建意向系统之时并非是对这个意向系统具有内在意向性的一种承诺。正如他所说："我所给出的意向系统的定义并没有说意向系统真的有信念和欲望，而是说人们可以通过将信念和愿望归与它们，从而对这些意向系统的行为作出解释……"[②]由此看来，丹尼特的意向战略及其构建的意向系统理论在实质上是"将常识心理学解释为一种理性主义的演算（rationalistic calculus），即一种对人的信念、欲望和行为进行解释和预测的理想化的、抽象的和工具主义的技艺"[③]。其理想化是指其解释和预测方式、步骤的规范性；其抽象性就在于对"信念、欲望等意向心理状态是真实的内部状态"观点的否认；而其工具主义则确立了意向立场在解释和预测过程中的合法性。

3. 意向系统的合理性预设是确保意向战略可靠性的关键

丹尼特在分析了意向战略实施方式与步骤的基础上又明确提出了意向立场工作的三条基本法则：①给定一个系统的知觉能力、认知需要和历史，这个系统的信念是它应当具有的信念。②给定一个系统的生物需要和满足这些生物需要的最实际的手段，这个系统的欲望是那些它应当具有的欲望。③一个系统的行为是具有那些信念与欲望的行为者会合理地做出的行动。[④]由之，我们可以看到，丹尼特的意向战略主要是在意向的立场上，通过对一个有理性的自主体在特定的条件下应当有什么样的信念和欲望来进一步推测他应当有什么样的行为从而达到解释和预测的目的。这里的关键是"应当"两个字，它在实质上是对意向系统提出了一个规范性要求，即意向系统必须是建立在其合理性预设的基础之上的。因为"应当"是一种推测，而要确保这种推测的准确性与可靠性，

---

① Botterill G，Carruthers P．1999．The Philosophy of Psychology．Cambridge，New York：Cambridge University Press：29.

② Dennett D．1978．Brainstorms：Philosophical Essays on Mind and Psychology．Cambridge：The MIT Press：7.

③ 田平．2000．自然化的心灵．长沙：湖南教育出版社：146.

④ Dennett D．1987．The Intentional Stance．Cambridge：The MIT Press：49.

就必须首先确保意向系统是合乎理性的。这也是为什么要将解释、预测对象看作是具有信念、欲望等意向心理状态的有理性的自主体的重要原因。因此，如果说采取意向立场是丹尼特意向战略的前提基础与核心的话，那么对意向系统的合理性（intentional system rationality）的预设则成为前提下的前提、基础上的基础、核心中的核心。换言之，只有在对意向系统合理性的预设之下，意向立场的运用才是可能的。否则，信念、欲望等意向心理概念便失去了其发挥作用的根基，“应当”式的解释和预测也都将无法顺利进行，其成功的可能性则更加谈不上了。由此可见，“系统的信念、欲望与系统的环境和目标的合理性的关系，以及系统的信念、欲望之间、信念、欲望与行为之间的合理性的关系，构成了意向的立场对系统的行为进行解释和预测的基本框架”[①]。正是在这个意义上，意向系统的合理性预设也就在根本上成为丹尼特意向战略一个最为基本、最为突出，也是最为核心的特征。当然，强调意向系统的合理性并不是对运用意向战略进行解释、预测的绝对推崇及其不可错的极端坚持。相反，意向战略也是有错的，它也有“失灵”甚至是失败的时候。也就是说，在意向立场上得到描述的信念、欲望、刺激、行为间的关系的模式在真实世界中的表现并不一定像在系统合理性预设下所描述得那样理想化、那样完美。但是，这丝毫没有影响意向战略的有用性和可行性。事实上，它在通常情况下是非常有效的，也正是因为意向系统在一定意义、一定程度上存在着非合理性、非完美性、非绝对的理想化状态，才使得那种意向立场上的信念和欲望的归与只具有了工具层次上的意义，从而并非是对我们真实的内部状态的一种真实说明与阐释。

综上所述，丹尼特的意向战略从方法上为人们提供了一个非常有效的解释与预测模式。在这一模式中，信念、欲望等意向心理状态虽然没有被认可为某种特定的思维语言而真实存在，但这种解释、预测模式的整个过程却揭示出意向系统理论所预设的合理性关系的客观性。这就是说，在某种意义上，意向解释模式本身是具有客观性的。当然，这种客观性只有当解释、预测者站在某一特定的意向立场时，才能较准确地把握它。正如丹尼特所言：“这些模式是客观的——它们是部分地由我们自身对存在于某处的事物的‘主观’反应而构成的……”[②]通常，对于某一解释对象，人们可以分别站在不同的意向立场，从不同角度，采用不同模式对之进行解读。尽管这些意向关系的模式并不是完美的，但其中每一种模式都是客观的，而且都是有效的。因此它们并不是彼此排斥的，

① 田平 . 2000. 自然化的心灵 . 长沙：湖南教育出版社：151.

② Dennett D. 1987. The Intentional Stance. Cambridge：The MIT Press：39.

而是可以共存的。可以说，对意向模式的客观性的界定是丹尼特意向战略本质特征的又一集中体现。也正因为如此，丹尼特才将其行为可以可靠地由意向立场得到诠释的意向系统称为“真实的信者”（true believer），而“温和的实在论”（the mild realism）的定位也正是缘于此。

三、丹尼特反实在论意向战略的理论意义

显然，丹尼特的意向战略在科学活动以及行为的解释中所具有的重要的认识论功能与方法论意义是不容怀疑的。这一战略及意向系统理论的提出在理论上为现代功能主义的发展提供了启迪性的思路，为认知科学的形成提供了新的理论基础。不仅如此，它还在为常识心理学的存在进行辩护的基础上进一步调和了自我概念与科学、常识心理学与科学心理学之间的关系。具体而言，其理论意义主要表现在以下几个方面：

1. 为功能主义的进一步发展奠定了重要的理论基石

意识、心灵问题中的功能主义可以说是当代心灵哲学中影响力较大的一种理论。它是在批判继承了关于心身问题各种理论的基础上，在综合汲取了丰富的自然科学研究成果的前提下，发展起来的一种哲学理论。普特南的机器功能主义虽然是心灵哲学中较早的一种功能主义理论，但他大胆的哲学观点却使其成为功能主义诸种理论形态中颇具代表性的一种思想。其核心思想为：意识状态就是功能状态，心理属性是一种功能属性，心理事件也同样是一种功能事件。也就是说，心理状态属性与功能状态属性是同一的。但是，尽管这一理论巧妙地解决了心身问题上的许多难题，但它自身的局限性却几乎使其失去了基本的立足点。这是因为，如果支持普特南将意识状态定义为功能状态的主张，那么意识的外延则会有无限扩大的趋势，一些本该不具有意识状态的功能状态，如刀具等一些物品在发挥其作用时的状态，也被归入了意识状态。因此，这种理论的最终结局只能是意识的泛化。丹尼特从其意向性理论的角度出发，依据心理学及人工智能等学科知识，指出了普特南功能主义的上述缺陷，并且在意向层面上规范了这一理论。依据其主张，只有站在意向立场或具有意向内容、意向属性的功能状态，才能成为严格意义上的意识状态。在这里，意向性则成为区别意识功能状态与其他功能状态的重要标志。正是由于丹尼特的这一限定，才使功能主义在一定程度上摆脱了上述危机，并且在此基础上得到了进一步的

系统化的完善与发展。

2. 为认知科学的形成与发展提供了必要的理论准备

从前面的分析中我们可以看出，丹尼特的意向战略所展现给我们的方法是一种站在意向立场上，忽略其具体物理组成结构、设计方式，直接从心理意向的层面与高度解释、预测一个系统所具有意识、行为等特征的高度抽象的哲学方法。毫无疑问，这种方法与从物理层次、化学层次、生理层次出发去研究意识、行为的方法是截然不同的。如果说后者是一种还原论（reductionism）的、“自下而上的战略”（bottom-up strategy），那么，前者是一种反还原论（anti-reductionism）的、“自上而下的战略”（top-down strategy）。虽然二者对于研究意识及其行为来说，都是必不可少的手段与途径，但就意识及其行为的解释及预测来说，采用意向的方法显然是更为有效而便捷的。作为一个整体的大脑及其意识特性，一经还原就自然失去了某些重要的特性。丹尼特的意向方法建议人们不必去探究大脑深层的物质结构，只需将它看作是一个可与外界进行交流，可进行信息处理的意向系统，从而通过研究其与外界的信息交流，以及其处理、传递、存储信息的功能来完成对意识及其行为的解释。恰恰是这样一种高度抽象的方法、策略构成了认知科学形成的一个重要的哲学来源。一方面，它在理论上，从意向属性的意义上在人类与计算机之间找到了可以类比的共同点，从而较好地回答了计算机科学及人工智能理论在发展过程中所产生的哲学难题与困惑；另一方面，它在方法上为认知科学方法体系的建构提供了可供选择、借鉴的启迪性思路。事实上，从认知科学的形成来看，它正是吸收并验证了丹尼特的意向理论。因为，认知科学对意识及其行为的分析，也是从高水平的意向层次出发，将意识理解为一种传递、处理、存储和检索关于外部世界信息的具有表征作用的意向系统，从而替代（只研究大脑的）低水平的物理层次。[①] 正是由于上述两方面的贡献，丹尼特被誉为“是从哲学的角度对认知科学的形成作出贡献的典范之一”。

3. 为常识心理学作出了工具主义的辩护

在通常意义上讲，我们在对认识对象进行探索时，往往可以从两种不同的性质、角度去理解和把握它。它们分别是常识的看法和科学的观点。而常识与

① Flanagan D J. 1984. The Science of the Mind. Cambridge: The MIT Press: 242-246.

科学之间的关系问题，则是一个历来被科学哲学、心灵哲学关注的恒常性的核心问题。对待这一问题的焦点性争论是围绕“关于信念、愿望等的常识心理学概念与蓬勃发展的科学（如认知心理学、神经生理学）之间的关系问题”具体展开的。概言之，即我们的常识心理学（commonsense psychology）或民间心理学（folk psychology）概念与科学之间能协调共存吗？在此争论过程中，乐观主义者（如意向实在论）自然对之持肯定态度，而悲观主义者（如取消主义）则认为二者完全不能相容，常识心理学应当被科学所抛弃。这样，依据后者的观点，包容在常识心理学概括中的心理意向方法及其在科学解释中的地位也必然随着常识心理学的取消而成为毫无意义和用处的虚假之物。从某种意义上讲，丹尼特意向战略的提出实际上在一定程度上消解了自我概念（self-conception）与科学、常识心理学与科学心理学之间的对抗，使它们在共存、和谐的基础上，彼此都能进一步得到强化和发展。在一般意义看来，“人类在其活动中总是将他自身看作是一个具有意识、能自由履行其意志，并且能够出于某种原因或理由作出反应，产生行为的自主体”[①]。事实上，人类很难放弃诸如思想、意识、自由意志、意愿、意向、创造力等这样一些自我概念。然而，从传统的观念来看，这些自我概念与人类希望并还在努力建构的科学世界中的概念往往是相互矛盾、相互抵触、相互对抗的，因而也是难以共存的。这种对抗通常表现在：一方面，科学似乎总是意欲削弱甚至是取消自我概念及其在常识心理学等学科中的运用；另一方面，自我概念等常识心理学术语以及生命有机体、多样性与复杂性的存在似乎又削弱了科学解释以及科学的心理学解释的充分性。面对这种矛盾，丹尼特从工具主义的角度出发所建构的意向战略起到了一定的调和作用。一方面，丹尼特的意向战略并没有预设心理性质及其术语的实在性，而是采取了工具主义的策略。因此，它并没有违背科学心理学的原则。另一方面，丹尼特的意向战略又强调，作为一种解释与预测的工具，自我概念这些常识心理学术语是相当有用且有效的。因此“它们与我们在认知科学或神经科学中发现的任何东西实际上是可以和睦共处的”[②]。这在实质上是一种工具主义基础上的对自我概念及常识心理学的一种保护策略。由此看来，正是丹尼特所强调的这种介于实在论与行为主义、取消主义之间的带有折中主义意义的意向战略，采取特殊的方式调和了关于“我们作为负责的、自由的、理性的、自主体”的观点与“我们作

① Elton M. 2003. Daniel Dennett：Reconciling Science and our Self-ConcePtion. Cambridge，Malden：Polity Press Blackwell Pub：Pre. Ⅻ.

② Horgan T，Woodward J. 1985. Folk psychology is here to stay. The philosophical Review，94（2）：197-226.

为科学的物理世界的复杂部分”的观点的关系，并在此基础上进一步调和了常识心理学与科学心理学的关系，从而使双方由极端对立的断裂关系走向相互接纳的新局面。

四、丹尼特反实在论意向战略的局限性及其面临的挑战

不言而喻，丹尼特以意向战略为基点所构建的一套理论体系给我们带来的是一种全新的视野与洞见。它也因此获得了众多科学家与哲学家的关注。然而，要给之以明晰而准确的定位与评价，实则是一项较为复杂的工作。这是因为，从形而上学的立场上看，他所主张的工具主义与取消主义、行为主义是较为接近的，因为它们都主张信念、欲望等有关的命题态度（意向心理状态）并非是真实存在的内部状态。但从科学解释的角度看，它却持与取消主义、行为主义截然相反的观点，因为在工具主义看来，常识心理学概括、揭示了一种真实的和客观的关系模式，这在一定程度上又使他的理论具有了实在论的味道。

事实上，丹尼特意向理论的复杂性主要是缘于他对折中主义路线的选择。然而正是这种折中性使其理论不可避免地同时遇到来自实在论与取消主义双方面的批评。在实在论者看来，有效性与工具性是相互矛盾的，因为如果命题态度的解释效力是强大的，那么在逻辑上就不应该推出它们是虚构的。取消主义则认为丹尼特的意向系统理论没有可靠的根据，它完全是一种理想化的设想，但却不切实际。也就是说，丹尼特对信念、欲望等意向心理状态的工具主义主张在二者面前都遇到了强大的挑战，具体而言包括以下几个方面。

1. 意向实在论的挑战

简言之，意向实在论的理论核心首先是要“对常识心理学所预设的心理状态以及这些心理状态对行为和其他心理状态的因果效力的实在性的肯定”①，其主要代表是当今著名哲学家福德。在对待信念、欲望等意向心理状态（命题态度）的态度上，福德并不赞成工具主义对折中主义道路的选择。在这一点上，福德坚持的是一种实在论的立场。然而，他的这种实在论立场，并不仅仅是一般意义上的意向实在论。具体而言，他的理论不仅仅限于将具有意向特性的命题态度看作是人脑实在存在着的内部状态，并且是在行为的产生中因果地蕴含着，

① 参见：田平．2000．自然化的心灵．长沙．湖南教育出版社：107．

在此基础上，福德更进一步肯定科学的关于心的理论可以以常识心理学的概念为预设，即“科学心理学必须包含能够涵盖由意向术语描述的意向心理状态的法则”①。这充分表明，在福德看来，真正合理的科学心理学理论，就是要（应当）把类似于“命题态度”这样的心理状态列入科学研究，以说明科学的行为。而“科学的意向实在论恰恰是将常识心理学作为严肃的科学心理学的开端来严肃地谈论常识心理学的方式”②。常识心理学作为一种意向的解释方法与理论体系虽然与物理解释有着根本的区别，但它潜在地与科学是相一致的，是能够作为科学心理学的起点而发挥其科学解释的作用的。

在上述主张的基础上，福德对丹尼特工具主义的主张提出了尖锐的批评。在他看来，“工具主义的了不起的优点是在于它得到了所有的好处，而避开了所有的弊端：在工具主义的主张之下，你可以使用常识心理学来预测和解释行为，却不必回答诸如‘命题态度’是什么这样的困难的问题”③。具体而言，意向实在论对工具主义的反驳主要集中在以下两个方面：其一，基于上述责难，工具主义更进一步的困难就在于：“如果信念 / 欲望心理学事实上并非是真实的，那么就很难解释为什么信念 / 欲望心理学是如此的行之有效。”也就是说，丹尼特意向战略的工具性和其有效性是相互矛盾的。④其二，如前所述，丹尼特意向战略理论的核心就在于“合理性预设”这一特征。但意向实在论认为，丹尼特理论的最大难题恰恰就在于“合理性预设”是否合理。首先，在常识心理学的意向解释中，是否都暗含着合理性预设这一标准其实是有必要值得怀疑的。其次，即使常识心理学的意向解释中都暗含着合理性预设，其是否强到提供足够的理由来说明现实事实，也并非能够得到足够的论证。显然，正是由于上述两方面的问题使得工具主义在意向实在论这里遇到的了强有力的挑战。

2. 取消主义的挑战

取消主义（eliminativism）亦称排除式唯物主义（eliminative materialism）的主要观点本书已经在上述部分中做了简要的介绍。如果深入到更细致的层面对之进行分析的话，可以看到事实上在取消主义的阵营中也存在着不同类型的观点与主张。最典型的两类分别是以保罗丘·齐兰德（Paul Churchland）和帕特

---

① 田平．2000．自然化的心灵．长沙．湖南教育出版社：108.
② Loewer B，Rey G．1991．Meaning in Mind．Oxford，Cambridge：Blackwell：14.
③ 田平．2000．自然化的心灵．长沙．湖南教育出版社：157.
④ 转引自：田平．2000．自然化的心灵．长沙．湖南教育出版社：157.

里夏丘·齐兰德（Patricia Churchland）为代表的取消主义和以斯蒂芬·斯蒂奇（Stephen Stich）为代表的取消主义。前者的观点是要表明“常识心理学由于不能还原为低层次的自然科学理论而不具有科学的地位，是应当取消的”[①]；后者要论证的关键则在于“常识心理学与认知科学不相容，常识心理学在认知科学中没有位置”[②]。尽管存在上述具体分歧，但二者在根本上有着共同的立场，这个立场便是：只有自然科学才是事物真实存在与否的唯一仲裁者。具体地讲，“我们关于心理现象的常识概念是完全错误的理论，它有着根本性的缺陷”[③]。因而“常识心理学对于引发行为的状态和过程所提出的许多主张以及这些主张的许多预设都是假的”[④]。基于此立场，他们认为，精致的科学理论并不需要有思想、信念和意向之类的东西。由于信念、愿望等意向心理状态（命题态度）恰恰是常识心理学所预设的核心概念，而后者总是根据信念、愿望、情绪、意图、动机等来解释我们自己及他人行为的概念结构与活动。因此，既然常识心理学在取消主义者眼中都是虚假不实的，那么作为其核心概念的命题态度的实在性也自然应当是被取消的。而关于命题态度的理论也如同炼金术一样终将会被取消，取而代之的是真正符合因果自然规律的物理科学。

取消主义对意向工具主义的批评主要是基于以下考虑，即丹尼特对于合理性的规范化看法在根本上是成问题的，对意向系统合理性标准与规范化所依据理论根据的论证缺乏必要的力度，因此合理性概念本身就是站不住脚的，更何况是建立在其基础上的整个意向系统理论呢？简而言之，在取消主义者看来，正是因为丹尼特的意向战略缺乏应有的可靠根据，使得它与科学心理学在根本上无法相适合。

由上可见，双方都将批评的矛头指向了丹尼特意向战略的“合理性预设问题”。实在论者坚持认为，“诉诸合理性来分析意向性是一种误导，因为，就解释的顺序而言，后者是一种更基本的概念”[⑤]。取消主义则干脆否定信念和欲望归与的合理性标准。由此可见，作为丹尼特意向战略的核心的“合理性预设”也恰恰是他的理论困难所在。针对上述批评，丹尼特从进化论的角度也给出了自己进一步的辩护性论证。在他看来，作为生物进化的产物，我们对意向系统的

① 田平．2000．自然化的心灵．长沙：湖南教育出版社：117.

② 田平．2000．自然化的心灵．长沙：湖南教育出版社：122.

③ Guttenplan S．1994．A Companion to the Philosophy of Mind．Oxford，Cambridge：Blackell Reference：80.

④ Stich S P．1996．Deonstructing the Mind．Oxford：Oxford University Press：116.

⑤ Fodor J A．1991．Fodor’s Guide to Mental Representation：the Intelligent Auntie’s vade-mecum//Greenwood J D．The Future of Psychology．Cambridge：Cambridge University Press：27.

合理性预设具有进化论上的根据。他指出："对于为什么意向立场如此有效这一问题，首要的一个回答是，进化的全过程已将人类设计为是有理性的，设计为是相信他们所相信的，想望他们所想望的。我们是长久的和有力的进化过程的产物的事实，确保了对于我们使用意向立场的可靠性。"[①]这就是说，人类已在进化的过程中被设计为是有理性的，自然选择确保了我们大部分的信念为真，也在同时确保了我们大部分形成信念的方式是合理的。当然这并不是说人类在任何时候的信念都是合乎理性的。为此，他进一步论证道："……我们的确是在进化的过程中获得适当的设计的，因此我们接近于在预测的过程中我们对自己的理性化看法。但是，不仅进化并没有确保我们总是做一些合乎理性的事情；反而确保了我们不会总是做出合乎理性的事情。"[②]由此可见，按照丹尼特的看法，人类作为生物进化的产物，一方面我们行为的合理性程度尽管并非完美，但却可以在很大程度上保证我们在以合理性预设为前提的意向立场上可靠地进行行为解释和预测；另一方面有时我们行为的非合理性也恰恰说明了意向立场上的行为解释和预测并非是对我们内部状态的真实揭示，从而只具有了工具层面上的意义。

五、结语

综观丹尼特在工具主义基点上运用意向战略对常识心理学的论证及其一系列理论的建构与阐释，无不在深度和广度上拓展了当代西方心灵哲学有关意向性问题的研究论域，显示了其独特的理论特征。然而，恰恰是他具有独创性的见解在引起学界广泛关注的同时也招致了许多争议和批评。除了面临意向实在论与取消主义的双方的质疑和挑战之外，当今理论界对丹尼特意向战略的责难还主要集中在以下几个方面：首先，意向战略"如果仅仅从'我'的便利、实用和预测的成功来说明'他者'的心理意向性，这就会使心理意向性成了与'他者'无关的东西，因而未免要陷入'唯我论'的泥沼"[③]。其次，"丹尼特认为意向立场不可还原为物理立场也与他的整个理论体系不协调"[④]。因为意向立场恰恰在实际中是要依赖于物理立场的，如果没有物理立场和设计立场作为基础的话，那么意向立场的作用也将无从发挥。最后，意向战略在面临下述问题时，

① Dennett D．1987．The Intentional Stance．Cambridge：The MIT Press：33．

② Dennett D．1987．The Intentional Stance．Cambridge：The MIT Press：51．

③④ 刘高岑．2005．心理意向：实在的还是工具的——当代心智哲学关于心理意向性的两种代表性理论．哲学动态，（11）：30-35．

也同样遇到了难题，事实上，“我们并不是设定信念和愿望然后去说明任何其他东西，而是真切地体验着有意识的信念和愿望。……有意识的愿望是真切地被体验的；它们并不比有意识的疼痛更具有设定性”[①]。不言而喻，上述这些批评都相当尖锐，意向工具主义面临的理论困难也的确很多，但从总体上来讲，它对当代意向性理论乃至整个心灵哲学的发展无疑起到了强有力的推动作用。基于此，人们可以在实践中将它较好地运用到心理学的解释当中。这在实质上是对意向分析方法（意向解释）在科学解释中地位的一种肯定，是一种工具主义的辩护策略。而这也恰恰是这一理论在科学与哲学研究中占有重要一席之地的原因所在。

第三节　当代反实在论意义理论的认知转向

对意义的研究古已有之，古希腊哲学家们普遍重视对意义的考察，但他们并不认为这种考察是哲学思考的必要条件或预设。而当代的语言分析哲学将意义理论的研究上升到了一个前所未有的高度，他们从研究哲学命题的意义开始对语言进行透彻的分析，认为对意义的考察是哲学思考的必要条件或预设。分析哲学的创始人罗素就认为，哲学的目的就是对哲学命题的意义进行分析。他的这一思想影响了其后的许多哲学家，使得人们开始普遍关注对语言的意义理论的研究。

意义理论主要研究语言符号依据于什么而具有意义，什么是命题的意义的标准，意义是否具有确定性等一些问题。关于意义理论的观点会直接影响到哲学家对其他问题的看法。在20世纪初，许多分析哲学家都有这样一种信念，哲学不是探究世界的本原和本质，也不是研究自然界、社会和思维的发展规律，单单依靠纯理智并不能获得关于世界的知识。于是他们将研究的目光投向了语言的意义，把意义理论当成是其他哲学分支的基础和解决哲学问题的主要工具。当代美国著名哲学家塞尔在谈到分析哲学时曾说：“对分析哲学的最简单的表征就是主要致力于意义的分析。”[②]语言分析哲学的一个首要任务就是对语言表达式的意义进行解释、理解和澄清，这也是语言分析哲学的重要标志之一。语言分析哲学家们试图通过研究语言的基本特征，澄清语言表达式的意义来达到研究世界和解决形而上学问题的目的。例如，罗素就认为名称的意义等同于该名称

① Searle J. 1992. The Rediscovery of the Mind. Cambridge：The MIT Press：267.
② Tennant N. 1987. Anti-Realism and Logic. Oxford：Clarendon Press：1.

所指谓的那个对象。在很多语言分析哲学家看来，哲学就是对语言进行逻辑分析或者概念分析，通过对语言的说明以达到对思想的说明，这种间接地对思想的研究使他们获得关于世界的知识。

如前所述，当代反实在论哲学家尼尔·坦能特曾就语言的意义问题曾经指出：从某种意义上讲，当20世纪的反实在论对理论进行构造、解释和评价时，它主要依赖于以下四个基本原则：

（1）当我们掌握一种语言并且付诸实践时，我们通过探明或传达意义就能够获得言说者的可观察行为。

（2）语言中具有完美形式的表述的意义无不在严格的意义上取决于其简单表述的意义。

（3）如果我们已经掌握了一种语言，那么，其语句的意义必然具有确定性。

（4）对意义的认识能够由言说者通过对其所具有的认知能力的适当实践而显示出来。①

从罗素、塞尔和坦能特的表述我们可以看出，20世纪的很多哲学家认为语言这种现象是人类思想的直接表现，对语言进行研究就是对思想进行研究，而对思想的研究就是对世界的研究。人们通过语言将客观事实及其作用规律表征出来形成科学知识，从而表现为人的思想和观念。对于理解自然和人类生活而言，语言是具有决定意义的，没有语言就没有现存形式的世界。研究语言的意义不仅是分析哲学关心的问题，而且它还广泛地映射到其他哲学领域。海德格尔（Martin Heidegger）提出“语言是在的住所”，人永远以语言的方式拥有世界，世界也只有进入语言才称其为世界。伽达默尔（Hans-Georg Gadamer）主张“能理解的在就是语言”，只有通过语言才能理解在。沃尔夫（Benjamin Lee Whorf）坚持语言塑造我们的思维，决定我们思考的内容。② 对于语言和意义，当代的很多哲学家都用力颇多，试图从意义理论入手展开自己的哲学思考。

分析哲学家们认为那些传统的所谓哲学问题只不过都是由于对语言滥用或者是误用导致的，通过对语言的逻辑分析或是概念的分析方法才可以解决其他的哲学问题。他们把所有的哲学问题的争论都归结为对语言的争论。所以，他们理所应当地发起了声势浩大的“语言学转向”（the linguistic turn），将语言置于哲学研究的核心地位。由于语言的主要功能就是传达意义，于是随着这一转向的深入，引领语言学转向潮流的分析哲学家们对意义理论这一古老问题重新

---

① Tennant N. 1987. Anti-Realism and Logic. Oxford：Clarendon Press：3.
② 魏屹东. 2005. 认知科学对科学哲学的影响及意义. 科学技术与辩证法，6：4.

进行思考，并且赋予了它新的内容。正是在这样一个大背景之下，20世纪的分析哲学乃至整个当代西方科学哲学都围绕着语言意义问题的不同层面生成、展开和转向。当代实在论与反实在论对意义理论所进行的一系列论争就是这一现象的具体表现之一。

反实在论为了能够在与实在论的论争中求得生存，扩大自己的影响，就不可避免地要从语言分析的角度，去不断地修正自身不足，进而争取在理论的构造、解释和评价方面取得较实在论更为优势的地位。而对语言进行分析就离不开研究语言的意义理论，当代反实在论的哲学家从意义问题的各个方面对实在论不断地予以攻击，持实在论观点的哲学家为了维护自己的学术观点，不得不做出回应和辩护。二者围绕语言的意义所进行的论争积极地促进了意义理论在当代科学哲学中的繁荣发展。意义问题由此而成为20世纪哲学的核心研究内容。①

尽管目前的哲学研究者们对意义各执一词，还不存在一种意义理论能够完美地解决语言的“意义”这一难题。但随着反实在论者从意义角度对实在论的不断批驳，在当代意义理论的研究中已经显现出了一些新的端倪——认知转向。语言拥有意义，对语言意义的理解确定了认知的限度。认知之所以可能，就在于人类使用语言过程中意识自身建构了意义。认知、语言、意义，三者关系密切。加拿大哲学家萨伽德（Paul Thagard）评论指出：“目前，科学哲学发生了认知转向，它试图从认知心理学和人工智能角度出发研究科学的发展。”②换句话说，当代反实在论哲学家对意义理论的不懈追求引导了认知转向，他们为整个西方科学哲学的繁荣发展做出了巨大的、功不可没的贡献。

一、当代反实在论意义理论认知转向的动因

在20世纪70年代以前，绝大多数哲学家都持实在论的观点，人们基本上保留了公元前450年德谟克利特（Democritus）原子论中体现的朴素性质。但随着人类对世界的认识逐步深入，人们逐渐意识到长期以来实在论观点中的朴素性质把问题太过简单化了。当代物理学，特别是当代量子力学的研究发现量子领域广泛存在随机性、相互作用性，这对基于物质实体的经典实在观造成了强

① 郑祥福．2005．当代西方科学哲学的“认知转向”．福建论坛（人文社会科学版），8：38．

② Thagard P．1993．Societies of minds：science as distributed computing．Studies in History and Philosophy of Science，（24）：49．

烈冲击。进入 20 世纪 80 年代之后，实在论者对他们的理论做出了相对的调整、让步和弱化，而反实在论则利用这一时期获得了长足发展。罗杰·琼斯（Roger S. Jones）指出："在前分析的意义上，我们都是实在论者。但是，在分析的意义上，在哲学家单方面的智力劳作中，却提供了大量反对实在论的意见。"[①]20 世纪 80 年代开始的当代反实在论意义理论的"认知转向"，是科学哲学研究方向的又一次战略性调整。纵观整个转向发生的全过程，可以发现其动因既有当代反实在论发展的内在要求，也有认知科学研究的外部推动。

1. 当代反实在论发展的内在要求

从前面的论述我们已经知道，反实在论与科学实在论之争由来已久，在不同的历史时期具有不同的表现形式，二者总是针锋相对。它们争论的主要问题是是否存在着特定种类的实体以及是否这些实体是实在的最终构成物。较早的反实在论者否定认识对象的客观实在性，否认科学理论要求的"理论实体"，特别是不可观察的"理论实体"的客观实在性。在语言学转向发生以后，两者将争论的内容进行了"语义提升"。他们不再直接探究有关特定种类的实体是否存在的问题，而是转而去探讨有关这些实体的陈述是否具有真值，他们将争论的焦点定位于语句的真值条件是否独立于我们的意识而存在。当代科学哲学中的实在论与反实在论就是围绕着语言的意义问题如此展开的。实在论者们认为，由于存在一些独立于精神的实在，使得所有的语言陈述都具有确定的真值。在这里，真值是超验于我们的。换句话说，语句的真值与我们对真值条件的理解和认识是无关的。麦克道尔（John McDowell）由此指出，应把实在论的界定论题概括为"语句S可能独立于我们的认识能力为真或为假"[②]。而反实在论者则普遍否认了这一点。

意义理论的研究对于解决实在论与反实在论的形而上学论争是比较有效的。通过意义理论的研究，我们可以透彻地理解论争中所涉及的陈述内容，可以理解实在论与反实在论所提供的隐喻背后的真正寓意。意义理论还决定了逻辑的选择，语言中句子的意义的刻画决定了它们所适用的逻辑，正确的意义理论导致正确的逻辑的选择。几千年来我们的哲学家从来没有轻视过意义理论的研究，它的重要性是不言而喻的。然而，客观世界和主观世界本身无所谓意义，意义的存在只有和人的认知相结合才会产生。进入 20 世纪以来，科技发展迅猛，知

---

① Jones R．1991．Realism about what? Philosophy of Science，(58)：186.

② 王航赞，郭贵春．2007．达米特的意义构造论．科学技术与辩证法，10：47.

识呈爆炸增长，如果我们还仅仅从语言分析的角度去把握意义已经不能适应这一切，认知因素与意义理论的结合成为当代反实在论的意义理论探索的新方向。面对实在论的激烈反击，反实在论者紧密围绕意义问题展开研究，而论争的深入让他们逐渐琢磨到认知和意义共同定位下的这一点。所以说，当代反实在论意义理论的认知转向并不是偶然的、一蹴而就的，这一抉择既是当代反实在论自身发展的内在需要，同时也是反实在论驳斥实在论的迫切要求与历史必然。

2. 认知科学研究的外部推动

所谓认知，简单地说就是指知识的习得和使用。它是一个内在的心理过程，因而是有目的的、可以控制的。知识的习得和使用牵涉到诸如感知学、形式识别、视觉表象、语言思维、知识结构、注意、记忆、决策、解决问题等心理表征在内心里的操作，从“白日做梦”到为了解决问题而进行抽象思维都可以包括在内。认知科学的研究源起于20世纪50年代的中期。到70年代中期，作为一门大跨度的综合性学科，认知科学已经逐渐走向成熟。认知科学从本质上讲是关于心智的科学，它以心智的认知基础为基本的研究对象。70年代中期，认知科学对心智的认知原理的揭示取得了惊人的扩展和深入，心身问题、感受特性、附随性、意识现象、思想语言和心理表征、意向性与心理内容等的研究，都在一定程度上促使科学哲学家关注认知问题。① 心智在逻辑上先于语言，只重视语言研究而轻视认知研究是不可取的。另外，当代计算机科学、人工智能等通过模拟人的思维程序，来展示出人的认知的发生与发展的全过程，这些也对科学哲学的发展产生了重要影响。今天的认知科学研究范围广泛，从感觉到思维信息处理的全过程都被囊括在内，具体包括从感觉输入到复杂问题的求解，从人类个体到人类社会的智能活动，以及人类智能与机器智能的性质等一些问题。认知科学成为关于人类认知过程、智能系统、大脑和心灵内在运行机制的科学，是心理学、语言学、神经生理学、计算机科学、人类学和哲学的跨学科交叉、渗透与聚合的产物，是当今科学研究的前沿热点之一。

语言既是认知的工具，又是认知的产物。人类认识世界、理解世界和表达世界，其主题领域都是通过语言进行和实现的。语言在实现和表达认知的过程中，又要受到认知的积极影响，这使语言不仅具有认知的功能属性，而且在不

① 魏屹东. 2006. 试论当代科学哲学的“认知转向”// 乔瑞金. 哲学堂. 太原：书海出版社：197.

少层面具有认知特征。[①] 在哲学研究中，语言的意义是与我们用身体和想象的方式理解认识世界相关联的。曾经，逻辑经验主义和行为主义坚持人脑机能、意识等问题难以直接观察和证实，因而对其进行排斥和否定，使得心理学变成没有“心理”或无“头脑”的学说。这一简单而又极端的做法，就曾遭到心理学家们的猛烈批评。心理学家们强调应该研究人的内部心理过程，把意义的表征看作是一种能够用符号来表征外部环境事件和自身感受的一系列操作的信息加工过程。心智的本质就在于它构造意义的活动，哲学家如果忽视了这一点或无法说明这一点，那就算不上抓住了心智的真正本质，也就不可能建立被其他哲学家和科学家所认可的意义理论。认知，尤其是涉及语言和意义的认知问题，在 20 世纪 80 年代中后期终于引起了一些哲学家的关注，在语言学、语言哲学中开始出现一些描写人类认知活动的理论模式。随着现代科技，尤其是计算机、人工智能，以及心智科学的蓬勃发展，认知科学研究的成果广泛地渗透到人们的日常生活领域。哲学家面对科学发展所带来的这种新变化，必须拿出更多的注意力去关注哲学理论中隐含的认知因素，而挖掘意义理论中的认知因素成为首当其冲的重点。当代科学实在论与反实在论争论的焦点集中于意义理论之上，反实在论的哲学家们在争论过程中敏锐地察觉到了意义与认知之间的微妙关系，并成功地由这个切入点着手，对科学实在论进行了新一轮的围追堵截。可以说，正是对意义理论中的认知因素的深挖，使哲学家们对意义理论的研究显得格外重要。认知科学中包含着深刻的本体论、认识论和方法论的思想，认知科学研究的进展不仅成为当代反实在论意义理论实现认知转向的重要推动力，也成为科学哲学开采的“富矿”[②]。显然，认知科学研究的外部推动促使反实在论者调整了意义理论研究的方向，伴随着反实在论与实在论论辩的不断深入，“认知转向”的趋势也由最初的模糊逐步变得清晰。

二、当代反实在论意义理论认知转向的特征

现代西方哲学的语言学转向，使得语言的意义问题在当代反实在论者驳斥实在论的过程中凸现出来。意义理论的研究是分析哲学研究的基石，研究分析哲学出身的反实在论者们纷纷将研究的视角聚焦于语言的意义问题之上。维特根斯坦、卡尔纳普（Rudolf Carnap）、罗蒂、达米特等就是这样一些哲学家。他

① 柯航．2003．认知语言学：语言研究的新视角．语文教学与研究，17：8.
② 魏屹东．2005．当代科学哲学的“认知转向”及其成因．科学技术与辩证法，4：10.

们各自就语言的意义及其相关问题做出了精彩的论证，这些都是当代反实在论辩驳实在论取得的成果，是这场世纪论辩不断深入的具体表现。但不论是在后期维特根斯坦的“语言游戏说”，还是在卡尔纳普的意义证实理论，或者是罗蒂对符合真理观的批判，再或者是达米特阐述的隐含知识论里，我们都可以从其中找到一些认知因素起作用的线索，正是这些线索体现出了当代反实在论意义理论认知转向的部分特征。事实上，当代反实在论意义理论是沿着维特根斯坦、卡尔纳普、罗蒂、达米特的路径逐步发展，并最终完成其认知转向的。因此，认真研究、系统考察以上几位反实在论哲学家的意义理论，对于我们理解和把握当代反实在论的发展、演变及认知转向的特征具有极其重要的意义。

（一）意义表征的语境依赖性

维特根斯坦认为全部哲学就是语言批判，“哲学的作用是去揭示某些明显的无稽之谈或鸬鹚的鸣叫是如何不可思议地突破了语言的局限而达成了理解”[①]。他把过去哲学陷入各种迷雾与错误之中的根源归结于对语言的形而上的误解及滥用，并认为只要能澄清了语言，人类理智上的“疾病”也就能获得治疗，传统哲学形而上的迷雾也就自然得到了澄清。维特根斯坦的思想分为前后两期，本书要谈的是他后期的思想，特别是他提出的“语言游戏说”。这一思想是后期维特根斯坦哲学的中心思想，他对于其他问题的理解都建立在语言游戏概念规定的基础之上。

语言是人类交流的重要工具，它的发展变化与社会生活是紧密相连的。维特根斯坦“语言游戏说”的提出获益于一场足球赛的启发。[②]他在思考关于语言及其意义的问题时恰巧看到一场球赛。足球的意义体现在足球赛中，他由此得到启发，我们说话正是在用语言做游戏。词语的意义只能存在于语言游戏之中，也就是说只能体现在其具体使用的语境之中。维特根斯坦借助语言游戏说对人类心灵本质进行了反思。他认为，语言是人类生活的一个部分，所以其意义应该在具体的使用场合中来加以考察，此外他还将这项新的任务看作是反对知性的迷幻力量的一场斗争。在他看来，哲学理论是想象力的产物，它们向我们提供了看似比较简单，但实际上却非常深刻的内容，使我们对语言的实际复杂性视而不见。

---

① Wittgenstein L. 1953. Philosophical Investigation. Oxford：Oxford University Press：119.

② 张志伟. 2001. 从维特根斯坦的“语言游戏”说看哲学话语的困境. 中国人民大学学报，1：40-46.

维特根斯坦在《哲学研究》的第二节设想了两种“原始语言”。这两种朴素的“原始语言”分别代表了两种不同的意义理论。第一种是奥古斯汀的语言。这种观点认为，语言是用来表征对象的，因而一个命题或语句的意义乃源于外在于它的实在对象。这种朴素的奥古斯汀的语言试图揭示人类语言本质：语言的单词为事物命名，句子是名称的结合。[①] 维特根斯坦将奥古斯汀的有关思想看作是传统意义理论的代表。另外一种是维特根斯坦自己设想的“原始语言”——语言游戏说。这种语言是为建筑师 A 和他的助理 B 之间的交流而设计的。建筑师 A 正在用各种石料进行建筑，这些石料有方石、柱石、板石和条石。而助理 B 必须依照 A 所需要的顺序来传递石料。为此目的，他们使用了一种由“方石”“柱石”“板石”“条石”这些词所组成的语言。A 喊出它们的名称；B 负责按他学会的听到的那种声音来传递石料。维特根斯坦把这个过程看作一套完整的朴素语言表征意义的过程。语言游戏说认为人们是通过接受各种训练而学会使用字词的，它并不描述语言的本质，而只是向人们展示在实际生活中如何使用这些字词。

当代文化研究之父斯图亚特・霍尔（Stuart Hall）认为，“表征是通过语言生产意义”[②]。表征（representation）是认知科学的一个核心概念。认知科学试图以表征的计算过程来描述脑内的信息加工。[③] 认知是关于表征的一种计算过程。语言本身也是一种信息，当心智对外界信息进行输入、编码、转换、存储和提取等时，这些信息是以表征的形式出现在头脑中的，也就是本书所说的意义表征。意义表征是语言信息在心理活动中的内部再现，它一方面反映接收到的客观语言信息，另一方面又是心理活动要进一步加工的对象。意义表征的客体信息是被加工了的客体信息。也就是说，同一句话，其表征的方式不同，我们获得的意义表征也就不同。语言是语言环境跟语言形式相结合的产物。语言信息的意义表征不是取决于语言的形式结构，而是取决于具体的语言环境，因此，只有关注意义表征的主体与语言环境，才能正确把握语言信息背后的真正意义。维特根斯坦的语言游戏说为我们描绘了一幅语言实际使用的图景，它要求我们跳出单个字词去结合具体的表征方式和语言环境来寻求意义。这正如同仅当某人喊出英语单词“Fire！”时，我们是无法判断究竟意为“失火啦！”还是命

① 维特根斯坦．1992．哲学研究．汤潮，范光棣译．北京：生活・读书・新知三联书店：77-96.
② 斯图亚特・霍尔．2003．表征：文化表象与意指实践．徐亮，陆兴华译．北京：商务印书馆：16.
③ 李恒威，王小潞，唐孝威．2008．表征、感受性和言语思维．浙江大学学报（人文社会科学版），9：27.

令"开火!"之所以产生这样的情况就是因为我们忽略了实际的语言游戏中表征方式和语言环境的不同。语言游戏实质上就是广义的动态语境之下的意义表征。"语境"一词最早出现于1884年弗雷格的《算术基础》中,他谈到,我们"只有在语句的语境中,而不是在孤立的词中,才能找到词的意义"[①]。语言游戏深化了弗雷格的语境原则,提出必须根据具体的语言游戏,才可以断定词语的意义表征。意义总是以一定的表征方式在特定的语境中存在和发展的,如果离开特定的语境,意义表征便成了无源之水,无本之木。要获得意义,实现由认到知,表征方式和语境条件必不可少。

维特根斯坦承认世界的现实性及其对语言表征的本源作用,但是也强调人的参与作用。语言并不是直接反映客观世界,而是由人对客观世界的认知介于其间的,其模式是:字词—语言游戏—意义—认知—客体。所谓"语言游戏"不能简单地理解为语言加游戏。"游戏"一词只是为了强调语言的动词性质。维特根斯坦认为语言游戏是一个由语言以及语言交织于其中的行为组成的整体,他实际上巧妙地把语言比作了游戏。例如,儿童学习说话、称呼某物、重复话语等行为都属于语言游戏。在这些活动中,字词本身是活动的手段和工具,而不是活动的目的。不仅这样,在人的活动中,人的活动、活动的工具,以及相关联的其他事物都成为语言游戏中的一个部分,他们共同组成一个大的语境。维特根斯坦的"语言游戏"强调这样一个事实,即讲语言是一种活动或生活方式的组成部分。所谓"语言游戏",即我们的语言是按照一定的规则在一定的场合中使用的活动,语言、规则和使用的活动都是它的基本要素。任何一个语词概念的意义,并不在于它所表征的对象中,而在于它按照一定的规则与其他语词的组合方式中。换言之,语言在使用中才有意义,语言的意义一定程度上取决于它的用法。

语言游戏说中包含了意义即用法的思想,它以一种全新的视角向我们宣布,语言的意义存在于使用中,要置于语言环境的整体中去研究。认知过程中背景化了的主体运用一定的仪器和方法,依靠自己对世界的理解和信念,并通过适当的语言表征其研究的客体,从而形成个体认知。在这里,认知的客体是与语境相融的,是语境化之后的客体。个体认知到的世界是在身体体验的基础上,经过我们的心智对其进行认知加工后形成的。认知中语境化的过程亦是主体化的过程,也就是维特根斯坦所说的语言游戏的过程,传统哲学主客体的二元对

① 涂纪亮. 1987. 分析哲学及其在美国的发展(上). 北京:中国社会科学出版社:34.

立由此被消解了。当代认知科学的研究表明，大脑中的认知结构与人体的感知机制具有直接或间接的联系。这意味着，语言的意义不限于语言内部，而是植根于人与客观世界的互动的体验。语言的意义基础至少是部分地源于感知，通过感知使主观体验客体化从而实现认知。所以，意义既不是完全客观的，也不是完全主观的。[①]意义基于我们的身体体验，它的表征则依赖于语境，这就是为什么我们的认知会具有差异性和创造性的原因。归根结底，认知、表征、语境、意义，密切关联。

维特根斯坦的“语言游戏说”把语言看作一种现实的活动，从动态的语言活动来考察语言，考察语言的意义问题。“语言游戏说”的核心在于规则，要获取规则就需要投入相应的语境，通过语境的体验来明确规则。维特根斯坦认为我们并不能在游戏之前就事先学会规则，而是在具体的游戏过程中了解和掌握规则的。这正如仅研究字典和语法规则并不能使人获得语言手段，语言手段的获取必须是在使用的过程之中。更进一步说，维特根斯坦把人们的语言活动比作一种游戏，不仅是为了强调字词的使用就是它们的意义，而且还在于说明语言活动是一种有规则的游戏。我们在使用语言时，字词都是有一定的使用规则的。维特根斯坦把字词的使用规则与游戏规则相类比，这是有特殊意义的。在他看来，字词的使用规则不是逻辑的规则。逻辑的规则是规整的、严密的，它们的用法常常是唯一、确定的，而字词的用法规则不具有逻辑的规整、严密特征。[②]他说：“字词的应用并不是每次都由规则限定的。”[③]我们在遵循规则时经常是盲目的，而只有当人们经过训练，获得了某种能力时，人们才能遵循规则。这就意味着，要理解遵循规则的过程，我们就必须在更加广泛的语言游戏的背景下去考察人们的活动，考察使用这种符号系统的人们是如何理解规则的，考察他们是否获得了遵循规则的能力。所以说，遵循规则的活动是一种符合语境化要求的语言游戏，这样，语言游戏就成为我们把握和理解人们遵循规则的活动的基础。

后期维特根斯坦语言哲学的显著特点就是把语言同人们的日常生活联系在一起。他认为，哲学分析的目的就是对日常语言的意义予以确定。凭借“语言游戏说”他把语言植根到日常生活之中，把哲学从象牙塔式的理论世界拉回到了现实的生活之中。其实，语言作为人类文明的载体，它不仅是人们交流的工

① 曾欣悦．2008．认知语义学的六个基本特征．外语研究，5：20．

② 王晓升．1999．走出语言的迷宫——后期维特根斯坦哲学概述．北京：社会科学文献出版社：78．

③ 维特根斯坦．1996．哲学研究．北京：商务印书馆：37．

具，更是人类知识和智慧的载体，没有语言就没有人的认知，也就不会有人类文明。同样，对语言的认知，仅仅从逻辑和语法上把握是不够的，语言的丰富内涵，存在于日常生活的各种不同的形式之中。要想真正理解语言的意义，日常生活是一个不可缺少的重要途径。因此，维特根斯坦才提出，“不要想，只要看（做），通过参与游戏，融入到一种已有的生活形式之中，这样个人就会理解到了这种生活形式的规则”[①]。无视人的主观方面，就无法考虑意义问题，也就无法完全理解人的认知。世界是多姿多彩的、语言是千变万化的，而经验则不是孤立存在的，这些都需要人的参与，如果没有了“人”这一认知主体的参与，一切都将失去认知意义。关注人自身，关注语言使用者，人在语境依赖中被提到了一个应有的高度，让人参与到语言游戏之中符合马克思“劳动创造语言”的观点。维特根斯坦用“语言游戏说”强调人对语境的体验，语境不同，意义自然不同。语境构成了判定意义的最高法庭。假设进行科学研究这一认知活动，同一研究者，因为对象、仪器、方法的不同，得出的结论就可能不同。在这里，研究者所处的不同语境决定了科学研究时的不同结论。需要注意的是，本书中所谈的语境并不等同于传统意义上的静态的语境，而是一种认知意义上的语境。“用于说明某语段的一组前提（除该语段产生时的前提）构成了通常所说的语境。语境是一个心理上的构成，是听者关于这个世界的设想的一个子集。当然，影响话语说明的正是这些设想，而不是世界的真实状况。这种意义上的语境并不限于当下的物质环境信息，或刚发出的语段的信息。对未来的期望、科学假设或宗教信仰、轶事、普通文化设想、对说话者心理状态的看法，在说明中可能都起一定作用。”[②]总之，语境是一个包罗万象的系统，大致可以将其分为物质环境中可感知的信息、记忆中可提取的信息和从记忆中可以推出的信息三部分。它是在话语理解或活动实施过程中基于主体、客体以及主体间的关系，对当前所有信息的一种动态的重新建构。所以，语境变化，自然会导致意义发生变化。

早期的分析哲学家大都偏重于从语形、语义的角度去探讨语言的意义问题，他们主要从语言的内部结构和表达式与所表达的对象之间的关系的角度来进行探讨，而对于语言的使用者这一因素则有所忽视。然而，维特根斯坦坚持通过实例而不是定义来赋予语言以意义。因为理解，无论是对文本的理解，还是对话语和事件及行动的理解，都是人的一个基于语境的认知过程。语言与其语境

---

① 维特根斯坦．1996．哲学研究．北京：商务印书馆：66．

② Sperber D，Wilson D．1986．Relevance：Communication and Cognition．Oxford：Blackwell；15-16．

本身就是一个大的整体，语言形式及其意义是语境的一部分。无论是人的推理还是理解，都是基于语境的认知过程，准确地说，脱离语境的认知将不称其为认知。因此，认知是理解语境的核心。[①] 从他后期提出“语言游戏说”开始，越来越多的哲学家认为，意义的分析必须考虑语言使用者和认知因素，即必须结合语言的使用情况（语言游戏的具体语境）来探讨意义问题，从而开辟了语用学研究的新思路。

后期维特根斯坦并非想以一种理想语言来改造日常语言，他只是力图把语言的意义问题带入到日常生活世界中去考察，观察语言在日常生活中的实际使用，语言的意义就会在人们的实际使用中呈现出来。当然，他强调的是要去“看”语言在实际使用中的意义，而不是把字词的使用和其意义之间用一种所谓“意指”的精神或心理作用联结起来。之前，人们总是有这样的观念，认为说一句话就一定要为话中的每个词想象某种事物，这时说话的人一定是在意指什么。而维特根斯坦却认为这种把意指作为一种心理过程的想法是荒谬的。他说，这就像一个人拿着买各种蔬菜的单子去市场上，只要他手里拿着单子，就必须一直想着各种蔬菜，因为他害怕不这样做，这张单子就会失去其功效。人们最终是通过语言，而不是通过先于语言的心理活动来谈论外部世界的，正是语言沟通了外部世界的各种事物和人的心理现象。语言游戏说看似简单，但却把许多“高深的”哲学问题还原到人们的日常生活之中。哲学家们往往过分地抬高了像“意义、本质、语言、世界、真理”这样一些词的地位。可是如果这些词有用处，它们也一定像“茄子、西红柿、黄瓜”这些词一样平凡。语词的意义是蕴含在各种游戏之中的。语言游戏所反映的语境的多样性和不统一性也正是因为我们生活形式的多样。

维特根斯坦认为，语句好比工具，某个语句的意义在一定程度上取决于它的作用。要了解语句的意义，必须把语句的用途、它要达到的目的、它所处的语境等联系起来考察。他的意义理论没有停留在语词的一般意义上，而是始终把语词的特定用法融入语境，置于哲学理论建构的首要位置，着重考虑人们对语言的实际使用。就这样，维特根斯坦把词语的意义同人的需要、意愿之类的因素联系起来。他在对意义理论的研究中将“人”的因素引入话题，因为要谈论语言的使用，就回避不了“人”这个语言的使用者。维特根斯坦的哲学贡献是显而易见的，他把语言引向了社会、引向了生活、引向了人的认知活动。这

---

① 魏屹东．2008．认知科学哲学问题研究．北京：科学出版社：122．

样一来，语词的意义由原来的语言与实在的一一对应的纵向关系变成了语言与用法的多元化的横向关系，由他早期图象论的静态关系变成了说者与听者之间的动态关系，也就是说意义是说话人和听话人在特定语境之下赋予字词或话语的性质。当代语境论就主张所有人类的认知都发生在一定的语境中，认知过程受其语境制约。[①]强调融入语境，突出主体参与的认知特征现在广泛地体现在人类对知识的获取上，学校教育中倡导参与的、情境性的教学模式即是其中一例。后期维特根斯坦语言游戏说的贡献还不仅仅就此，他还曾经指出，从语用的角度看，意义是任意的、意向的，他把意向内容也看作是意义问题的中心内容之一。尽管在此方面他的阐述不多，但这已经为后续哲学家们建构恰当的意义理论指出了一种可试性的方向。从以上分析我们可以看出，维特根斯坦站在反实在论的立场上，通过"语言游戏说"的阐释，对意义问题进行了合理的分析，从语言和超语言的对象统一于语境这一角度，强调意义表征的语境依赖性，从而为日后反实在论意义理论实现认知转向创造了宝贵的契机。

（二）意义证实的可操作性

以卡尔纳普为代表的逻辑经验主义者们也高度重视意义理论的研究。逻辑经验主义的创始人石里克（Moritz Schlick）就曾经指出："我们现在认识到哲学不是一种知识的体系，而是一种活动的体系，这一点积极表现了当代的伟大转变的特征；哲学就是那种显示或确定命题意义的活动。"[②]意义与真理，何者更为根本，这是个长期悬而未决的问题。有些哲学家倾向于把意义看作先于真理，从而把意义问题看作语言哲学的中心问题，逻辑经验主义者正是这样的哲学家。该学派代表人物卡尔纳普在《意义和必然性》一书中就曾经明确指出："要了解一个语句，必须先知道它的意义，然后我们才能够试图发现它是真的还是假的。"[③]显然，在他们看来，意义理论是先于真理理论并在一定程度上独立于真理理论的。

逻辑经验主义者关注意义理论的研究，而反对形而上学中的那些空谈。他们希望能够有一种统一的标准，就像一把锋利的剃刀，一方面把形而上学的命题剔除出去，另一方面则保留认知活动中所需要的命题，使真正有意义的命题与那些并非真正有意义的命题相区别开来。作为分析哲学中最大的一个支

---

① 魏屹东．2008．认知科学哲学问题研究．北京：科学出版社：150．

② 石里克．1989．哲学的转变．转引自洪谦．逻辑经验主义．北京：商务印书馆：9．

③ Carnap R．1956．Meaning and Necessity：A Study in Semantics and Modal Logic．Chicago：University of Chicago Press：10．

派，他们的意义理论的焦点在于对分析性概念的理解，通过分析来“拒斥形而上学”。卡尔纳普宣称，清除了所有非科学成分的哲学只有科学的逻辑学，所有有意义的命题都是科学语言符合逻辑句法的命题，而对逻辑句法的研究形成的是科学的语形学。根据他的意义证实原则，他坚持以逻辑分析的方法对命题做出经验的断定，认为所谓意义就是经验意义、认知意义，这些只能为可被证实语句、语词所具有。如果我们给出一个命题，但却找不到证实它的方法，那么就说明这个命题是无意义的。卡尔纳普的思想与逻辑经验主义的基本原则相一致——命题的意义在于其证实方法。他在谈到意义问题和证实问题时还曾指出，意义问题和证实问题是认知活动的两个主要问题。意义问题是要问在什么条件下一个语句就是有意义的？证实问题是要问我们如何能够发现一个给定的语句是真还是假？并且他还进一步认为，在某种意义上说，这两个问题只有一个答案。如果我们知道是什么使一个语句被证实是真的，那么我们也就知道它的意义是什么了。假设有两个语句在相同的条件下我们得承认它们为真，那么它们必然具有相同的意义。因此，卡尔纳普推断得出，语句的意义在某种含义上和我们决定它的真或假的方法是相同的。他把可证实性作为判断一个命题是否有意义的标准，并将经验上的可证实性和逻辑上的可能性看作是完全一致的。因此，我们只要通过严密的逻辑分析便可以确定命题是否有意义。换句话说，逻辑的纯形式性和意义的经验性二者是相一致的，而它们结合的最终目的就是要在科学理性的重建中去构造逻辑的经验意义。①

卡尔纳普的意义证实理论的特点是将语句的意义和证实它的方法联系了起来。他指出，一个命题的意义就在于它的证实方法，命题所断言的只是它证实的那么多。反之，如果一个命题没有任何方法可以证实它的真假，那么它就是无意义的。他认为可以把一切理论问题区分为对象问题和逻辑问题两类，对象问题属于自然科学研究领域，而逻辑问题才是哲学所关心的问题。从人类思维发生的过程来看，逻辑是渗透在其全部过程之中的。事实上，人们在思维的时候，都自觉或不自觉地要运用到逻辑。求解问题、决策规划、科学解释、学习、使用语言中都要用逻辑思维或逻辑推理。逻辑理性对科学更为重要，无论是归纳的还是演绎的对于科学都是必不可少的。②卡尔纳普把全部的哲学问题都看作是逻辑句法问题，也就是只涉及说话的方式而不涉及内容。看一个句子有无意义，不需要超出语言之外去涉及对象和实际感觉材料，只需要考虑这个句子是

① 胡瑞娜，郭贵春. 2003. 20世纪反实在论“语形学的转向”及其本质特. 自然辩证法研究，6：36.
② 魏屹东. 2008. 认知科学哲学问题研究. 北京：科学出版社：151.

否符合语言形式系统的句法规则，也即能否被逻辑形式系统所接受。当然，卡尔纳普并非不关心语言的实际内容，而是认为需要将内容与形式区分开。形式上如果符合逻辑，内容就一定有意义。所以，他在《语言的逻辑句法》一书中又进一步指出，语言是一种演算，而逻辑就是我们演算的规则。

依照卡尔纳普等逻辑经验主义者所设定的意义证实理论，形而上学的说明是无意义的。这些说明可以与“认知上有意义”的说明区别开来。他们认为科学理论是“有意义的命题”的集合，并把意义分为逻辑意义和经验意义两大类。逻辑经验主义者相信，之所以能这么做是借助于这样的事实，即这些说明要么经验上可以被证实，要么通过诉诸逻辑和概念就可以决定。如果有关判断或是命题在经验上可以验证，或者通过纯粹的逻辑手段可以加以确定，那么这个判断或者命题在认知上就一定是有意义的。在以卡尔纳普为代表的逻辑经验主义者的视界里，运用自然科学的方法，尤其是数学或物理学的方法，完全摒弃那些离奇的思想结构、神秘的直觉作用以及所有感情上的信念，而代之以严密的逻辑推论、细致的实际观察，以及事实上的经验证据，则完全可以保证哲学和科学方法的科学性。并且他们以为这样的方法也同样能适用于语言的意义问题的研究。借助于数理逻辑对语言中的命题进行逻辑句法分析，就能把一切语言都还原为物理语言或数学语言，并最终将知识还原为物理学或数学，从而实现科学的真正统一。现代计算机发展过程中大量“数字化技术”的展现即可看作是卡尔纳普物理还原理论的启示之下的应用。此外，我们还应看到认知的过程天然是有逻辑性的，从感、知觉的外部刺激到实现理性认知，中间必须经过逻辑的作用，因为认知本身就是一个信息的输入、加工与输出的过程。通过对语言的逻辑分析可以使人的认知趋于精确化，这体现了意义证实的可操作性。逻辑为研究和揭示科学理论的深层结构提供了必要的工具。当代认知科学的研究证明逻辑对于认知有着巨大的作用，它至少可以使我们的理论保持内部的一致性，从而保证不会犯自相矛盾的错误。事实上，认知活动是一种具有严密逻辑性的活动。它需要概念明确、判断恰当、推理正确、论证严密，亦即合乎逻辑。[①]

尽管在卡尔纳普之后，有很多哲学家对逻辑经验主义的上述信条进行了严厉的批评，例如，奎因对“两个教条”的批判。但是，确证信念是获得知识的认知前提，失去了确证信念，我们也就失去了进行认知活动的意义。从卡尔纳普的意义证实理论开始，语言的意义与逻辑和哲学的那种契合彻底改变了逻辑

---

① 陈其荣. 2006. 当代科学技术哲学导论. 上海：复旦大学出版社：260.

的命运，并且促成了逻辑与认知的紧密结合，这些已经足够强烈地震撼了整个分析哲学和科学哲学领域。当代认知科学家们认为人的视觉系统、运动系统和神经网络系统等身体结构，决定了人们的认知过程。他们试图把人的“生理—心理”结构转换成逻辑结构，把认知过程看作由语言规则控制的演算过程，这一点能在当代人工智能的研究中充分地体现出来。并且卡尔纳普所指出的注重经验意义，也提示我们认知是与人类经验相关联的活动，在实验的基础上人类的认知活动才能取得突破性的研究成果。由以上分析我们可以看出，逻辑实证主义者卡尔纳普从反实在论的立场出发，利用意义证实理论中逻辑和经验这两条具有认知意义的判断依据，对意义理论的研究做出了大胆的尝试，论证了意义证实的可操作性，这为即将到来的反实在论意义理论实现认知转向准备了足够的催化剂。

（三）意义解释的主体间性

人类具有求知的本性。求知就是对人及人类所存在的这个世界的认知活动，它是人类生存的基本活动之一。而追求真理往往成为人类求知的最终目标。在西方哲学史上，传统的符合论是西方哲学关于真理理论中最为古老、影响最大的一种，其起源一直可以追溯到古希腊哲学家亚里士多德。作为符合论真理观的开创者，亚里士多德第一个做出了“每一事物之真理与各事物之实是必相符合的”[①]判断。在他看来，命题和判断就是对客观事物的描述，它们的真假取决于是否如实地描述了对象，即是否与事实相符。符合论真理观除了来自古希腊亚里士多德的思想，还来自传统哲学对于“心智”认知能力的预设。哲学家们总是认为“心智”这种独特的“东西”可以用来把握外在于人的世界。这种对“心智”认知能力的预设则以近代哲学家笛卡儿的“心身二元论”（mind-body dualism）为开端。心灵与身体的关系，也就是说人的心理和生理的关系，是哲学界一直以来争论不休的问题。笛卡儿把心身严格地区分为两个不同的实体，并且努力尝试用“自然信念”将二者统一起来。他以二元论的形式第一次比较充分地为我们揭示了心身关系问题上的矛盾和困难。正是由于受亚里士多德和笛卡儿的影响，在当代罗蒂之前的绝大多数哲学家都坚持了这种符合论的真理观。符合论真理观以实在论和可知论为基础，从主客体分离的角度来理解真理问题，并把真理看作是意义解释和客观对象之间的一致或相符。其最实质性的内容是说，命题和概念与实际的事实是相符的。这种真理观从命题与客观事实

---

① 亚里士多德．1997．形而上学．吴寿彭译．北京：商务印书馆：34．

的关系出发来定义真理，认为认识、信念、判断、语句等是否与实在、事实、事物、对象等相符合，是对真理进行判断的标准。凡是与客观事实相符合的命题就是真理；反之则是谬误。

符合论真理观的思想如果用罗蒂式的语言表述就是：认为人类的主要任务是用自身的镜式本质去准确映现周围的世界；而哲学的任务就是试图为人类找出一种永恒的基础和秩序，一种长存的人类思想文化活动中的中性框架。罗蒂指出，传统符合论真理观是应当予以严厉批判的。符合论真理观认为人的心灵是一面可以映照外部世界的镜子，相应地，认知结果就是对外部世界的准确再现的结果。但是，几千年的哲学研究都没有阐明真理到底是什么，人类的认知并不是一种简单的照镜式的反映，因为世界上根本就不存在一个能离开肉体并且映现世界的心灵，更没有跟欲望、意志等相区别的专门从事认识活动的理性或理智。世界上没有完全中立的观察，任何观察都要负载着一定的理论，也都包含着一定的人类解释活动，而解释活动就不可避免地要受到观察者或解释者偏见的影响。所以，在罗蒂看来真理性应该是有限的，科学技术远未穷尽对世界的理解，没有也不可能解决人类面临的所有问题。由于罗蒂对符合真理观的批判，追求终极真理的观念才被当代哲学家们普遍放弃了。

逻辑经验主义者提出"拒斥形而上学"的口号，要用逻辑规则的手段，结合经验论的意义标准分析语言，倡导对科学的合理重建。可罗蒂对逻辑经验主义者大张旗鼓地搞语言分析的做法并不赞同。2004 年，他来华访问时曾经谈到，当有人在他面前大谈抽象理论时，他也会像西部片里牛仔掏枪一样，本能地去腰里掏分析哲学，他和一些分析哲学家讨论问题时也仍然会沿用分析哲学的术语和表达方式，他甚至自认为在某种意义上自己仍然是分析哲学家。但事实上，他这个分析哲学家关心的问题和逻辑经验主义者们是完全不同的。石里克、卡尔纳普等的努力使逻辑经验主义者的队伍迅速壮大，最终发展成为分析哲学研究中的一股洪流，并直接导致了当代语言学转向的发生。罗蒂不以为然，相同的分析哲学"出身"并没有拉近他与逻辑经验主义者的距离。反倒使他更清楚地看到了后者骨子里所包含的符合论思想。罗蒂认为，分析哲学并没有走出传统镜式哲学的框架，分析哲学只是运用语言之镜代替了传统的心灵之镜，本质上仍然属于镜式哲学。他认为根本不存在映现世界的心灵之镜，也不存在映现世界的语言之镜。在否定了镜式哲学之后，罗蒂走向了他的新实用主义道路。

反实在论的先驱弗雷格曾指出，对语言意义的理解在本质上就意味着理解一个语句在什么条件下为真。作为一位反实在论者，罗蒂揪住了这个真的小尾巴就再不松手。他说，真理对实在的符合是一种没有意义的多余物。当人们普遍认为哲学是一种实在论、认识论、方法论，能够给人们提供有关实体世界的知识和真理的时候，其实这只是对哲学的误解。在语言和信念之外，绝对的真相是不存在的。这样一来，所谓哲学上的本体论问题或有关实在的问题也就自然而然地被罗蒂淡化了。人类应当关注的是实际的日常生活，而不是通过理论研究去发现什么完全符合的真理。他主张从人的立场而不是从实在的立场去观察问题，主张人应当摆脱所谓必然的、绝对的客观实在限制，放弃对必然的客观实在的依附和追求，放弃为人类知识寻求一个永恒构架的希望。因为“如果我们放弃这一希望……我们可能获得一个新生的社会意义”[①]。他在实践和人们具有共同的希望和信任的基础之上提出，人们不应该再追求所谓的普遍客观性，而是应该追求人们在兴趣、目标、准则等方面的一致和协同。罗蒂认为，认知的成果不是简单地对自然的拷贝。在人类对世界的认知过程中没有恒定不变的基础，会随着语境的改变而改变。在他看来，语言的重要性就在于它可以刺激我们的想象力，并持续不断地创造出新的语汇和隐喻，从而构造出新的信念体系，对人类认知达到解释的目的。所以，意义是解释的相关物，一个语句的意义是在对它进行解释时被表述出来的。解释是认知的基本属性。

为了突破传统二元对立的框架，超越“镜式”符合论的真理观，罗蒂认为真理的解释问题应该是一个社会实践性问题。社会、历史、文化等因素总是要通过各种方式对认知活动产生影响，认知活动和认知成果也总是渗透着认知主体已有的知识理论和价值观念，要把这些完全排斥出认知，从而形成所谓纯粹客观的知识是不可能的。人的世界是一个文化世界。人存在于社会中，也就是存在于一种文化中。因而人在社会中的全部生活和认知活动，也都具有文化的性质和内涵。可以说，认知是有文化依赖的，没有文化，也就没有认知活动。[②]在罗蒂眼中，科学知识的普遍客观性实际就是人们在自由讨论中所要达到的一致性，即主体间性。真理只是存在于特定的人类共同体之中，是共同体的人之间经由对话达成的解释上的一致和共识。罗蒂通过批判主客二分的传统符合论真理观，凸现出了意义解释的主体间性，而对主体间性基础的强调使得罗蒂的真理彻底语境化了。主体间性内在地规定了意义解释的公共性、社会性、实践性、文化性和历史性。人是一种社会、历史、文化的存在物，对于人类认知的研究，既要从脑科学、神经科学、计算主义等方面进行研究，也要将文化纳入

① Rorty R．1982．Consequences of Pragmatism．Minnesota：University of Minnesota Press：166．
② 魏屹东．2008．认知科学哲学问题研究．北京：科学出版社：277．

到认知科学研究中来，以便于从文化视野来理解和审视认知科学，为理解和说明认知科学提供另外一个视角。[①]心灵之镜的破碎使得人类思想的各种信念、欲望、语句态度，甚至对象都被通通语境化了，一切均取决于在当下情景状态中所进行的主体间的平等对话。罗蒂的无镜哲学将语用对话建构在了主体间公共生活实践的基础之上。因此，不是真理可以独立于语境而存在，而是只有在动态的语境中依靠主体间性，真理才能得以解释。我们所能关注的只能是主体间性基础上的真理，那种绝对抽象的形而上学真理只能是被“悬置”在一旁。

那么，主体间性基础上的真理是什么样的呢？罗蒂认为：真理是在社会实践中大家共同信任、共同赞同、共同满意的观念，是人们的自我认同和相互认同。他说：“我们应该抛弃知识与意见的传统区别，这种区别被解释为与实在符合的真理和作为对正当信念的赞词的真理之间的区别。”[②]由罗蒂的上述表述我们可以看出，他将传统哲学中的真理的普遍客观性理解为一种主体间性基础上的协同。这种协同表示主体之间信念和态度等的一致。罗蒂不仅语境化了真理，而且最终把对真理的考察归结到主体间性的协同上。所谓主体间性，是指主体之间可以互相了解、互相交流的性质。真理只有在主体间性的基础之上才是最为有效的。罗蒂用建立在主体间性基础上的协同真理观，替换了传统的符合论真理观，完成了从镜式符合标准到实用标准的真理观转变。罗蒂新实用主义的协同真理观主张抛弃知识、真理同意见、信念的传统区别，认为真理就是意见，只不过是受到称赞的意见。人类的认知活动总是处于一定的政治、经济、科学、文化以及语言背景之中，认知主体总是以当事人而非旁观者的身份从自己以及自己所属的社会集团的价值观念和实际利益出发去观察对象，这就使认知总是具体的，产生于一定的历史文化环境之中，反映了特定的社会文化的内容。比如，当两个人谈论拿破仑时，一个理解为“耶拿战役的胜利者”，另外一个却理解为“滑铁卢的失败者”，殊不知二者谈论的都是同一个人——拿破仑。由于单个主体的认知不可避免地要受到他所置身的社会文化条件的影响，所以，仅仅单个主体的认知远未达到真正意义上的认知，真正的认知必须来自主体间性基础上的协同。对于拿破仑的认知即是一例。可见，罗蒂所要求的语言的意义解释说明不仅有主体性的创造，更有主体间性的特征。

苏格拉底曾说“知识是美德”，罗蒂批判符合论真理观后告诉我们“求知也是美德”。人类追求的应该是具有主体间性特征的协同真理的认知，它有助于我

---

① 魏屹东．2008．认知科学哲学问题研究．北京：科学出版社：296．

② 罗蒂．1987．哲学和自然之镜．李幼蒸译．北京：生活·读书·新知三联书店：410-411．

们交往过程中深入交流、和谐相处、获取最为普遍有效的知识。罗蒂突破传统哲学中的“主－客”二分的思维模式，站在主体间性的基础上，在交互作用中思考和界定真理。这一思想与某些当代认知科学家们不谋而合，比如，许多人类文化学家就坚持不同的民族有不同的文化范畴，在认知活动中我们不能把自己的文化范畴强加给其他民族。罗蒂将人类文化学的认知因素切入到意义问题的研究之中，强调研究语言与客观世界之间的联系不能忽略认知主体间的相互交流和了解。任何一项认知的个体成果离开了社会确认，都会功亏一篑。得不到社会确认就说明这项认知成果还没有得以最终确立和最后形成，那么此项认知活动也就不能成为完全意义上的认知。罗蒂对符合论真理观的批判是彻底的，他使人们认识到不同认知主体的意义解释可能存在巨大的认知差异。所以，对人类而言，意义的探寻之路注定是崎岖的，需要认知领域的学者们树立科学的认知理念，加强交流、互通有无、共同努力。由以上分析我们可以得出，罗蒂的哲学贡献是巨大的，他深刻地批判了数千年来影响无数哲学家的符合论真理观，荡涤了“主－客”二分对意义的干扰，呈现了意义解释的主体间性，反实在论者在意义理论的征途上，走到罗蒂这里时终于拨开乌云见日出，最终实现了当代反实在论意义理论的认知转向。

（四）意义理解的意向性

如果说罗蒂是站在实在论之外研究意义理论，以取消问题的外在视角去反对实在论，并最终导致当代反实在论意义理论发生了认知转向；那么，达米特则是沿着罗蒂标识给他的路牌，深入到实在论与反实在论问题的内部去重新定义这场争论的。

达米特非常强调意义理论的重要性。他认为，一种语言哲学的核心内容就是关于这种语言的意义理论，而只有通过对语言进行意义分析，我们才能真正实现关于语言所表达的内容的理解。在这种意义上，理解语言内容就是把握思想，而把握思想的前提就是要分析语言的意义。达米特认为，在意义理论、逻辑规律与形而上学三者之中，意义理论是最为根本的。语言哲学是解决形而上学问题的途径，而且还很可能是最佳的或唯一的途径。语言的意义提供了适当的有关真概念的理解；适当的真概念又是逻辑规律的基础；形而上学的立场是建立在一定的逻辑基础之上的。因此，意义理论通过理解适当的真概念决定了形而上学的立场。所以，达米特非常重视对语言意义问题的研究，甚至把这项研究看作是整个语言哲学的全部。在他看来，对真理、实在、心灵、世界等问题的研究都必须通过对语言的意义理解才能得以实现。

句子的意义一定程度上是由我们对于它们的使用决定的，使用赋予了句子以实际意义，因此我们关于句子意义的理解必须从我们对于句子使用的语言实践出发，给出我们语言实践的系统的刻画。也就是说，要给出我们语言如何工作的清晰描述必须注重语言实践。在达米特看来，语言实践的描述将说明语言的语词和表达式具有意义是怎么一回事。达米特主张语言的意义理论的哲学说明应重新定位，“这个语言的意义理论就是要详细地说明该语言所有词的意义和语句构成的运作，以产生对语言中每一个表达式和语句意义的说明”①。就是说，一旦我们能够确切地说明这些建构据以实行的一般原则，就能实现对困扰哲学家们的意义问题的全面解决。

达米特还指出，“意义”不能通过“真理”获得，只有通过“理解”才能获得。之前的一些哲学家们把“真”作为意义理论的核心概念是一种错误的选择。在达米特看来，意义与理解之间的关系非常密切。语言的意义是我们在理解的层面上赋予的。言语者的理解给一个句子的意义提供了边际，意义只能在理解的语境下产生，言语者理解一个句子便是知道了它的意义。这样一来，在原则上，一个陈述的意义与我们知道这个陈述的意义就可以被等同起来。换句话说，我们可以把句子的意义与我们对这个句子的理解当成是一回事。他说：“一个表达式的意义是当某人理解它时所必须知道的东西。”②他又说：“意义理论是一种理解理论，即意义理论必须告诉我们，当某人知道一门语言时，当他知道该语言的表达式和语句的意义时，他所知道的究竟是什么。”③达米特的反复强调是想告诉我们，语言的意义理论必须把人们在讲话时不自觉地掌握的语言知识用理论形式明确地表现出来，必须表明那种知识是如何使讲话者运用这些语言的，也就是说，意义理论必须能够说明讲话者关于语言的知识与他实际使用语言的能力之间是什么样的关系。实在论者的真值条件表明语句的真是超验的，与我们的语言认知活动和我们对它的把握能力无关。因此，实在论意义理论没有对知识与使用能力之间的这种关系做出恰当的解释，这一点正是达米特所欲反对的。由于他对理解和意义关系的独特阐述，他的思想也对当代心灵哲学产生了重要的影响。达米特强调，如果我们不能表明我们具有关于句子真值条件的语言知识，我们的意义理论就不能说明句子的意义和用法之间的关系，这样的意

① Dummett M．1993．The Sea of Language．Oxford：Clarendon Press：7.
② Dummett M．1993．Origins of Analytical Philosophy．London：Duckworth：159.
③ Dummett M．1993．The Sea of Language．Oxford：Clarendon Press：3.

义理论不是我们所需要的意义理论。因此，达米特站在反实在论立场得出结论：用讨论真理来取代讨论意义，以超验的真理概念为基础所建立起来的意义理论，在实际上是不可行的。由此可见，达米特着力于对意义理论本身的形式构造。

达米特修正了真值条件的意义概念，他抛弃了与人的认知能力、语言实践无关的实在论真概念，从而有利于把意义定位在理解的层面上，进而明确自己所主张的意义内涵。他从语言使用者所具有的“语言知识”入手对意义概念进行分析，而“知识”概念显然是一个认知概念；具体地讲，就是把意义看成是对句子真值条件的理解，凸现出主体在意义形成过程中的参与性和决定性，赋予意义以主体归属的特征。上述思想的起点就是要求意义理论应是一种理解理论，或者是一种能够产生理解的理论，以此来审视言语者对听到的语言和说出的语言的理解方法，实现“详述一种显现知识的实际能力”的目的。达米特认为，理解先于意义，理解是与言语者的知识紧密联结在一起的。在达米特看来，理解的意义在理论形式上表现为一套意义规则或命题系统，它们构成了言语者的知识对象。而言语者与意义理论之间在形式上存在着特定的认知关系，归属给言语者的语言知识正是这种关系的集中体现。任何适当的关于语言使用的说明都必须能够解释说话者关于他的语言的理解体现在哪里。“任何不是或不能产生理解理论的意义理论都不能满足我们在哲学上需要意义理论的目的。”①这成为达米特评价其他意义理论的标准。

达米特认为，研究意义理论的根本目的在于解决有关意义概念的哲学问题。“一门语言的意义理论的任务是给出这门语言如何工作的说明，即语言的说话者如何用它来进行交流的说明。”②为了达到这个目的，意义理论研究的重点是正确的意义理论应该采取什么样的形式的问题，即如何给出语言中句子的意义理解的问题。在他看来，解决意义理论的形式问题的关键是从语言使用者的语言实践出发来给出句子的意义理解。因此，达米特意义理论的出发点是对语言实践进行系统的、理论的描述，并建立一个语言如何工作的系统的理论。基于这个出发点，达米特所关注的主要问题是，如何给出关于句子使用的语言实践的系统刻画。因此，语言实践就成为达米特意义理论的基本对象。从语言实践出发，就是从语言使用者出发，就是从语言使用者的认知状态与认知能力出发来探讨意义理论的基本问题。达米特的这个出发点与之前的反实在论者的完全不同。

---

① Dummett M. 1993. The Sea of Language. Oxford：Clarendon Press：4.

② Dummett M. 1993. The Sea of Language. Oxford：Clarendon Press：3.

达米特把言语者对他所知道的关于自己所说的语言的知识看作是一种“隐含的知识”（implicit knowledge），就是说，说话者在说出自己的话语时并不需要解释自己说出这些话语的背景知识，而且在具体的语言场合中，言语者甚至无法做出此类解释。达米特的隐含知识概念意指其拥有者在不寻求别的帮助的情况下，虽然无法表达出来，却一旦见着其表述形式就能辨识出来的那种知识。他写道：“说话者在知道一种语言的时候所知道的东西，就是知道如何使用这种语言去说事情，就是说，使用这种语言去产生各种各样的语言行为。”[①] 在阐述言语者的语言能力时，达米特有意地预置了隐含知识这样一个前提条件。这一前提条件具有重要的意义，它是达米特阐述言语者进行意义理解的基础，有这一基础就易于表明意义并不是由于客观的真值条件的支撑而呈现出来的，它是言语者内在知识或者是自身能力的某种衍生。因此，达米特指出，他的意义理论在本质上把视角从获得观念的心理过程转向到分析观念的外在显示上，也就是更加注重语用现象的研究。在语用实践中，言语者表现了特定的知识，这种知识是理解语言意义的知识，它是内在的、隐含的，为言语者原本固有，并通过意向外化出来。维基百科中，意向性被解释为心灵代表或呈现事物、属性或状态的能力。简单地说，人的很多心理活动是关于外部世界的，意向性就是这里的“关于”[②]，是意识构造或指向对象的活动。郑板桥的胸有成竹也许正是意向性最贴切的表达。把心智与世界相联系的就是意向性。意向性是心智的一种特征，也是一种能力，通过这种特征和能力，心智指向或者关于、论及、针对现实世界中的事态。口渴了想喝水、天黑了要点灯、受到惊吓会恐惧、怀有愿望会期待，这些都是人的意向性的表现。意向性如同呼吸、消化、睡眠一样构成我们的整个生命，它是我们生命的真实内在特征。心智通过信念、希望、恐惧等不同的意向性状态，沟通了自我与他人、内心与外界、主体与客体、心理与物理，从而实现与外部世界的关联。因此，按照达米特的观点，理解意义的过程也就是依据隐含知识进行意向性活动的过程，在这一过程中客观世界形象变得具体化、经验化，获得意义的充实。换句话说，意义即是意向活动的结果。意向对认知的作用不言而喻，难怪现象学之父胡塞尔会把意向性当作其理论中基础、核心和重要的概念之一。

达米特认为，意义与知识之间的联系是：“表达式的意义是说话者所具有的这种知识的内容，它构成了他们对该表达式的理解；如果某个人是一个有能力的语言的说话者，用日常的词汇表达，也就是说他知道这门语言，那么它就是

① Dummett M. 1993. The Sea of Language. Oxford：Clarendon Press：38.
② 引自维基百科. http://zh.wikipedia.org/wiki/%E6%84%8F%E5%90%91%E6%80%A7.

他关于这个表达式所必须知道的东西。”[①]而意义与理解的关系是：“一个表达式的意义是当某人理解它时所必须知道的东西。它们之间的这种关系限制了可允许的意义的刻画：它必须被描绘为一个说话者能够知道的东西。”[②]意义、知识与理解三者之间是有内在联系的。从这段论述我们可以看出达米特的知识的特征是“隐含的”，获取意义需要通过人的理解，而这一理解的过程主要是依靠类比思维。所谓类比思维就是用一个人们熟悉的情境去处理一个新的相似的情境，语言学中常用的隐喻就是一种典型的类比思维。类比能把任何对象的全部本质明确地呈现在我们眼前。黑格尔（Georg Wilhelm Friedrich Hegel）把类比看作“理性的本能”，认为“类比的方法应在经验科学史上占很高的地位，而且科学家也曾依照这种推论方式获得很重要的结果”[③]。法国数学家彭加勒（Jule-Henri Poincaré）就将类比视为从已知通向未知的必由之路，他说：“当科学没有直接的结合物时，它们还可以通过类比相互阐明。”[④]爱因斯坦（Albert Einstein）更是说：“在物理学上往往因为看出了表面上互不相关的现象之间有相互一致之点而加以类推，结果竟得到很重要的进展。”[⑤]当代计算机领域的许多名词术语都是类比思维的产物，如电脑、鼠标、菜单，甚至病毒等。可见，类比思维在科学认知中有着独特的作用。

达米特认为意义包括义（sense）、调（tone）和力（force）三个成分，而这三个成分与具体说话者的语言实践行为是不可分离的。他阐明了说话者的隐含知识，也就阐明了语言是如何工作的，即语言有什么样的功能和作用。在语言实践中言语者具体地显示意义理论归属给言语者的隐含知识，意义在意向的指向中得到呈现。意义的理解有赖于意向的扩张。作为心智的某种内含特征，意向性是能动的，人类的意识总是关于某物的意向体验，所有的认知活动都是由有意识的意向活动所奠基的。因此，认知正是意向活动的具体结果。达米特认为，有什么更能比用意向性去说明言语者的语言实践了，他的意义理论的意向色彩也许是分析哲学在20世纪末带给我们的另一种尝试。总之，达米特不仅关注语言的意义，而且更加关注对意义的认知，他的意义理论处处体现着语言者的认知因素。在认知框架内，语言是人类的一种社会活动，包括主体的行动、主客的互动、主体间的互动，影响语言使用的关键因素是使用者的隐含知

① 张燕京．2006．达米特意义理论研究．北京：社会科学文献出版社：98．
② 张燕京．2006．达米特意义理论研究．北京：社会科学文献出版社：98-99．
③ 贝弗里奇．1979．科学研究的艺术．北京：科学出版社：154．
④ 李醒民．2004．隐喻：科学概念变革的助产士．自然辩证法通讯，1：26．
⑤ 黑格尔．1981．小逻辑．北京：商务印书馆：368．

识。达米特在构造意义理论的过程中，始终贯彻从语言实践出发这一基本原则，从而使得他的意义理论在各个方面都渗透出语言使用者的认知因素和实践因素，都体现出与语言使用者的认知状态和认知能力的密切相关。反之，他认为，在意义理论研究中，任何偏离语言实践的方法和理论都肯定是错误的。达米特从对于语言的研究，转入对于言语者的隐含知识的研究；从对于语言表达式的意义的研究，转到对于言语者的语言表达式的意义理解的研究。这些转变将意义理论的研究引入了有关心理意向性的研究，从而深化了认知科学与意义理论之间的联系。以上分析说明，达米特由实在论与反实在论争论的核心出发，利用隐含知识这把手术刀，从内部剖析了意义理论的形式，引入了意义解释的意向性，推动了当代反实在论意义理论认知转向的继续深化。

三、当代反实在论意义理论认知转向的意义

不言而喻，当代反实在论意义理论从维特根斯坦发展到达米特，无疑表现出语言分析哲学在分析方法上介入越来越多的认知因素这样一种趋势。回顾20世纪反实在论的这段历程，我们可以比较清晰地看到维特根斯坦的“语言游戏说”强调了意义表征对语境的依赖性，这个特征为认知转向创造了契机；卡尔纳普的意义证实理论突出了意义证实的可操作性，这个特征成了认知转向的催化剂；罗蒂对符合论真理观的批判注重意义解释的主体间性，这个特征标志着认知转向的形成；而达米特的隐含知识论引入意义理解的意向性，这个特征使认知转向得到了继续深化。纵观整个过程不难发现，认知转向的发生不仅显示了当代分析哲学自身发展的内在必然，而且反映了哲学思维方式发展的某种关键性的变革。当我们理性地回顾和审视认知转向发生的全过程，当代反实在论意义理论的影响已经远远地超出了语言分析哲学研究的范畴，它以语言为中介，通过对意义问题的批判性反思而反省人与世界的关系，反省人类实践的结果。这一转向对传统的思辨性哲学产生了巨大的冲击，为我们带来了全新的视野和崭新的洞见。因此，当代反实在论意义理论的认知转向给20世纪整个哲学研究带来了根本性的、创造性的、启迪性的影响，有着重大的理论和实践意义，可以预见它一定将深远地影响到今后科学和哲学的继续研究。

（一）促使当代实在论与反实在论从对立走向相互渗透

实在论与反实在论之争是西方哲学中最基本、最重要的问题，双方在哲学

史上对立了上千年，对西方哲学的发展有着重要的影响。面对当代反实在论者在意义理论上的持续攻击，实在论者进行了积极应战，他们或者提出了新的观点，或者修正了以往的观点。新观点的提出和原有观点的修正促使论战双方在下一轮较量中都必须包容对方的某些变化，这在一定程度上正是双方相互让步的表现。当代反实在论意义理论的认知转向促使当代实在论与反实在论从对立走向了相互渗透。

如今，旷日持久的实在论与反实在论的争论仍在继续。但稍加观察就可以发现，实在论与反实在论其中任何一方都很难获得相对于对方而言的压倒性优势。从实在论的一方看，虽然对实在论的探索深化了对世界的认识，奠定了科学特殊的认识论地位，弘扬了科学理性，但未能合理地理解与把握主体和客体、观察与理论、主体间性等的关系，其论证策略存在各种问题而面临诸多困难；从反实在论的一方看，虽然反实在论的探索促进了主体意识的觉醒，促进了科学研究内容的拓展并丰富了科学研究的方法，但却片面地夸大了相对主义，从而极容易走向个人主观主义和怀疑主义。可以看出，争论双方都存在或多或少的理论缺陷，因此双方谁都不可能完好无损地走出这场争论，但同时我们又可以看到，认知是联系双方的最佳纽带。所以，我们有理由得出当代实在论与反实在论激烈争论的结果，将是双方都出现让步和弱化的趋向，并导致最终走向相互渗透。

当代美国哲学中，普特南的哲学被称作最为善变的，在他的哲学思想中当代实在论与反实在论从对立走向相互渗透的趋势就表现得非常明显。在新的科学哲学发展大背景之下，面对反实在论者从意义的认知方向上的不断突破，普特南只好紧跟形势，不断变换自己的观点，科学实在论—内在实在论—自然主义实在论，以便求得更多的人的理解和支持。尽管他声称自己是一名实在论者，对自己每个时期的哲学立场他都给予坚定的捍卫，对来自各方面的批评，他都进行了有力的回复，但还是有许多哲学研究者认为他在私下偷偷地贩运反实在论的观点。并且他事实上也拒斥实在论与反实在论的争论，“真正把我们称之为自然类的类别区分开来的，是（高层次和非常抽象的）科学研究工作，而不只是意义分析”①。因为罗蒂等反实在论者的影响，他甚至暗中挥舞大刀，腼腆地向实在论下手。②实用主义和后现代主义使他自然地从实在论的立场滑向了反实在

① Schwartz S P. 1977. Naming, Necessity and Natural Kinds. Ithaca: Cornell University Press: 104.

② 江怡. 2004. 当今美国实在论的自然主义和实用主义倾向. 厦门大学学报（哲学社会科学版），6：19.

论的立场。普特南后期在“平等和我们关于世界的道德映像”的演讲中明确谈到：“我试图解释和捍卫一种立场，即把‘实在论’的元素和‘反实在论’的元素结合起来的立场。”

（二）加强了欧陆哲学和英美哲学、解释哲学与分析哲学的沟通

众所周知，“语言学转向”不仅使实在论与反实在论之间的关系愈益僵化，而且还导致了欧陆哲学和英美哲学、解释哲学与分析哲学的对立局面。这是因为解释哲学坚持强烈的人本主义倾向而反对科学主义，把人的问题当作核心问题，以认识主体为本体，认为人应该是科学的出发点和归宿，强调主体的创造性作用；而分析哲学则恰恰相反，强调科学理性，主张按照“实证科学”或“精确科学”的模式来建立科学体系。由于在“语言学转向”运动展开之初，分析哲学过分强调逻辑分析方法的应用，试图提出和建立理想的人工语言，因而坚持了比较极端的科学主义，并且通过拒斥一切形而上学而反对人本主义，当这种对立终于发展到不可调和的地步时，代表分析哲学流派的英美哲学便与代表解释哲学传统的欧陆哲学走向了断然的分离。①

认知因素是科学主义和人文主义的汇合点，我们可以利用认知因素在科学和人文之上的认知层次的统一解决二者之间的矛盾。因为当代反实在论意义理论的认知转向既肯定了理性的作用，也确立了非理性的地位，理性和非理性在认知因素中的整合将极大地促进科学和哲学的发展、进步。认知在一方面强调要用科学的分析方法，为科学理论渗入知觉提供了可能的约束分析，避免相对主义的困境，这点符合分析哲学和英美哲学的要求；认知在另一方面也强调主体人的理性，给人的意向与解释做出预设，保证解释的恰当性与可理解性，这一点又符合了解释哲学与欧陆哲学的要求。可见，认知科学在上述两者之间可以起到中介和桥梁作用。随着反实在论意义理论“认知转向”的完成与深化，作为双方中介和桥梁的认知因素，无疑为欧陆哲学和英美哲学、解释哲学与分析哲学的相互沟通寻找到了新的研究基点，从而使代表着不同哲学主题的它们在新的基底上开始消解对抗、增进对话、加强沟通。

（三）为后现代主义提供了方法论的启示

后现代主义是一种哲学思潮，它伴随着各种现代社会问题的出现而出现，

---

① 胡瑞娜. 2006. 当代反实在论的语言转向. 哲学动态，7：50.

是现代主义的延续与发展。后现代主义产生于20世纪60年代，深刻地影响了20世纪至今的整个人类社会生活。尽管对于什么是后现代众说纷纭，但在后现代主义代表人物这一点上人们是统一的，主要有德里达、利奥塔、福柯、罗蒂、詹姆逊、哈贝马斯等。

稍微查阅后现代主义者的相关著作，就可以轻易地发现他们的一些比较共同的特征和倾向，其中之一便是具有鲜明的反实在论立场。我们甚至可以说后现代主义正是反实在论反对实在论的结果之一。具体地讲，后现代主义从否定中性存在的视角出发，把一切表征、一致和指称都看作是依赖于概念框架而生成和变动的，而且这些变动本身并非是朝向实在的收敛运动，而是根据文化发展的趋向而社会地发散的。[①] 比如，拒斥形而上学、反对真理符合论、强调实用主义的真理观等都是反实在论者的立场，但这些同时也是后现代主义者们津津乐道之事。连我们前文大谈特谈的导致当代反实在论意义理论认知转向形成的罗蒂也既是反实在论者也是后现代主义者。由于意义理论的认知转向，哲学家们更加注重从主体出发而发生的主体与对象间的意义联系，这就使他们的视角由单一转向多元、绝对转向相对、外在走向内在、宏观走向微观、由形式分析转向语义分析，结合语境分析、解释分析、修辞分析、社会分析、案例分析、心理意向分析等具体方法研究哲学问题，这种改变为后现代主义提供了方法论上的启示。

（四）拓展了意义理论研究的新领域

没有认知科学的哲学，内容将是空洞的。哲学的意义问题几乎重叠于认知科学研究的全部领域，尽管不同的认知学科对于意义问题有着不同的研究视角和方法。例如，心理学中的意义是一个信息概念，信息的输入、加工和输出过程是意义研究的中心内容；神经科学认为意义是世界的知识和知觉之间的一种功能关系；在人工智能领域，意义成为一种计算——表征对象；语言学中的意义则是自然语言的一个层面；而社会文化研究把意义与使用又联系起来，认为意义应该是由相应的应用语境生成和创造的。科学发展虽然日新月异，但人们现在对认知的很多问题还没有搞清楚，如“人究竟是怎样认知的？”“人所认知的到底是什么？”“什么是人可以认知的、什么是人不可以认知的？”等等。这些问题如果没有一个令众人满意的答案，那么不仅科学哲学中的许多基本问题、

① 郭贵春．1998．后现代科学哲学．长沙：湖南教育出版社：10．

重要问题无法给出满意的解答，就连一般哲学中的许多问题也难以讲得清楚，因为任何科学活动、任何哲学沉思，以及任何问题的发现、认识与解答，无不都是一种“信息处理过程”，即认知过程。认知科学的兴起就是试图克服哲学对于心智现象纯粹思辨式的研究，用科学的方法去揭开心智神秘的面纱。但认知科学也离不开哲学，需要哲学的指导和启蒙。[①]正因为这样，我们对意义的研究就不能仅仅停留在反实在论的层面上，而是应该深入到更广阔的领域，至少应该是在既包括哲学的也包括认知科学的一个范围较大的领域上开展工作。

当代反实在论意义理论的认知转向密切了语言哲学、心理学、神经科学、脑科学、生物学、人工智能科学等相关学科之间的联系。哲学家通常把意义当作一个经验范畴，探究语言表达与物质世界的关系。意义的产生、性质、结构与特征等都应该成为普通意义理论所必须关注的问题的基本内容。我们看到，意义问题的研究是一个牵涉面广、系统庞杂的大工程。哲学家们可以借助他们的方法论工具——思辨、争论、逻辑分析、概念分析和历史透视等，对认知科学的基础、前提和假定进行审视和反思。譬如对心智的本质、知识的性质、知觉、意识、行为、想象、概念、心理表征、思维与大脑的关系、思维与语言的关系等问题进行探讨和分析，如果澄清了这些问题，也就给予知识一种明确性，从而为科学理论的产生和发展起到积极的推动作用。要想透彻地研究意义理论，就需要按照上述认知方向尽可能多地掌握资料，分析资料，这些方向极大地拓展了意义理论研究的新领域。

四、结束语

意义一直是哲学研究的核心内容之一，更是当代实在论与反实在论论争的焦点，它对当代哲学的发展产生了重要影响，并继续对当代哲学的发展起着举足轻重的作用。因为当代反实在论自身发展的内在需要，同时也是反实在论对抗实在论的迫切要求与历史必然，再加之当代认知科学研究在外部的不断推动，当代反实在论意义理论在20世纪下半期发生了一场深刻的变革——认知转向，这一转向促进了科学哲学的繁荣发展。维特根斯坦的“语言游戏说”强调语境条件、突出主体参与，创造了认知转向的契机；卡尔纳普的意义证实理论重视逻辑分析、引入经验证实，提供了认知转向的催化剂；罗蒂对符合论真理观的

---

① 魏屹东．2005．认知科学与哲学关系的历史审视．文史哲，2：139．

主客二分进行批判，凸显主体间性，标志着认知转向的形成；而达米特的隐含知识论运用类比思维、注重意向扩张，正是认知转向深化的结果。本书站在时代的大语境当中，搜寻哲学巨人们留下的点滴足迹，指出其逐步实现认知转向的发展轨迹，并力争能够给出系统、全面、深刻、细致的分析与评价。同时，本书对当代反实在论意义理论认知转向的意义也做了粗浅的分析，这次认知转向的发生促使当代实在论与反实在论从对立走向相互渗透，加强了欧陆哲学和英美哲学、解释哲学和分析哲学的沟通，同时还为后现代主义提供了方法论的启示，更进一步拓展了意义理论研究的新领域。

语言本身就是认知的结果，所以语言能力也是认知能力的一部分。语言背后蕴藏着人类的认知规律和客观世界规律。[①]我们的语言发展到什么程度，人对语言认识到什么程度，则人类对世界就掌握到了什么程度。人类对世界的把握正是有赖于对语言意义的有效认知。“路漫漫其修远兮，吾将上下而求索”，可见对于意义问题的追求是永不会停止的。人什么时候超越了语言的原先意义，人对客观世界的认识就更进一步了。[②]

① 王寅. 2007. 认知语言学的翻译观. 上海：上海外语教育出版社：583.
② 魏屹东，郭贵春. 2002. 论科学与语言的关系. 科学技术与辩证法，4：37.

第四章 当代反实在论的语言分析走向

第一节 当代反实在论的语形分析方法

“语言学转向”（the linguistic turn）是20世纪初以维特根斯坦与逻辑经验主义为核心的分析哲学所引起的一场广泛的哲学运动。在这一哲学运动的早期，其目的就是“试图通过对语言形式的句法结构和语义结构的逻辑分析，去把握隐含在语词背后的经验意义，从而推崇科学主义的极端观念和形式理性的绝对权威”[①]。而语形学（syntactics）恰恰是在这场运动中突现出来的颇为重要的一种科学解释方法和认识论新维度。因此，从这个意义上讲，早期的“语言学转向”实质上也就是“语形学的转向”。历史地讲，实在论与反实在论在对语形学所持的态度问题上，正是二者在语言分析甚至哲学分析层面所存在的最大分歧。前者仅仅将句法或语形看作是语言分析的一个过渡性工具，认为语形只是包含于语义分析中的微不足道的、琐碎的，且离开经验或自然语言就不能独立发挥作用的一种先天的纯逻辑形式，逻辑命题的真正意义是由它们超验的真值条件决定的，因而撇开语形学将研究的重点转向语义分析（semantics/semasiology）；后者则恰恰相反，它不仅把语形分析的重要性强调至无以复加的地步，认为逻辑命题正是由其证实或断定条件决定的，而后者只不过是我们据以从给定前提证明、推衍出某些结论的条件。因此，“语义分析仅仅是逻辑的侍女”，“是无意义的形而上学的一种形式”，甚至将语言的逻辑句法分析看作是科学的逻辑和哲

① 郭贵春．1995．后现代科学实在论．北京：知识出版社：2.

学分析的全部。另外，伴随着20世纪中叶“解释学转向”与“修辞学转向”的到来，以及“后现代主义”思潮的广泛渗透，反实在论的语形学也不可避免地受到巨大冲击，因而在一系列运动中寻求生机，以全新的姿态展现出来。正是在这个意义上，理性地分析和探究20世纪反实在论的语形学对于合理地把握20世纪以来反实在论甚至整个科学哲学演变的历史进程、趋势定位和理性重建的模型具有重要的理论意义和实践意义。

一、当代反实在论的“语形学转向”及其本质特征

（一）当代反实在论“语形学转向”的动因

历史地讲，哲学在20世纪初发生了第二次根本性的转向，这一转向作为一场哥白尼式的革命性的运动，其最重要的原因就在于现代符号逻辑的产生。但是，它作为人类理性又一次探索“阿基米德点”的尝试，则归根结底是由哲学发展的内在动力和外在因素以及时代的客观要求所决定的。具体地讲，主要体现在以下几个方面：

1. 对传统哲学分析所造成的解释困境进行消解是“语形学转向”的内在要求

19世纪末20世纪初，随着自然科学越来越远离经验的发展，科学理论的构造、解释和评价问题便在科学哲学中越来越具有了突出的地位。但是，当我们用日常的自然语言去描述科学理论并进行科学解释和评价时，却发现常常容易造成意义的混乱、含混不清。这样一来，寻求一种精确的、具有规范性的语言形式就自然成为科学哲学家的重要使命，而现代符号逻辑的创立和高度发展恰恰为这一使命提供了契机。20世纪的反实在论者们尤其是逻辑经验主义汲取了现代符号逻辑的先进成果，将其应用于科学理论的理性重建中。他们立足于科学逻辑的整体立场上，把理论命题归诸于严密的演绎系统，通过逻辑的自洽性、精确性功能去形成和强化科学概念和理论的规范性。更为重要的是，他们将科学的目的看作是追求科学理性在逻辑上的真正解释而不是接近客观实在的真理，逻辑就是真理，就是理性的原则，就是哲学的本质。于是，他们将哲学研究的重点转向了具有先天性质的语形分析层面，希望通过逻辑语形这一具有先天特性的分析方法去把握经验范围之内的认识，从而获得符合逻辑法则、具有逻辑

严密性或正确性的知识。

可以说，语形学作为当代反实在论批评、整理和建构哲学理论的背景框架具有重要的理论意义，它用一阶逻辑进行科学语言的逻辑分析消除了模糊、歧义、不必要的复杂以及其他理解障碍的理论，从而将“无意义”的形而上学排除在了哲学之外，使理论具有了普遍性、精确性以及哲学上的透明性。

2. 现代逻辑的高度发展和普遍深入为“语形学转向”提供了外在因素

历史地讲，语形学方法是在希尔伯特的“元数学”中开始萌芽，后来又在弗雷格、皮亚诺（Peano）、斯哥罗德尔（Schröder）等的逻辑思想的基础上由怀特海（Alfred Whitehead）和罗素正式创立起来的。作为现代逻辑的创立者，弗雷格首先以算术为基本模型，同时把心理学这一极不确定的因素完全排除出去，即“把心理的东西和逻辑的东西、主观的东西和客观的东西明确地区别开来”[①]，以克服近代哲学所造成的那种在哲学、逻辑学和数学研究中的极端心理主义倾向，从而建立了一种极端形式化的语言，并在此基础上描述了符号系统的各个方面，最终将知识、真理等问题的研究从主观的心理领域转移到客观的语言领域，为知识和真理建立了主观心理以外的客观基础。弗雷格开创的这一方向，被罗素、卡尔纳普等所加以继承和发展。罗素曾指出：新逻辑即数理逻辑给哲学带来的进步，正如伽利略给物理学带来的进步一样，它终于使我们看到，哪些问题有可能解决，哪些问题必须抛弃，因为这些问题是人类之能力所不能解决的。而对于看来有可能解决的问题，新逻辑提供了一种方法，它使我们得到的不仅是体现个人特殊见解的结果，而且是一定会赢得一切能够提出自己看法的人们赞同的结果。于是，他通过其《数学原理》将语形学发展地更加完善起来。正像卡尔纳普所说：“关系的符号逻辑虽然也是始于弗雷格的体系，但是在《数学原理》中，它被发展得更加完整，并且表述时采用了一种更加方便的符号。从此，我在思考哲学问题和建立公理体系时，开始使用符号标记法。不过，现在所采用的多是《数学原理》中使用的形式，而不是弗雷格所使用的形式。”[②]可见，弗雷格和罗素对卡尔纳普的哲学思考的影响是极其重要的。这一点卡尔纳普在其著作中也明确承认。

---

① ［德］弗雷格．算术的基础．1953 年德英文对照版，第 7 页．转引自涂纪亮．1987．分析哲学及其在美国的发展（上）．北京：中国社会科学出版社：38．

② ［德］卡尔那普．1985．卡尔那普思想自述．陈晓山，涂敏译．上海：上海译文出版社：15．

另外，发于20世纪初的“语言学转向”，作为哲学中又一次哥白尼式的革命，更是数学和现代符号逻辑高度发展的结果。“语言学转向”这一短语的创造者、维也纳学派的成员之一伯格曼（G. Bergmann）在其论文中就曾明确指出：“人们可能用不着接受另一种涉及了专门技术的思想就会接受涉及了专门方法的语言转向这个根本思想。我二者都接受。这种专门技术对于所有目的来说都是便利的，对于有些目的来说则是必不可少的，它是在常识的意义上谈论一种叫做理想语言（IL）的模式。我所提议的这种IL是围绕一种叫做逻辑描述的句法二分法建立起来的。在这种IL中，有逻辑性质、逻辑符号和逻辑真句子。表达出类型区别的形状属于逻辑性质、联结词和量词属于逻辑符号。对于‘分析’的说明依赖于逻辑真句子。”①在这里，我们可以清楚地看到，所谓语言转向实际上就是指依赖了一种“专门技术”即现代符号逻辑而形成的一种哲学研究的方法，即建立理想的人工语言，以此对语言进行分析，从而最终达到消解哲学谈论中的悖论、荒谬和含混的东西的目的。

显然，正是现代符号逻辑这一技术的出现及其高度发展，使得人类具有了一种在科学哲学中对语言进行分析进而解决传统问题的科学的系统的方法，即语形学或句法学的分析方法，同时也使人类能够站在新的认识论视角上去分析和看待传统旧哲学，并为建构未来新哲学提供了可能性和广阔的空间。正像罗素所说的那样，对逻辑的研究已经成为哲学研究的中心课题，逻辑为哲学提供了研究的方法，正像数学为物理学提供了研究方法一样。这是因为，现代符号逻辑技术，一方面，它采用了既不同于经验同时又有别于哲学纯思辨的数学的方法，这就必然为建立语言的言语形式的理论，并且在此基础上进行逻辑演算从而在整体上系统地分析和探究哲学问题提供了可能的前提条件；另一方面，它利用逻辑规则以及相关技术对一些具有根本意义的哲学问题和哲学范畴，如量词、存在、必然、可能、真值、个体、对象、关系，以及可证明性、来自给定前提的推论性和逻辑的独立性等进行符号化、量化的处理，极大地推动了哲学研究的深入和发展，并最终导致了20世纪反实在论者们对语形学这一分析方法的青睐。正如当代著名的反实在论者范·弗拉森曾以赞赏的语气所指出的那样：“现代符号逻辑的第一个成就就是仅仅根据处理符号的规则给这些逻辑功能和关系以精确的句法定义。”②

---

① Bergmann G. 1964. Physics and Ontology, in Logic and Reality. Madison: The University of Wisconsin Press: 177.

② van Fraassen B C. 1980. The Scientific Image. Oxford, New York: Oxford University Press: 42.

3. 推崇极端的形式理性以拒斥形而上学是反实在论“语形学转向”的目的

反实在论者们之所以会将哲学研究的兴趣放在构造逻辑句法上，其动机在于：首先，形式演绎逻辑的概念，如可证明性和逻辑的独立性等，都是纯粹的句法概念，因此我们完全可以用逻辑句法来表述它们的定义。因为这些概念仅仅依据语句的形式，而不是依据语句的意义。其次，反实在论者们在考察了整个哲学史后发现，许多哲学争论实际上都涉及这样一个问题，即是否应当把一种特殊的语言当作譬如说数学的语言或科学的语言。例如，在关于数学基础的争论中，可以把直觉主义的观点理解为，它想以某种方法对数学语言的表达手段和推衍手段进行限制，而古典的观点则对语言没有这种限制。所以，反实在论者们想通过建立逻辑句法从句法中得到可以用来精确表达这类争论的概念手段，从而使得那些与逻辑或句法问题截然不同的传统的本体论问题，例如，关于“数的本质”的问题可以完全被取消掉。最后，他们试图要通过把逻辑分析运用于语形学中，以这种方法去分析语言的逻辑句法，从而用科学的逻辑代替传统哲学，换句话说，也就是通过对科学上的概念和语句的逻辑分析去代替传统哲学。可见，20 世纪的反实在论者们尤其是逻辑经验主义其根本目的就是要用逻辑符号来统一科学。而且，当我们用纯粹句法来表达逻辑命题并通过迂回的方式去构造理论模型时，常常会展示得极为简单。因为它告诉了我们理论模型的一致性、统一性和同晶性。正是在这个意义上，逻辑经验主义沿着实证主义和科学主义的传统，在经验基底上构造了一种纯粹的、形式化的、先验的理性标准，并在这种“形式理性”的旗帜下庄严地宣告了它的“哲学革命”，将形式理性推向了极端，使科学理性处于“至高无上”的地位。

总而言之，当代反实在论的“语形学转向”，是从关注本体论的古希腊哲学转向关注认识论的近代哲学之后宣称“认识论死亡”的又一次根本性的变革。这场运动对于整个哲学思维尤其是科学哲学而言，其意义是深远的。它在现代科学革命尤其是现代逻辑的影响下，把认识的基点定位于“逻辑 - 语形”的基础上，开始关注“语词 - 语词”之间、“符号 - 符号”之间的抽象关联、“语词 - 规则”之间的形式关联，这就为哲学研究提供了新的方向和新的起点。同时，语形分析方法也不可避免地成为 20 世纪反实在论的最重要、最广泛的方法论手段。更为重要的是，这场哲学革命不仅是单纯认知方式的革命，而且是思维领域内的根本性的变革。在它的直接影响下，语言哲学成为 20 世纪哲学研究的主流。

（二）当代反实在论“语形学转向”的内涵界定

当代反实在论“语形学转向”无疑为当代科学哲学甚至整个哲学提供了一个全新的分析方法。尽管语形问题早在亚里士多德的《工具论》中就曾经作为符号学的一个分支被提了出来并且随着哲学的发展而发展，但是，在新的形势下，其含义发生了根本性的变化。下文，我们将从“语形学转向”的基础、主题、内核和路径这四个方面来阐明当代反实在论语形分析方法的内涵。

1. 先天的逻辑形式和纯句法结构是反实在论“语形学转向”的前提和基础

从传统上说，语形学是卡尔纳普在其《语义学导论》中为了进一步区分语言的三个层面而首次明确提出的。在他看来，如果研究中明确涉及讲话者，或语言的使用者便是语用学领域。如果撇开语言的使用者，只分析语词与指涉物，就是在语义学的领域中。最后，如果把指涉物也撇开，而单纯分析语词之间、符号之间的关系，便是（逻辑）句法学或语形学的领域。卡尔纳普对指号学领域的划分被莫里斯（C. Morris）及其维也纳小组的成员们所继承并有所发展，就像莫里斯所说：“逻辑学家也以他们的特殊方式对人们了解指号作出了很大贡献。我们的理论也吸取了他们的成果，特别是吸取了卡尔纳普所作出的分析。”[①]所不同的是，莫里斯没有像他一样将其纳入逻辑运算当中。具体地讲，在莫里斯看来，语用学研究的是“指号和解释者之间的关系”，语义学研究“指号和其所指示的对象之间的关系”，而语形学研究的则是“指号相互之间的形式关系”。后来，为了将这三者纳入行为主义的符号理论，他又做了修正，即语用学作为符号学的组成部分，并且根据产生符号的行为来研究符号的来源、使用及其效果；语义学则研究不同指示方式中的符号含义；语形学只研究指号的种种联合以及表达的形式功能，而不考虑这些联合的意谓，也不考虑这些联合和它们在其中出现的那种行为之间的关系。显然，无论在卡尔纳普那里还是在其后继者那里，语形学都只是关于纯形式、纯句法结构和纯逻辑规则的语言分析方法，它不涉及除现代逻辑这一专门技术以外的任何经验性的东西。换句话说，如果我们抽去了语言的指称而只分析其表达的关系，那就属于语形学的范围。因此，所谓语言的语形学或语言的逻辑句法，实际上就是指一种关于语言的形式理论，它研究语言中的逻辑规则、定义等，它丝毫不涉及词或语句的意义，而仅仅研

---

① ［美］莫里斯．1989．指号、语言和行为．罗兰，周易译．上海：上海人民出版社：1.

究语言由以组成的那些符号的种类和顺序。在他们看来，要进行科学研究，首先就要对语词、对语句的纯逻辑形式和句法结构进行分析和说明，也就是说，“科学只探讨对象的结构性”[①]。这一论点意味着，科学命题只讲纯形式，而不讲这种形式的成分及其关系是什么，而恰恰是这种纯形式和句法结构构成了语形学的载体。换句话说，没有这种逻辑形式和纯句法结构，就没有语形学，语形学正是依赖于逻辑形式和句法结构而存在并且发挥着其分析的方法论功能的。

2. 先验性是反实在论“语形学转向”的主题

“先验的”（transcendental）与“先天的”（a priori）这两个概念是康德先验哲学的核心概念。在康德看来，所谓“‘先验的’一词并非意味着我们的认识与事物的关系，而是意味着我们的认识与认识能力之间的关系”[②]，换句话说，“并非所有的先天的认识都可以称为是先验的。只有当某种表象（直观或概念）作先天的使用或者先天的可能的，以及如何可能的之事为我们所认识，这样一种先天的认识方可称为是先验的。由此可见，空间和时间的先天的几何学规定都不能说是先验的表象，而唯有关于这些表象根本不具有经验性的起源的知识，和它们尽管如此依然能够先天地与经验的对象发生关系的可能性，才可以叫做先验的”[③]。显然，在康德那里，所谓“先验”一词并不是指什么超出一切经验之外的东西，而是指虽然是先于经验的（先天的），却仅仅是使经验知识成为可能的前提条件。如果这些概念越出经验的范围，它们的使用就叫超越的使用，这当然有别于内在的使用，即有别于限于经验范围内的使用。可见，“先验”是关于“先天”的概念或其他一切东西的用法的概念。它在经验范围内使用就是“先验的”，而如果超出经验范围则又成为“超验的”。对于20世纪的反实在论者而言，康德在19世纪所提出的先天综合知识一直是他们所反对并且想要解决的首要问题。但是，到目前为止，他们都没有得出满意的答案，而且，他们甚至还是在康德的意义上来使用“先验”这个概念的。于是，“先验性”就不可避免地成为其哲学尤其是语形学研究的主要方面，这一点无论是在其先驱维特根斯坦还是在其重要代表人物那里都明确地体现出来。维特根斯坦在其哲学研究中，将对先验性的分析看作是“哲学语法的主题”并在这方面做了大量的工作；而作为反实在论重要代表人物的卡尔纳普，也同样延续了维特根斯坦对康德先

① [美]莫里斯．1989．指号、语言和行为．罗兰，周易译．上海：上海人民出版社：262.

② 康德．1982．未来形而上学导论．北京：商务印书馆：57.

③ Kant I．1929．Critique of Pure Reason． Translated by Smith N K. London：Macmillan and Co. Limited，St．：96.

验性的分析，并把它作为自己的科学和哲学研究，特别是逻辑句法研究的重要课题，从而使语形学体现出鲜明的先验特性。

可以说，逻辑经验主义者所建立的语形学这一语言分析方法不是根据常识进行的经验的、思辨的分析。相反，它是根据一种崭新的、科学的、系统的、必然的、带有先天性的纯粹逻辑方法在经验基底上所进行的分析，它仅仅强调分析的规范性和表达上的可接受性，因此只要求形式上符合逻辑。这样一来，它就不仅为我们展现了一种经验基底上的先验的方法论框架和崭新的思维方式，还使我们有可能对形而上学的有效性和合理性问题提出新的、更明确的回答，而且同时克服了科学解释的非精确性和经验范围内不可能直观的两重局限性，从而提供了理解和解释的可能性，保障了科学理论的一致性和可证实性，解决了科学知识的客观有效性问题。

3. 还原性是当代反实在论“语形学转向”的内核

众所周知，还原论（reductionism）是逻辑经验主义重要的经验检验特征之一，也是后来被奎因称之为经验主义的第二个“教条”的东西。在逻辑经验主义者看来，要想认识世界，就必须构造一个语言的符号系统。这个符号系统必须满足如下要求，即必须证明一切对象都可以还原为基本对象。这也就是说，要构造一个理想的人工语言系统，就必须证明关于其他对象的语句都可以转换为仅仅含有基本对象的名字和逻辑符号的语句，即把一切科学命题都还原为直接经验现象的基本命题，把现象都还原为物理语言。一个构造的符号系统，其价值完全取决于这种还原的纯粹性，正如一种理论的公理化表述的价值完全取决于从公理到定理的推导的纯粹性一样。那么，怎样才能保证这种还原的纯粹性呢？就是使用一种适当的符号系统。而这个符号系统就是理想的人工语言系统。因为，如果我们使用的是一种不具有特殊符号系统的文字语言，即自然语言的话，那么，只有当这种文字语言仅仅表达“逻辑斯蒂”即“现代数理逻辑的逻辑分析方法”特别是关系理论的概念系统时，才能保证这种还原的纯粹性。也就是说，只有当这个语言符号系统摆脱任何可能会渗入的外来的概念因素时，才能保证这种还原的纯粹性。但事实上，这样一种仅仅涉及“现代数理逻辑的逻辑分析方法”且不涉及任何可能会渗入的外来的概念因素的自然语言文字系统并不存在。而仅仅涉及“现代数理逻辑的逻辑分析方法”的语言系统就相当于一个理想化的人工语言系统，即符合逻辑句法规则的符号系统。因为这一系统不仅是“纯粹的”，而且在逻辑经验主义者看来形式上也是完满无缺的。显然，在逻辑经验主义者那里，一方面，还原性是逻辑句法分析得以可能的条件和保证；另一方面，逻辑句法分析又反过来成为还原纯粹性的条件和保证。二者互为条件，互为双方得以可能的保证。正是在这个意义上，我们说经验主义的还原性这一特征构成了“语形学转向”内核。可以说，逻辑经验主义者的许多理论，如卡尔纳普的构成论（constitutionism）和物理主义都是以还原论为理论基础和保证的。确切地说，没有还原就没有逻辑经验主义，也就没有“语形学的转向”。因为，在他们看来，一个哲学问题之所以成为真正的哲学问题，原因就在于可以通过逻辑句法的分析把它还原为逻辑问题。

4. 演算是当代反实在论“语形学转向”的具体表现形式

20 世纪初的反实在论者们为了去除自然语言的模糊性和歧义性进而追求语言的精确性以最终消解传统哲学中的难题，将语形学仅仅限定于数学层面上自然数的基本算术演算。其中坚持这一观点的主要有建构主义、有限主义，以及以彭加勒、布鲁威尔（Brouwer）、威尔（Weyl）、海汀和贝克尔（Becker）等为代表的直觉主义与考夫曼、维特根斯坦以及以卡尔纳普等为代表的逻辑经验主义者。在他们看来，语形学只涉及具有演算属性的部分语言，即语形学仅仅被限定在语言的纯形式方面。而且，这种语形学只有精确的数学功能在发挥作用，换句话说，如果按照一种固定的方法用有限的演算步骤，那么我们就能够得出，对于任何数字而言它都是否具有精确的数学功能。这样一来，我们所涉及的问题就完全能够通过构造一个演算被准确地公式化，而且，所有非形式化争论就或多或少地被看作仅仅是这一构造的模糊的预设。同时，一旦我们意识到所有命题与条件也都是与演算的形式密切联系的，那么，问题就将不会以下列形式提出来，例如：“这个或那个是什么或怎样的？”相反，我们将会问道：“我们在构造的语言中将以怎样的方式安排这个或那个？”或者从理论立场上，我们会问：“如果我们以这种或那种方式构造语言的话，那么会产生什么结果？”这样一来，原来的问话所带来的太多的争论和歧义进而产生的教条的态度就会消失。显然，在这里，演算作为语形学的具体表现形式为我们准确无误地分析语言奠定了基础。

5. 从现象主义走向物理主义是当代反实在论“语形学转向”的路径

作为 20 世纪反实在论的重要代表人物，卡尔纳普和纽拉特（Otto Neurath）等人一开始就遵循了老实证主义的基本哲学倾向，举起反对形而上学的大旗，否认一切超具体、超经验的东西，认为一切科学的命题都可以彻底还原为直接描绘经验现象的基本命题，并以此作为区分科学与形而上学的基本标准。他们毫不犹豫地将讨论普遍性问题的形而上学视为无意义的假问题，而涤荡出哲学的领域。这时，他们基本上采纳的是极端现象主义的立场。在现象主义的语词中，“感觉材料”（sense data）这个词具有重要的意义。所谓感觉材料，是指呈现在人们的感觉中的事物及其性质，它们与直接的感觉经验密切相关，因此亦称“现象”。例如，在“目前我的视野里有一个红色的三角形”这个语句中，处于某人视野中的那个红色三角形就是感觉材料。现象主义者认为，感觉材料是最简单并且是人们知道得最确切的对象，因而也是唯一真实的对象，其他一切东西如物理对象都是基于感觉材料之上的逻辑构造，关于物理对象的陈述之意义应完全归结为关于感觉材料的陈述，其他一切词汇都必须通过指称感觉材料的基本词汇来定义。于是，关于感觉材料亦即直接经验的知识就成为整个知识体系的坚实基础。正是在这个意义上，反实在论者认为哲学的任务就在于把一切知识都归结到一种可靠的基础上，既然直接给予的知识是最可靠的知识，而关于物质事物的知识是派生的和不大可靠的知识，那么，由此看来哲学家就应当采用那种把感觉材料当作基础的语言。这样一来，他们也就不可避免地选择了现象主义的语言，即那种以关于感觉材料的语句为出发点的语言。正像卡尔纳普所说：“现象主义的语言是最适合于用来对知识做哲学分析的语言。”①然而，这种以还原论和证实论为依据的论点，在逻辑实证主义理论的自身发展过程中，就已经破绽百出，难以自圆其说。在科学哲学阵营中，证实理论和还原论都遭受到不同程度的动摇，同样这也危及与它们密切相关的现象主义立场。正像奎因所批判的那样：“要把关于物理对象的每个语句不论通过多么迂回复杂的方式实际上翻译为现象主义语言，这是不可能的。”②于是，到了20世纪30年代，卡尔纳普和纽拉特等就开始抛弃现象主义而转向物理主义，而他们的哲学目的也由选择现象主义语言转而青睐采用物理主义的语言。

物理语言是物理主义的核心概念，它是指人们在日常生活中或者在物理学中关于物理事件所使用的语言。由于可以把物理事件表述为处于一定时空坐标中的事件，因此也可以把物理语言看作是对于物理事件的时空描述。所谓物理主义，就是主张把物理语言当作科学的通用的普遍语言，认为作为各门科学基础的不是由个人直接的感觉经验证实的原子命题，而是用一切人都能理解的、

① [德]卡尔纳普．1985．卡尔纳普思想自述．陈晓山，涂敏译．上海：上海译文出版社：79.

② 转引自 Whitehead A N．1929．Process and Reality-An Essay in Cosmology．Cambridge：Cambridge University Press：9.

具有主体间性的物理语言表述的命题；各个专门学科的语言都可以在保存原义的条件下翻译成物理语言，后者对于表述所有的自然科学命题都是充分完备的；而且，就所有的自然规律都是物理规律的逻辑推论这一点而言，各门自然科学是一个统一的整体。具体地讲，卡尔纳普和纽拉特等的物理主义语言指的是关于事物的语言，它谈论的是物质的事物，它把可观察特性归诸于物质的事物本身，例如，“这件东西是黑色的和沉重的”。他们试图要用物理语言代替感觉语言，从而说明科学的统一基础在于物理语言所指称的物理对象。换句话说，他们是试图在物理主义的基础上构造出一种完整的、包罗一切知识的语言。卡尔纳普说过：“物理主义以及语言统一和科学的统一这一论题与一元论、二元论或多元论等任何论题毫无关系。我提及对象的一致性仅仅是对于通常的说话方式的让步。正确地说来，我不应谈对象而只应谈名词，因而我的话就变成：科学的各个分支的名词都是逻辑地一致的。”[①]在这里，我们可以清楚地看到，卡尔纳普和纽拉特等的物理主义不仅避开存在和共相等本体论问题，而且也把物理对象视为一种语言问题而非对象问题，因此它事实上仍与唯名论联系在一起。

但是，这里似乎存在一个问题，即如果采用物理主义的语言，那么，在这种语言的基础上，我们就不可能对心理学的概念做出表述。反实在论者们对这个问题做出了解释，即如何根据他人身体上的可观察行为来构造他人的心理概念这个问题。在他们看来，那种基于事物语言的词语来给心理学词语下定义的论断就必须弱化为可还原性的论断。例如，当我们说“A先生现在很激动”时，这个语句指的是A先生身体的物理微观状态。另外，在对那个语句进行物理主义的翻译时，并不采用微观的词语来说明身体的状况。这也就是说，既不采用关于原子的物理学微观词汇，也不采用关于中枢神经系统细胞的生理学微观词汇。而仅仅是依据可能的结果，即那些可以被看作是这种状态征兆的结果来表示这种状态的特征。在这里，反实在论者对微观状态与用某些可观察的反应去反映某种外在刺激这种倾向之间的区别，做出了更加透彻的说明。而且，当我们用物理主义语言进行科学解释时，我们也并不必完全求助于逻辑实证主义早期所推崇的“理性重构式”的还原论纲领，这主要是由于，在卡尔纳普看来，物理主义语言的最重要的优点之一，就在于这种语言具有主体间的交流性，也就是说，它原则上能够使所有使用这种语言的人都观察到为这种语言所描述的事件。正是这种物理主义语言所具有的主体间性为20世纪反实在论的“语形学

① 卡尔纳普．1962．哲学和逻辑句法．傅季重译．上海：上海人民出版社：57．

转向”提供了可能性和现实性。

不言而喻，当代反实在论的“语形学转向”从其基础、主题、内核和路径等四个方面展现了其深刻的内涵。同时，它也以其独特的风格显示出其所特有的本质特征。

（三）当代反实在论“语形学转向”的本质特征

20世纪上半叶，当“认识论的转向”被“语言学的转向”所取代的同时，语形学便不可逆转地成为当代反实在论的极其重要的方法论基础。它作为20世纪初的一种重要的方法论手段，为科学哲学的发展提供了丰富的思路，并在一定程度上达到了其原来所期望的目的。从本质上讲，当代反实在论“语形学的转向”是在新的基点上探索哲学存在新方式的哥白尼式的革命。它试图通过以严密的一阶逻辑为基底的逻辑句法分析去反叛传统形而上学，强化纯粹逻辑句法之间的内在关联，从而进一步达到其统一科学的目的。其特征主要表现为以下几个方面。

1. 主体间性（inter-subjectivity）是反实在论“语形学转向”的重要特征之一

随着20世纪初发生的又一次根本性的转向的到来，传达问题成了当代哲学研究的中心，这是因为，如果人们只想着自己具有关于某物的思想，这成不了科学，只有当这种思想成为可交流的，即可以理解、讨论、争辩时，科学才能发生。换句话说，主体间性，或主体间的可交流性、可理解性，取代了人的认识能力、来源及界限，成了哲学的中心话题。具体而言，20世纪初的反实在论者在试图寻找作为统一的、可靠的科学基础的科学语言方面时，曾经主张以关于感觉材料的语言即现象主义语言为基础，如“我的眼前有一个红色的三角形”。但是，当他们用这种语言对科学理论进行构造、解释和评价时，他们认识到这种语言有一个很大的缺陷，即感觉材料是私有的，具有主观性和不可交流性，在这种语言上面很难达到言语共同体内所有成员的相互一致，从而会使人陷入语言唯我论的境地。而传统哲学派别之间的争论就是建立在这种主观性和不可交流性的语言唯我论基础之上的。在不同的传统哲学派别进行辩论时，他们往往从本身就互相矛盾的目的出发，甚至他们还缺乏一个对争论本身做出判断的公认的标准，因此，他们之间似乎根本没有相互了解的可能性，更不用说取得什么一致的意见。于是，20世纪的反实在论者们转而提出用物理语言取代现象主义语言。即用可以把某些可观察的特性归之于物质事物的语言来替代以感觉材料为对象的语言，如“这个三角形是红色的”。这种语言的最大特点就是，它具有“主体间性”，也就是说，用这种语言描述的事件从原则上说是能够被使用这种语言的人所观察到的。因为，在他们看来，科学是由许多有效的并可以为大家所理解的句子构成的，而一切专门科学的语言包括心理语言都可以在保持原意的条件下翻译成物理语言，一切专门的科学命题都可以转化为相应的物理命题，而且，物理对象又是外在的、客观的。正像逻辑经验主义的代表人物卡尔纳普所说：“每一心理句子都能用物理语言来表达。……所有的心理句子都描述物理事件，即人和其他动物的物理行为。……物理语言是普遍的和主体间的。”[①]正是在这个意义上，反实在论者们找到了一种普遍的、精确的、可交流的语言，即物理语言，从而使科学的统一成为可能。

显然，20世纪的反实在论者们以主体间性超越传统认识论中的主客体之间的对立以及主体性经验，扬弃而并非抛弃主体性并使之在主体交往互动中，去把握主体和主体意识，并从思维方式上，用“主体间的对话”超越并代替以往的“主客二分模式”，为语言交流的可能性提供了广阔的空间，从而使人们在认识和行为中，在处理人与自然、人与社会、人与人的关系时，突出主体与主体进行对话和交流的内在要求，使哲学的对象从单纯的客体延伸到了主体的领域，最终获得了先验和经验的双重意义和价值。当然，需要明确指出的是，“主体间性”并非可以标志哲学形态，它仅仅是一个概念性的东西；而且它在现代西方哲学中的人本主义和科学主义两大阵营中意义也不同，在前者，主体间性代表了哲学的实质和精神，是方法和内容的统一；在后者，主要是指一种思维方法。

2. 精确性是元语言或元理论作为语形学研究的对象，具有较对象语言更为精确的特性

卡尔纳普等所建立的语言的逻辑句法是一种语言表述结构的纯分析理论，也就是一种语言的元逻辑。在这种元逻辑中，存在着两种语言：一种是作为研究对象的语言，也叫做“对象语言”；另一种是用以表述对象语言的理论，即表述元逻辑的那种语言，也就是卡尔纳普等称之为“元语言”或句法语言的那种语言。卡尔纳普之所以要强调上述两种语言之间的区别，其目的在于要使元语言变得更加精确，以便在元语言之内为元逻辑构造一个精确的概念系统，即构造一种关于语言形式的一般理论。后来，为了与语言学中的句法相区别，他

① 洪谦．1984．逻辑经验主义．北京：商务印书馆：475-476．

们用“逻辑句法”这个词取代了“元逻辑”。在这里，卡尔纳普等是从严格限制的意义上来理解语言的逻辑句法的，即认为它仅仅讨论语言表述的形式，而这种形式是以说明那些在语言表述中出现的种种符号以及这些符号出现的顺序为特征的。在逻辑句法中根本不涉及这些符号和表述的意义，换句话说，把逻辑推理的规则公式化时无需对意义有所指谓。由于只涉及表述的逻辑结构，因此，句法语言，即那种用于表述逻辑句法的元语言，仅仅包含逻辑常项，这就为避免语言和认识的非精确性提供了可能。

3. 经验意义与先验意义的两重性是语形学的表现形式

当代反实在论者引入了经验主义的认识论路线并以此为基底与原有的纯先验的方法论路线相结合，开辟了反实在论语形学研究的新维度。具体地讲，就是将先验的逻辑与经验的证实性统一起来，从而避免了二者相分离的片面性。反实在论的思想先驱弗雷格就曾深刻地认识到：“在整个知识的体系中，逻辑与数学的任务就在于提供概念、陈述和推理形式，这些形式可以使用于任何一个领域和学科，因而也必然使用于非逻辑的知识。从上述观点又可以得出以下结论：只有密切地注意逻辑和数学在非逻辑领域中、特别是经验学科中的应用，才能够透彻地理解逻辑与数学的性质。”① 正是基于弗雷格的这一主张，20 世纪的反实在论者们创造性地提出了应用与量化相结合的自然命题系统，从而将经验与先验相结合，为反实在论语形学的发展提供了契机。同时，逻辑经验主义者坚持实证主义的基本立场，把经验的可证实性作为判断一个命题是否有意义的标准。在他们看来，一个命题是否有意义，就在于能否用经验证实的方法确定其真假，即一个命题的意义，就是证实它的方法。而经验上的可证实性与逻辑上的可能性，即命题符合逻辑句法规则，是完全一致的。一个命题如果在经验上是可证实的，必然在逻辑上是可能的，反之亦然。因此，通过逻辑分析便可以确定一个命题是否是有意义的。换句话说，逻辑的纯形式性与意义的经验性是一致的，而二者结合的最终目的就是要在科学理性的重建中，构造逻辑的经验意义。

总而言之，20 世纪反实在论的语形学，它一方面以其精确的句法形式告诉我们，任何一种表述的句法都是先天确定了的，也就是说，任何一种表述所确定的仅仅是符号的序列和顺序，而并不是诸如位置、颜色等此类的句法条件，

---

① ［美］鲁道夫 • 卡尔纳普. 1985. 卡尔纳普思想自述. 陈晓山，涂敏译. 上海：上海译文出版社：17-18.

从而使人的思维近乎于程式化，不容置疑地对人造成了最大的危害。但另一方面，它又以其不同于传统形而上学的逻辑句法分析的方法论策略给人类以巨大的启示。因此，任何一种全面否定其重要意义的做法都是片面的。

无论如何，20 世纪反实在论的语形学不管它现在遭受到多么激烈的批判，也不论它的理论本身具有怎样的缺陷，但是我们不可否认的是，它在当时曾经起到多么巨大的作用。它不仅为我们提供了一种崭新的思维方式，使我们能够对古希腊以来的整个哲学史进行重新审视，而且它还展示了一种全新的语言分析方法，为我们能够更精确地进行科学分析提供了广阔的空间和无限的可能性。因此，对 20 世纪反实在论的语形学进行重估和评价具有重要的理论意义和实践意义。

二、当代反实在论语形分析方法的转变

当 20 世纪初兴起的“语言学转向”发展到后期时，这一运动发生了根本性的转变。具体而言，后期的“语言学转向”主要是打破了以往传统逻辑独立于经验之外的先天模式，突破了语形学仅仅关注语词与语词、语句与语句之间的单纯逻辑关系的做法，把逻辑与语言、形式句法的规范性同经验性联系起来，将科学哲学研究引向经验基底的句法层面，进而走向形式化的语义学层面。这样一来，反实在论者们就既可以排除传统经验主义对理论概念的“自然定义”，否定通过朴素的因果性“自然处理”以形成思想之间的联系，从而通过创造一种理想的人工构造的符号语言，并运用逻辑演算尤其是谓词演算所确定的方法论原则把理论命题的逻辑综合归诸于严格的演绎系统，通过逻辑的功能去建构语词与对象之间的内在关联，来消除自然语言的模糊性和歧义性，以治疗各种哲学病，最终达到科学的统一；同时又避免了将语言分析仅仅局限于先天的纯逻辑句法层面而造成的极端性和片面性。正是在这一目标任务的推动下，20 世纪的反实在论者们开始反思他们所推崇的语形分析方法，并在此基础上实现了其语形分析方法的转变。这一转变作为当代反实在论的又一次革命性的运动，对于其以后的发展都无疑起到了启迪性的作用。

（一）当代反实在论语形分析方法转变的可能性

随着语形分析的不断深入展开，反实在论者们越来越清晰地发现，语形分析自身面临着不可避免的困难，越来越显示出其不足与缺陷。正是这些不足和缺陷为当代反实在论语形分析方法发生转变提供了契机。

1. 演绎逻辑的非历时性是当代反实在论语形分析方法转变的前提

现代符号逻辑的创立，曾经的确为反实在论的先驱及其反实在论者们提供了重要的方法论依据。例如，维特根斯坦在其《逻辑哲学论》中，就曾清楚地指出科学的逻辑或哲学与句法之间的密切关联。在那里，他一再强调逻辑的形式本性，并强调句法的规则和依据与符号本身的意义是毫无关系的。而且，所谓的形而上学的语句以及伦理学的语句都只不过是假句子。在他看来，哲学无非就是“语言批判”，其任务也仅仅是“思想的逻辑澄清”。在这里，所谓的逻辑仅仅指的是演绎逻辑，而不涉及任何其他有关丝毫非确定性的、非形式化的东西。又如，反实在论的重要代表人物卡尔纳普也曾主张，为了达到清楚的目的，我们最好用纯粹形式的方式。但是，作为语形学前提和基础的演绎逻辑，其特征是共时性的而非历时性的，是分析的而非综合的，是抽象的而非具体的。这就使得在对科学理论进行逻辑分析时，我们只能静态地考察科学的逻辑结构，而脱离科学发展的历史，脱离科学所处的社会结构与文化背景，忽视心理因素对科学的影响。事实上，科学理论的构造、解释和评价不仅仅是一个静态的逻辑结构，而且更是一个动态的发展过程，这个过程不仅涉及演绎逻辑系统，而且还涉及心理的、历史的、社会的等各个层面。换句话说，科学语言仅仅揭示科学论述的纯逻辑形式，这是远远不够的。真正的科学语言既要反映形式体系内的符号与符号之间的关系，也应反映符号与指示对象的关系，科学理论的建构并非完全是形式的，因此，科学语言应该是形式与内容的统一。随着哲学的不断发展以及现代逻辑的不断完善，20 世纪的反实在论者们越来越清晰地认识到现代符号逻辑在语言分析中的局限性和片面性，同时，意义研究的重要性也越来越显示出其突出的地位。因此，他们认为，只有将现代符号逻辑的精确性、自洽性和规范性与自然语言本身所具有的灵活性、互动性紧密地结合在一起，才能消除传统语形学的难题。于是，他们创造性地将大量经验的、心理的、历史的、归纳的甚至概率的东西引入传统语形学，为实现语形分析方法的转变奠定了丰富而坚实的理论基底，从而为逻辑－语形分析走向形式化语义分析或抽象语义分析开辟了道路。

2. 语形分析方法自身策略上的失败是反实在论语形分析方法转变的直接原因

众所周知，在语形分析这一问题上，当代反实在论者从一开始就采取了具有其鲜明反实在论特征的策略，坚决主张约定论或构造论的观点。在他们看来，逻辑真理的必然性并不是由独立自存的实在外加给我们的，而是来自我们构造并且使用我们自己的语言的方式。换句话说，一个命题是必然的，因为我们已经约定将不再把它视为假的，并且已把此种意义赋予它。更明确地说，逻辑真理的必然性来自我们所接受语形规则和语义规则的约定和我们所遵守的规则，并且最终可以化归于这些约定和规则。

具体而言，反实在论的重要代表人物卡尔纳普在探讨语言分析方法时，为了说明逻辑和数学命题的认识价值，并把逻辑 - 数学命题与形而上学命题区别开来，首先将兴趣放在了语形学上。他明确指出："我的兴趣主要不在于用语言描述事实的方面，而在于对语言进行理论的构造和使之系统化方面。"① 在他看来，构造系统的基本语言就依赖于逻辑斯蒂的符号语言。而且也只有这种语言才能够为构造系统理论和科学语言提供真正精确的表达式。至于其他几种语言如自然语言等只能用作简便的辅助语言。这几种语言仅仅起到翻译逻辑斯蒂语言的功用。因此，逻辑斯蒂的符号语言是构造系统的真正的语言。可见，科学理论和科学语言是通过理想的人工语言或逻辑斯蒂的符号语言构造出来并且可以还原为基本的逻辑规则的。正像他所说的："……我们的任务是对语言形式作出设计。所谓设计意思是指对一个系统的总体结构进行考察，以及在这个系统的不同点上用这样一种方式在各种不同的可能性之间进行选择（从理论上说，这些可能性是无限多的），以便使各种不同的特征相互适应，并且使所得出的整个语言系统符合于某种特定的需要。"② 正是这构造、设计和还原体现了科学理论及其形式和规则的约定性。因此，在这个意义上，逻辑是一种发明而非一种发现。

但是，作为一个彻底的逻辑经验主义者，仅仅说明了逻辑和数学命题的认识价值，并把逻辑 - 数学命题与形而上学命题区别开来是不够的，因为他还必须考虑到其经验论立场。因此，为了能够坚持彻底的经验论立场，而同时又能将形而上学命题排除在科学命题之外，卡尔纳普等在莱布尼茨、休谟以及康德等对分析陈述和综合陈述区分的基础上进一步对这两种陈述做了二元区分。他们进一步将分析陈述划分为两种类型，即狭义的逻辑真理与广义的分析真理。前者如斐多或者是黑的或者并非是黑的；后者如每一个单身汉都是未婚的。前者依据其中所含逻辑常项"或者""并非"的意义而真，后者则依据其中所含描述词项"单身汉""未婚的"的意义为真。但是，问题在于，我们是根据什么将

① [德]卡尔那普. 1985. 卡尔那普思想自述. 陈晓山，涂敏译. 上海：上海译文出版社：108.
② [德]卡尔那普. 1985. 卡尔那普思想自述. 陈晓山，涂敏译. 上海：上海译文出版社：109.

狭义的逻辑真理与广义的逻辑真理区分开的呢？ 前者是根据逻辑常项“或者”“并非”在其中出现的语言的语形规则而判定为真，在这个意义上，它是永真的逻辑命题，即在所有可能世界或状态描述下都为真。也就是说，在第一种情况下，只要语句符合语形的形式规则而不管其与事实是否相符，语句都为逻辑真。在这里，语句的真假是由语形规则所决定的而不涉及语句的语词含义。后者则是根据支配着描述词项“单身汉”“未婚的”的“意义公设”或“约定”而判定其为真。但是，如果我们将描述词项设定为另外的含义，也就是说，如果我们根据另外一些关于描述词项的约定，赋予“单身汉”“未婚的”以另外一些含义的话，那么，第二个语句就不一定为真，因而就不是必然的，也就不是分析真理。可见，一个科学陈述或科学语句是否为分析真理完全取决于我们对于语言的构造和使用的方式，完全取决于我们所接受的语形、语义规则或约定。

显然，反实在论的约定论的逻辑分析策略一方面使得经验论立场得以坚持，而另一方面也为能够澄清逻辑问题，将形而上学命题与科学命题区分开来提供了方法论依据。而且，更为重要的是，这一策略在一定程度上将哲学家们对本体论的追问暂时悬搁了起来，从而避免了科学哲学家们在本体论上的无限后退和还原。但是，尽管反实在论的约定论在澄清哲学问题方面起到一定的作用，但是，它并非是完美的。从这一理论提出之日起，就遭到了来自各个方面的诘难和挑战。

反实在论的约定论首先面临着来自其理论内部的责难。这一责难主要是来自逻辑经验主义另一个重要代表人物之一艾耶尔。在他看来，卡尔纳普等的语言约定论的前提是对我们的语形学和语义学这两种说话方式做出区分并忽视语义学进而又将语形学涵盖了形式语义学。但是，在艾耶尔看来，“使句法学行使语义学的职务”在原则上是不可能的。这主要是因为，我们不仅能构成“冒充句法句子”的形而上学句子，同时也能构成“冒充客体句子”的非形而上学句子。因此，仅仅根据卡尔纳普的两种说话方式的区分是无法对科学命题与形而上学命题做出判断的。当然艾耶尔本人并没有完全否定语形学和语义学这两种语言的说话模型的可取之处。他只是批评卡尔纳普等仅仅把哲学命题或科学命题看作是关于语形或句法的命题，仅仅把命题的意义看作是其形式结构和语言体系，却没有认识到命题的意义实质上就在于其用途这一点。而且在卡尔纳普等关于两种说话模型的例子中也没有找到任何关于“语言用途的痕迹”。因此，艾耶尔批评卡尔纳普“实际上非法地将语义学偷运到句法学中去了”。尽管卡尔纳普本人后来也意识到了他的这一缺陷，并在其思想自述中指出了这一点，但是他始终还是没有弥补这一不足。

显然，艾耶尔对语形约定论的责难表明，反实在论已经认识到，科学命题的意义不仅仅在于其所构造、设计和使用语言的形式化结构体系，更重要的还在于其语言的具体使用。

反实在论关于语形分析的约定论除了遭到来自自身内部的诘难之外，同时也面临着其外部尤其是科学实在论者们对它的非难。这一非难主要是由奎因、塔斯基、普赖尔（A. N. Prior）等发起的。他们站在科学实在论的立场上对约定论进行了系统批判。

首先，在奎因等看来，约定论并不能真正将分析命题和综合命题或者说逻辑真理和经验真理区别开来。这是因为，按照反实在论的约定论，我们在构造系统或在分析命题时，只能采取公理化、形式化的方案。具体而言就是，先确定一些最基本的词项，即一些不能归约为逻辑的最初始的符号或逻辑常项，通过语形、语义规则或语义约定定义派生出其他词项，然后选取与基本词项相关的基本命题，通过逻辑演绎得到其他分析命题或逻辑真理。例如，在命题逻辑范围内，如果我们选定“—”“→”为初始词项，并做出关于这两个词项的下面四个约定：

C_1：$(p\rightarrow q)\rightarrow(q\rightarrow r)\rightarrow(p\rightarrow r)$的所有替换例为真；

C_2：$p\rightarrow(—p\rightarrow q)$的所有替换例为真；

C_3：$(—p\rightarrow p)\rightarrow p$的所有替换例为真；

C_4：若以真命题分别替换$p\rightarrow q$和p，则得到的也是一真命题。

由此我们确实可以得到命题逻辑的全部真命题。显然，在这个推衍过程中，我们看到，尽管我们只是将少量描述规则即“语形规则”与“语义规则”或“意义公设”设定为初始规则，而其他逻辑规则（定理或有效式）则只能从这些初始规则推演出来。但是，如果在此基础上，再加进一些关于谓词逻辑和等词逻辑的约定，从这些约定就可以产生出全部逻辑真命题。换句话说，如果我们在逻辑约定的基础上进一步作出约定，就可以产生出全部真命题，而这些真命题既包括分析命题或逻辑真理也包括综合命题或事实真理。因此，奎因指出，上述方案同样适用于数学以至任何其他科学。因为我们只要在某门科学内部进行归约，挑选出一些不能归约为逻辑的基本词项做初始词项，然后在逻辑约定的基础上，进一步做出有关约定，赋予这些词项以通常的意义，那么这门科学的全部真命题原则上就都可以从这些约定加逻辑约定的基础上产生出来。因此，科学的任一门类或者全体，其所接受为真的命题都可以看作依约定为真的。这样一来，按照反实在论的约定论，并不能真正将分析命题和综合命题或者说逻辑真理和经验真理区别开来。

其次，反实在论的约定论容易使逻辑推演陷入无限循环论证或无穷倒退。这是因为，任何约定包括最基本的初始规则的约定，事实上都必须符合相关词项的日常用法，也就是说都需要给予某种辩护和说明，而这种辩护和说明又常常需要归诸于另外的约定。这样一来，反实在论的约定论便不可避免地陷入了无限循环论证或无穷倒退中。奎因举例说明了这一点。假如用 p 代表“时间是金钱”，则语句“如果时间是金钱那么时间是金钱”可以表示为“$p \to p$”，它从前述四个约定推导出来的过程如下：

（1）$p \to (—p \to p)$　（C_3）

（2）$(—p \to p) \to P$　（C_2）

（3）$(p \to (—p \to p)) \to (((—p \to p) \to p) \to (p \to p))$　（C_1）

（4）$((—p \to p) \to p) \to (p \to p)$　将 C_4 用于（1）和（3）

（5）$p \to p$　将 C_4 用于（2）和（4）

奎因进一步论证说，从（1）和（3）是这样推出（4）的：

（6）在“$p \to q$”中，如果用真命题（1）替换其中的 p 使得以（4）替换其中的 q 得到一真命题，则（4）是真命题；

（7）上述的（1）和（3）是真命题，并且（3）就是经上述替换后的 $p \to q$；所以，

（8）上述的（4）是真命题。

奎因承认，（6）～（8）确实是一个逻辑上的有效的推理。但是，既然我们现在的任务是从约定中产生出逻辑真理，因此这一逻辑有效的推理也必须在约定的基础上重构出来，而说明（6）～（8）推理有效性的推理，其形式与（6）～（8）是相同的，而这就导致循环论证或无穷倒退。正像奎因所说：“如果逻辑间接地产生于约定，那么从约定推出逻辑时就需要逻辑。”①

在奎因之后，普赖尔于 1960 年在其著名论文《循环推理标记》一书中，用一个反例对反实在论的逻辑约定论提出了质疑。他引入了一个新联结词 tonk，这一联结词服从下述两个推衍规则：

tonk——引入　　　　tonk——消去

$$\frac{A}{A \text{ tonk } B} \qquad\qquad \frac{A \text{ tonk } B}{B}$$

① Quine W V. 1976. The Ways of Paradox and Other Essays. Cambridge: Harvard University Press: 104.

由这些规则可以证明，任意语句 B 可以从任意语句 A 推出，其过程如下：

（1）A	前提
（2）A tonk B	（1）tonk 引入
（3）B	（2）tonk 消去

这就等于证明：任意两个语句相互等价，或者任意两个语句可以互推。

显然，包含有关 tonk 的上述两个规则的系统是不一致的。普赖尔由此得出结论：命题联结词的意义并不仅仅在于根据推衍规则或公理或其真值条件对它们的定义，因为由这些定义完全可能导致矛盾。因此，“一个表达式，在我们能够发现包含它的推理是否有效之前，必定已经具有确定的意义”。由此推出，我们必须先确定联结词的意义，然后确定包含它们的推理是否有效，而这里所依据的是直观和经验。

最后，反实在论的约定论对于所要选取的语义规则或逻辑常项是无限开放的，因而使得约定论具有任意性而非客观性。在卡尔纳普看来，“逻辑学家的任务不可能是给那些构造系统的人规定他们必须采用什么样的公设。在选择他们的公设时，这些人是自由的，不受他们关于世界的事实之信念指导，而受他们关于意义的意图的指导”[①]。这样一来，约定论就无法告诉我们哪些关于逻辑常项的约定是可允许的，哪些约定是应该禁止的。换句话说，约定就成了无任何依据和标准的随意的约定。我们也就无法排除语义规则和约定的任意性，也就不能给逻辑常项和非逻辑常项的区分提供任何客观标准，对于分析命题或逻辑真理的说明也就会具有一定的主观性和相对性。[②]

显然，在科学实在论者们看来，当代反实在论语形分析约定论的方法不具有客观性和普遍适用性，因而在认识论价值层面也就大打折扣。因为，按照反实在论的观点，如果逻辑真理只是由于我们随意选取的某些语义规则和约定为真，那么它们怎么可能普遍适用于一切科学领域？而且，如果说逻辑命题仅仅是依据约定就能判定其为真，那么就会导致逻辑不能提供任何新知的观点，因为逻辑命题说的都是一样的东西，事实上就是关于这个世界什么也没有说，它只不过是把暗含在前提中的东西明确地揭示出来，因此没有给予我们任何新的东西。因此，尽管语形学作为 20 世纪反实在论批评、整理和建构哲学理论的背景框架具有重要的理论意义，但是，它把人类认识的本质仅仅归结为对知识中逻辑关系的发现，把哲学的任务归结为对科学语言进行

---

① Carnap R．1956．Meaning and Necessity. Chicago：Chicago University Press：225．

② 参见陈波．2000．逻辑哲学导论．北京：中国人民大学出版社：304-306．

逻辑分析，企图用“科学的逻辑”来取代哲学，这一点带有极大的片面性。事实上，通过使科学的概念确切化，通过对科学理论的结构、方法等的研究而促进科学进步，这仅仅是哲学的任务之一，而不是全部，绝不能把哲学仅仅理解为科学认识论和方法论，甚至把方法论等同于狭义的逻辑。这只能过分夸大语言符号形式化的意义，使它们脱离所表示的客观现实对象，从而导致把它们当作是人们“约定的”或任意构造出来的东西这样一种结果。正是这些缺陷使得反实在论的语形学遭到了各方面的批判，于是反实在论者们不得不适应时代的要求重建语形学的理性范式，从而为转向形式化语义学提供了可能性和广阔的空间

3. 逻辑、语言与经验的紧密结合是促成反实在论语形分析方法转变的动力

伴随着 19 世纪末 20 世纪初发生的科学革命，特别是数学和物理学革命的到来，哲学研究的重点发生了根本性的转移。这是因为，在这一背景下，哲学研究的目的不再是给出直接观察到的事物的精确性质，而是对被观察到的事物或事实给出解释性的表征，而单靠严密的逻辑演绎系统是无法实现这一要求的。例如，在反实在论者们看来，数学的基础就是逻辑，我们不仅可以在逻辑概念的基础上给一切数学概念下定义，而且还可以从逻辑原理中推衍出数学定理。因此，从这个意义上讲，数学就是分析的，换句话说，如果我们仅仅依赖逻辑去构造、解释和评价科学理论的话，我们是不可能获得任何前提之外的新知识的；但是，逻辑的真正完善和成熟，必然要求外展它的方法、功能和作用并试图将它运用于科学的所有领域以便达到科学的统一目的，换句话说，也就是将精确的先天逻辑与经验范围内的语言相结合并在科学的所有领域构筑科学的统一语言已成为科学发展的内在要求。于是，逻辑与语言、逻辑与经验的紧密结合在弥补了逻辑的纯粹先天形式和经验语言的非精确性的同时也最终促成了反实在论语形分析方法的转变。

显然，20 世纪的反实在论在现代科学革命尤其是现代逻辑的影响下，开始把认识的基点定位从“逻辑 - 语形”转向了逻辑 - 语形 - 形式语义的基础上，从关注“语词 - 语词”之间、“符号 - 符号”之间的抽象关联、“语词 - 规则”之间的形式关联转向了语词、符号、规则与经验、意义、心理的形式与内容的结合上，这就为哲学研究提供了新的方向和新的起点。

（二）反实在论语形分析方法转变的实质

不言而喻，随着科学以及科学哲学研究的不断发展，20世纪的反实在论者们试图通过对以严密的一阶逻辑为基底的传统语形学的反叛，去强化语言、逻辑与意义三者之间的内在关联，从而进一步推崇语形与语义相结合的语言分析的重要性。其特征主要表现为以下几个方面。

1. 语形分析域面的拓宽是反实在论语形分析方法转变的重要显现

维特根斯坦曾经认为只存在一种语言，而且被卡尔纳普等称为句法语言的，也只能被显现而不能被表达出来。但相反地，以卡尔纳普为代表的逻辑经验主义者们却将语言分为两类，即对象语言和句法语言。他进而又把对象语言分为两种，即语言Ⅰ与语言Ⅱ。在他们看来，所谓的语言Ⅰ，无非就是建构主义、有限主义和直觉主义所说的全部语形学理论。卡尔纳普等把这种语言叫做精确的语言。这种语言只包括逻辑常项。而所谓的语言Ⅱ，除了将语言Ⅰ本身作为亚语言之外，卡尔纳普还将不确切的概念也包括进来，也就是说它既包括实数的算术和古典数学中发展起来的数学分析，而且还包括集合（aggregates）理论。这种语言不仅包括逻辑常项，而且还包括不同种类的变项，即数字变项、谓词变项以及算符变项（functor-variables）。但是语言Ⅰ与语言Ⅱ并不仅仅包括数学，因为它还要提供建构任何对象领域的经验语句的可能性。例如，在语言Ⅱ中，无论是经典物理学还是相对论物理学都能被公式化。任何领域的对象语言都可以通过专名或通过系统的位置坐标，也就是说可以通过在系统中显示对象位置进而显示位置之间关系的符号来指涉这些对象。可见，卡尔纳普等已经摈弃了直觉主义等派别将语形学仅仅看作是语言Ⅰ的做法，拓展了语形分析的对象和域面，从而鲜明地体现出20世纪反实在论语形分析方法的转变。

2. 句法形式及其规则的多元化是反实在论语形分析方法转变的内涵

以卡尔纳普为代表的反实在论者们在构造语形学的同时，不仅拓宽了语形分析的对象和域面，而且还区分了两种语形学，即纯粹的语形学与描述的语形学。所谓纯粹的语形学，只不过是算术的一部分而已，因而也叫做算术的语形学。而所谓的描述的语形学，却是使用描述的符号并且通过这一做法来超越算术的界限。而后者恰恰是卡尔纳普等所建构的语形学所考察的重点。在他们那里，描述的语形学又可分为两种不同的理论，即公理语形学（axiomatic syntax）与物理语形学（physical syntax），正是这两种语形学构成了所谓的语言Ⅱ。如果说纯粹的语形学只涉及分析语句，即纯逻辑－数学语句的话，那么，描述的语形学就是关于综合语句（而非纯逻辑－数学语句）的。卡尔纳普等正是将其考察的重点放在对后者进行句法处理上，而这一做法在现代演绎逻辑中常常被忽视。此外，卡尔纳普等还分别构造出语言Ⅰ和语言Ⅱ的形成规则与变形规则，并进而通过它们来决定在什么条件下一判断是另一判断或另一些判断（前提）的结论。当然，在这里，这并不意味着前提的思想会伴随着结论的思想。因为，这并不是一个心理学的问题而仅仅是一个判断间的逻辑关系问题。换句话说，在前提的陈述中实际上就已经客观地蕴含了结论的陈述。显然，语形分析方法在这里已经摆脱了原有的那种形式及其规则的单一性而显示出其多元化的趋势，而正是这一趋势造就了反实在论语形分析方法的转变。

3. 由精确性走向“非确定性”是反实在论语形分析方法转变的重要特征

随着数学的高度发展，概率得到了科学哲学家们的广泛认可。同时，近代哲学的认识论所推崇的确定性由于自然科学的飞速发展开始有所动摇。因此，在对科学理论进行构造、解释和评价时，引入概率知识就成为自然而又必然的趋势。20世纪的反实在论者们恰恰看到了这一时代发展的潮流，于是开始将概率观念引入其逻辑语形分析当中。在他们看来，逻辑概率概念一定可以成为经验科学中的一个基本观念，这也就是说，我们完全可以仅仅根据一组给定的证据，而无需验证所有的证据，就可以对一种假说所做的验证提供精确的数量说明。因此，“归纳概率”完全可以作为“逻辑概率”的同义语来使用。他们把逻辑概率的理论称为归纳逻辑，并强调把逻辑概率与统计概率区别开来。这是因为，一旦涉及概率问题，就必然会有两种不同的意义，一是验证度；二是相对频率，逻辑概率只分析第一种意义上的概率，至于相对频率则是统计概率分析的范围。显然，概率的引入及其与逻辑的紧密结合打破了传统语形学的精确性框架，拓展了句法原有的单一的结构，从而使得20世纪反实在论的语形学具有了一定的非精确性。当然，这里所说的非确定性并非指语形分析转变会走向一种不规范性分析，相反，其本质仍然是规范的，但这种规范是在一定背景框架下的规范。

4. 最终达成约定而非建立禁令是语形分析方法转变的目的

历史地讲，建构主义、有限主义和直觉主义等所构造的语形学为我们研究哲学问题设定了框架，从而在解决传统哲学难题方面的的确确曾经起到过重要的作用，这是因为，他们研究的重点是强调区别并引起普遍的注意。但是，这些框架已逐步显示出其弱点。因为，在许多情况下，所谓的哲学难题都是由于对不同种类语言形式进行同时探究（类似于对欧几里得与非欧几里得几何进行同时探究）所引发的。换句话说，当我们在一个问题中同时运用了一种精确的与不精确的语言或者适合或不适合排中律的语言，就势必会产生混乱的局面。而当我们只考虑一种具体的语言形式内预期的区别以及通过对不同种类的表达和探究进行适当的分类时就完全有可能避免歧义和混乱。例如，当维特根斯坦与考夫曼拒斥语言的逻辑功能和算术功能时，卡尔纳普等却运用这两种功能在语言Ⅰ中将描述的谓词与逻辑谓词区分开了。而在语言Ⅱ中，他们也区分了限定性的与非限定性的谓词并且还规定出它们的不同功能。更为重要的是，在语言Ⅱ中，他们区分了有限的全称判断（limitedly universal sentences）、分析的无限的全称判断（analytic unlimitedly universal sentences）以及综合的无限的全称判断（synthetic unlimitedly universal sentences），而维特根斯坦、考夫曼与石里克等却仅仅因为这三类判断禁不起彻底证实的考验而将它们从语言中排除出去了。正是通过对直觉主义等流派的语形学的考察与猛烈的抨击以及对对象语言Ⅰ与语言Ⅱ的分析，卡尔纳普等摈弃了传统语形学，构造了一种应用于所有类型语言的普遍的句法，从而实现其达成一致、消解分歧的目的。

显然，以卡尔纳普等为代表的20世纪的反实在论者们以“宽容原则”作为自己哲学研究的策略，从而使20世纪反实在论的语形学从以往单纯追求绝对同一、强调独白、精确性开始走向提倡“宽容”、倡导多元、非精确性。正像卡尔纳普所说：“在逻辑中不存在伦理道德。人人都有绝对的自由按照他的意愿去建构他自己的逻辑，即他自己的语言形式。我们仅仅要求，如果他要讨论它，那么，他就必须清楚地陈述他的方法，并且给出句法规则而不是哲学论争。”[①] 卡尔纳普等的这一策略显然在后来已经被大多数哲学家甚至数学家所接受。而且，把这种宽容态度应用于整个语言形式以澄清哲学中的伪问题的重要性也得到证实。这一做法显然与后现代主义思潮的萌芽是一致的。正是这种从独白走向对话的尝试为后来反实在论从纯粹句法学到形式语义学进而语义学、形式语用学，

---

① Carnap R．2001．Logical Syntax of Language． London：Routledge：52．

最终走向说明的语用学奠定了基础，开辟了道路。

（三）当代反实在论语形分析方法转变的意义

“语形学转向”由于其所处的时代背景和哲学背景，其产生的后果不可避免地具有它历史的局限性，从而导致了某些“不能令人容忍的极端倾向”。因此，为了应对来自各个方面的强烈挑战，反实在论不断地改变其策略，实现了其语形分析方法在研究域面、内涵、形式和规则以及目的等方面的转变，从而在整个科学哲学甚至整个哲学研究中起到了非常重要的意义。

1. 语形分析方法的转变实现出“语形学转向”所带来的难题

随着20世纪中叶以来后现代主义思潮的到来，以及“解释学转向”和“修辞学转向”的广泛渗透，20世纪的反实在论者们一开始所建立的语形学不仅遭到了其他学派的全面攻击，而且面临着其自身内部的反叛。具体地讲，在反实在论者们看来，根据语形学探讨的方式，通过区分词汇描述的性质来分离出理论的经验内容的做法是根本行不通的。这是因为，如果我们可以区分出理论的与观察的术语或表达方式的话，那么，我们就完全可以用观察词汇来表达存在着不可观察的实体，并且在某种程度上表达它们是如何的。但是，事实并非如此。例如，哥本哈根学派量子理论观点包含有：存在着某些时候有空间位置，某时没有位置的东西。又如，牛顿理论含有：存在着既不具有位置又不占据体积的东西（即绝对空间）。显然，这两个结果的表达式并没有使用理论术语。而且，在20世纪的反实在论者们看来，这些表述根本就不是对理论对象的描述，相反，它们是以一种残缺不全的方式简化了理论描述的东西。关于这一点，迪昂与奎因的整体主义科学观也是持否认观点的。因此，一个理论的句子，只有放置在整个理论背景中才具有意义。而语形学探讨把理论分离为命题，从而通过公理与对应规则来研究其真值，显然是不恰当的。同时，其理论术语与观察术语等的区分，也是毫无意义的。

另外，在反实在论者们看来，理论所谈论的可观察性是中立于理论的。这是因为，如果仅仅依靠哲学或理论的力量，我们绝对无法区分出可观察与不可观察的东西，因此，按照句法所定义的关系就必然是一种错误的关系，它所导致的最糟糕的后果就是使我们把注意力仅仅放在那些哲学上不相关的技术问题上。这样一来，“那些用限定的词汇，如‘理论术语’、Graig原理、‘还原句子’、‘经验语言’、兰姆赛与卡尔纳普句子进行的公理化讨论，就全部都是毫无目的的，它们仅仅是对纯粹自生的问题和哲学上不相干的问题的解决”[①]。正像当代著名反实在论者范·弗拉森所说的那样：“20世纪科学哲学最主要的教训可能就在于，在本质上依赖于语言的任何概念都完全不具有哲学的价值。”[②]于是，反实在论者们转而引入了新的语言分析方法，特别是语义分析方法，从而使它“作为一种横断的研究方法，像血管和神经一样渗透于几乎所有的理论的构造、阐释和说明之中”[③]，并最终推进了20世纪反实在论的发展。

2. 奠定了形式化语义学发展的基础

众所周知，20世纪初叶的逻辑经验主义者们为了拒斥形而上学曾经提出了严格的经验证实原则，但由于其所具有的局限性，因而受到了种种严厉的批判而不得不放宽为经验检验原则。同样，与此相适应，其语形学方法也不断地在拓宽其领域。具体地讲，传统语形学仅仅强调先天的纯粹逻辑句法，认为句法学只不过就是算术，它只涉及一些类似算符、函子的一些语词和符号，因而不可能给人们以任何新知识。20世纪反实在论的先驱弗雷格等就持这种观点。在他们看来，先天的纯逻辑就是一切数学、哲学和逻辑的基础和起点，哲学的本质就是逻辑，而世界的界限也就是逻辑的界限。显然，弗雷格等将句法学的纯粹性和先天性极端化了。为了避免上述这种极端性与狭隘性，20世纪的反实在论者们创造性地提出将经验引入句法学中，进而认识到意义的重要性，从而给形式化语义分析研究以一席之地。正如反实在论的重要代表卡尔纳普所说：“在这本著作出版了几年后，我发现该书中有一个主要问题表述得过于狭隘。我曾经说，哲学或者科学哲学的问题只是一些句法问题。而实际上，我本应以一种更普遍的方式来说明这些问题都是元理论的问题。我所以会采取那种狭隘的表述，历史的原因在于下述这个事实：语言的句法是弗雷格、希尔伯特以及波兰的逻辑学家和我在这本著作中运用精确的手段进行研究的第一个方面。后来，我们也看到，元理论还必须包括语义学和语用学；所以，哲学的范围也应设想为包括这些领域。”[④]

而另一方面，语形学的纯逻辑结构分析所具有的本体论性，也为语义学的展开提供了前提。这是因为，在进行哲学争论时，反实在论者们发现，本

---

①② van Fraassen B C．1980 The Scientific Image．Oxford，New York：Oxford University Press：56．

③ 郭贵春．1995．后现代科学实在论．北京：知识出版社：125．

④ [美]鲁道夫·卡尔纳普．1985．卡尔纳普思想自述．陈晓山，涂敏译．上海：上海译文出版社：89．

体论的分歧必然包括概念结构上的基本分歧。因此，为了找出一个可以进行辩论的共同基础，只能“退回到语义学水准上”①。而语形分析方法转变的结果之一就是，某些哲学家们开始认为我们关于世界的认识是通过我们的语言表达出来的。因此，在探讨实体或对象的地方，我们就可以把它归结为对语言的探讨，对于我们所表达的认识的理解也可以归为对我们所说的句子的意义的理解，从而使争论的双方把所讨论对象的本体论地位问题悬置起来，而在关于它的语词和有关术语方面达成一致，最终避免许多纠缠不清的无益争论。这种新的研究方式就叫做“语义上行”(semantic ascent)。在反实在论者们看来，以讨论相关语言的用法来进行哲学探讨是一种有利的、必要的策略。它不仅消解了传统形而上学的无休止的争论，而且提供了一种哲学研究的崭新的方法论手段。

3. 揭示了逻辑语形学与形式化语义学之间的互补性和同构性

在“语形学转向”之初，20世纪的反实在论者们认为，对于一个科学陈述而言，我们仅仅通过符号的各种纯形式和语形规则对它进行逻辑的推理而不能做出任何真假判定，即不涉及逻辑真理。因为反实在论的一个最重要的特点就在于反对真理的二价原则。因此，对科学陈述进行符号化推理就只能用证明论术语即具有数学性质的符号来定义，而如果用真和其他语义概念去定义符号逻辑推理就是不适当的，这样一来，类似真、意义、含义等这样的语义概念就应该从科学理论陈述中消失。显然，在这里，反实在论强调的仅仅是符号到符号、语词到语词、语句到语句的过渡，即一个或一些语句是否是另一些语句的演绎后承，而他们所试图构造和刻画的正是符号之间、语词之间、语句之间的这种后承关系。反实在论的这种对语形分析的推崇决定了他们在把科学陈述逻辑形式化时只依据对推理规则的限定，而从不直接设定任何逻辑真理。但是，随着科学哲学研究的进一步深化，反实在论者们也越来越清晰地看到，作为符号语言的一个分支，语形分析的确起到了非常重要的方法论功能。运用语形分析，我们能够发现科学认识中的逻辑关系，揭示科学论述的逻辑形式。但是，对科学陈述仅仅做语形分析是不够的，因为一个成功的科学陈述既要反映逻辑推理层面形式体系内的符号与符号之间的关系，也应该反映逻辑真理层面符号与指示对象的关系。而且，在某种意义上，语形规则和语义规则都是构造的，在形

① 奎因．1987．从逻辑的观点看．江天骥等译．上海：上海译文出版社：15-16.

式方面具有逻辑同构性。正像卡尔纳普所说："……语言分析这个哲学的最重要工具首先是在逻辑句法的形式中被加以系统化的。可是，这个方法只研究语词的形式，而不研究语词的意义。在语言分析的发展中，用语义学，也即关于意义概念和真理概念的理论来补充句法学，这是一个重要的步骤。"[①] 因此，当我们构造、解释和评价一个科学理论时，我们要同时对它进行语形规则和语义规则的约定；我们不仅要用语形学或证明论的术语去刻画，而且还应该根据语义规则去设定该科学陈述的逻辑真理。显然，20 世纪反实在论语形分析方法的转变恰恰体现出语形分析和形式化语义分析之间的这种互补性和逻辑上的同构性，从而为语义分析的展开提供了契机。

4. 进一步预示了以语境为基底的语形、语义和语用的相关性和一致性

随着 20 世纪初反实在论"语形学转向"的不断深入和展开，语形学越来越显示出其狭隘性和不可通约性。与此同时，20 世纪的反实在论者们在语形学的研究中也开始认识到，将句法意义与语义、语用及其语境意义、文字表达与逻辑规则决然地区别开来是不可能的。事实上，文字的、语法的和言说的意义总是在不同的语言形式、特性及情境中，与隐喻的、分析的和语境化的意义内在地联系在一起。它们各自研究层面的不同并不等于它们在意义本质分析上的无关联性。正是在这种关联性的理解、把握和应用中，展示了当代语形学研究的一个非常广阔的领域及其发展趋向。具体地讲，在 20 世纪的反实在论者看来，逻辑形式与意义之间本身就存在着本质上的内在联系，因为，当我们对命题或语句进行逻辑与意义分析时，可以清晰地看到，二者都涉及了语句的真值条件，由此，20 世纪的反实在论者们提出了应用于量化的自然命题系统，并进一步将特定的短句应用于生成算符的变元结构。这样一来，逻辑形式的抽象句法层面就不仅完全可以被可操作地导出来，而且，不同的选择类型还表明了丰富的句法结构允许以更简单的和更直接的方式将相交结构嵌入语义解释。因为，在他们看来，对解释的任何说明都是从构成解释的模型理论对象的语形结构中内在地勾勒出来的。事实上，越贫困的语形表征实际上越接近在词汇上实现的表面形式，因而就必然要求用更强有力的语义设计去生成适当的说明。显然，在这里，反实在论者们一方面将语义解释的规则应用于作为逻辑形式的句法表征层

---

① [美] 鲁道夫·卡尔纳普. 1985. 卡尔纳普思想自述. 陈晓山，涂敏译. 上海：上海译文出版社：95.

面，并用语形结构确认了语形与语义相交的域面，因而使得所有的构成要素都具有了其相关的表层位置；另一方面，语义分析也揭示了由推理所联结的表征内容，从而体现出“逻辑与语义分析的联结是必然的”[①]这一鲜明特征。

另外，如上所述，既然语形学与语义学都涉及了语句的真值条件，这也就意味着，语形学与语义学的真值在某种程度上是一致的。因此，二者的真值条件就必然会随说话时相关境况的不同而变化，也就是说，二者都必须以语境为基底来构建理论。当然，语形学在这里侧重的是符号化系统的形式语境，而语义学则侧重于整体解释的社会语境。从本质上讲，形式语境是必然要与语义相关的，因为，没有语义分析的形式语境是空洞的；而语义分析又必然要涉及社会语境，否则，它就是狭隘的和不可通约的。而无论是形式语境，还是社会语境，它们都是在语言的使用中体现出来的。换句话说，语形、语义和语用只有在语境说明中才能得到有机的统一。

显然，随着“语言学转向”的不断深入和展开，反实在论的语形学已经开始从独白走向与语义学、语用学的相互依存。必须明确指出的是，语形学只有以语境为基底，并在与语义学和语用学的关联和展开中才能得以存在。

不言而喻，20 世纪反实在论语形分析方法的转变，对当代科学哲学甚至整个哲学产生了巨大的影响。它不仅给 20 世纪整个哲学研究带来了根本性的、创造性的、启迪性的影响，为科学实在论与反实在论的融合提供了中介和桥梁，也为计算机科学和人工智能的研究提供了重要的手段。而且，这一方法论的转变作为 20 世纪反实在论者们思考和处理哲学问题的一个角度、一种方法、一类工具和手段，对传统思辨性哲学产生了巨大的冲击，为我们带来了全新的视野和全新的洞见，产生了意义重大的结果。

第二节　当代反实在论的语义分析方法

随着 20 世纪初以来语形分析方法的广泛深入和展开以及逻辑经验主义的日益衰落，尽管反实在论者们不断改变其语形分析方法策略，扩展其域面和形式规则，试图使其仍然能够发挥方法论功能，语形分析方法本身所具有的局限性和缺陷仍然不可避免地暴露出来；同时，反实在论者们在与实在论的论争中发现，要想在科学哲学领域取得优势地位，除了避免自身理论的缺陷和弥补它的

① McCawley J. 1981. Everything that Linguistics have Always Wanted to Know about Logic. Chicago：University of Chicago Press：1.

不足之外，还必须积极汲取和借鉴各种哲学方法。正当反实在论者们急需一种全新的分析方法时，“解释学转向”的到来所产生的强烈效应恰恰将语义分析方法凸显了出来。于是，20世纪的反实在论者们开始借鉴、汲取在实在论那里已经逐渐发展成熟的语义分析方法并加以修正。到了20世纪30年代以后，语义学成为反实在论的又一个重要的分析方法，从而也将语义分析方法从“句法理论的边缘地位转变成语言学研究中的核心角色”[①]。正是在这个意义上，本章旨在试图系统地研究和探讨语义分析方法与当代反实在论的渊源、演变、立场、本质及其特征，这对于理解和把握当代反实在论具有极其重要的科学价值和现实意义。

一、反实在论的语义分析传统

众所周知，语义分析方法是从指号和其所指示的对象之间的关系这个角度去分析科学理论的意义的一种方法。语义分析方法作为一种内在的语言哲学的研究方法，有着悠久的历史渊源。当我们考察整个哲学的演变进程时，我们清晰地发现，早在亚里士多德的《工具论》中，就已经作为科学实在论反对工具论的开端开始研究科学语言的语义学和语形学了[②]，并由此拉开了历史上科学实在论与各种反实在论之间论争的历史序幕。之后，以弗朗西斯·培根（Francis Bacon）、霍布斯（Thomas Hobbes）、洛克、休谟和本塞姆（Bentham）等为代表的英国经验主义者们也曾经将研究重点放在语义学方面。具体地讲，他们根据一种越来越个人主义的和感觉主义的心理学而发展了关于意谓的分析。[③]尽管他们把语义学同心灵主义的联想心理学所提出的那些认识论问题混淆了。可见，在整个漫长而又曲折的历史中，语义分析方法始终作为一种理论研究方法内在地、不可或缺地存在着。但是，真正与20世纪以来作为系统的、相对自主的理论研究方法的语义学的产生息息相关的则是康德的先天知识理论，因为，正是康德的这一理论孕育了深厚的语义学传统；而后在波尔扎诺（Bolzano）否定与张扬康德先验哲学的过程中，语义学才在真正的意义上得以实现。本节正是要从历史的角度具体考察语义学传统发展的脉络、轨迹及其与当代反实在论之间的相互关联。

---

① Lappin S. 1996. The Handbook of Contemporary Semantic Theory. Oxford: Blackwell: 3.
② 莫里斯等. 1989. 指号、语言和行为. 罗兰，周易译. 上海：上海人民出版社：298.
③ 莫里斯等. 1989. 指号、语言和行为. 罗兰，周易译. 上海：上海人民出版社：299.

（一）康德的认识论与语义学背景的相关性

历史地讲，自 19 世纪以来的几乎每一个有意义的哲学发展事实上都是源于对康德哲学尤其是其先天知识理论这一主题的回应。在康德的批判哲学中，其核心问题就是先天问题。而康德的“哥白尼革命”则给出了对“先验”的经验论的、非柏拉图式（non-Platonist）的解释。正是在对先天知识理论经验性的阐释中，体现出康德哲学尤其是其认识论与语义学背景的相关性。具体地讲，主要体现在以下几个方面：

首先，康德在其先天知识理论中，对意义理论进行了分析和探讨，进而提出了具有独特性的指称理论。从传统上讲，自从唯理主义与经验主义出现后，哲学家们就开始将意义看作是与经验相关联的。康德的意义理论也继承了这一传统。因为，在他看来，如果你想了解和认识痛苦、喜爱等语词的真正意义，就必须经历痛苦、喜爱等这类体验，而且，你越仔细分析这些体验，你对它们的理解就越深刻，也就越能准确地把握其意义。显然，在这里，意义不仅仅涉及心理现象，而且，意义分析的目的就在于搞清楚那些心理现象。同样，当我们表达或描述某些事物时，情况也是如此，即描述或表达的过程同时也就是心理过程。例如，当我们表述数字时，就必然会涉及一些心理过程，具体地讲，如果要表达自然数，那么，就要有数数的心理过程；而如果要表达几何图形的数量，则必然要有测量行为等心理过程。

为了更好地理解意义，康德还采用了一种叫做“表象的化学理论”这样一种方法。根据这一理论，所谓表象，就像是化学复合物一样，是组成要素或构成部分的合成物，而其中这些组成要素或构成部分本身也可以是复合的。但通常情况下，当我们进行表象时，我们并没有意识到这一点，而是常常将表象等同于分析。事实上，分析与表象是不同的。在康德看来，分析是一个动态的过程，在这个过程中，关键是要对所分析的概念的变化有所理解。换句话说，分析仅仅是使我们能够识别出复杂表象中各组成要素的这样一个过程，而当我们经过有限的几个阶段而识别出简单组成要素后，这个过程也就结束了。但是，事实上，当我们通过分析而使某一概念明确时，我们并没有给概念增加任何新的东西，我们仅仅是使这一概念明晰。在整个分析过程结束时，你必须找到简单的、不可再定义的、不可分析的概念。因此，所谓分析无非就是把一个复杂概念还原为其组成要素。当然，需要指出的是，在这里，康德对表象与分析所做的区分实际上等同于对综合与分析所做的区分，而且，康德所谓的明晰，即这个简单概念所唯一具有的逻辑特性也并非逻辑学家或哲学家的主题，而仅仅是心理学家的主题。

显然，在康德那里，最基本的语义概念就是“表象”（representations）。康德把它等同于概念。在康德看来，表象就是对心灵的某种修饰，就是通过心理状态来表达事物。因此，它基本上属于内感（inner sense）。正是在这个意义上，表象成为逻辑最重要的主题，因为，我们仅仅通过内心的思辨就可以完全达到我们之外的任何东西而不需要借助外部事物。可见，在这里，意义与心理学是密不可分的，因而是作为认识论的内容而存在的。而且，康德在对表象进行阐释的过程中，单纯强调其主观性因素，而忽视了客观方面，从而使其认识论倒向了纯粹主观的一边。

另外，在对表象进行阐释中，康德还进一步提出了指称理论。康德指称理论的独特性就在于他把我们的心理与表象中的多元性相联系。比如说，直观表象。当我们凭直观表象远处的一间房屋时，我们可能并没有意识到窗户、门和房屋的其他部分，但是，康德认为，在某种意义上，我们肯定会看到它们，因为我们知道，直觉到的东西是房屋，因此，我们必然要表象这间房屋的不同的部分。因为，如果我们没有看到房屋的部分，我们也就不可能看到房屋。显然，在这里，康德看到了表象在某种意义上既等于又大于概念本身。也就是说，所谓的指称并不一定是一一对应的，相反，它有时候是一对多或多对一的关系。可见，康德在其指称理论中已经意识到绝对所指的语言实在观的缺陷所在，从而在某种意义上为现代语义学的建立提供了契机。

其次，康德对概念和判断所做的深入、细致的阐释体现出其哲学之鲜明的语义学维度。在区分了描述与分析之后，康德进一步对概念与判断之间的关系做了详细的考察。在康德看来，在每一个判断中，概念总是处于一种确定的关系中。比如，在范畴判断中，概念之间的关系就是主谓关系。而且，当谓词概念包含在主词概念中时，范畴判断就是分析的判断；而在其他情况下，则是综合的判断。可见，在前者中，分析判断成为概念分析之结果的表征，而后者则并非如此。这样一来，判断的分析性与概念分析之间的关系就不再是必然的、直接的，而是间接的、可能的关系。而且，所有的分析判断都是基于一个单一的原则，即分析判断原则、同一性原则或矛盾原则。在康德看来，分析性，既非真理也非必然性，而是具有更强有力的特点。正是在这个意义上，康德认识到，必然存在一个并非建立在概念分析基础上的先天真理，即先天综合判断。由此，康德彻底地改变了其原来的哲学概念。因为，康德曾经认为，哲学方法只能是分析方法，而且分析方法也只能以分析命题为基底。但是现在，他认为，哲学旨在考察那些不同类型的先天的但非分析的判断即先天综合判断的基础。

正是在考察先天综合判断的过程中，康德陷入了困境。因为，当康德从知识的语义层面来考察概念分析的范畴和分析性时，他并没有考虑到综合判断也可能有一个语义基底。在康德看来，综合的主谓判断所涉及的概念不能是部分与整体的关系。因此，在综合判断中，如果谓词并不包含在主词概念中，但却又属于它的话，那么，除了主词概念和谓词概念外，还必须存在一个理解所依赖的某种别的东西。在康德看来，这种别的东西不是概念，而只能是直觉。换句话说，所有综合知识的基底都只是直觉，因为，综合判断只有在基于主词概念的直觉条件下才是可能的。这就是康德所谓的综合判断原则的基本内容。具体而言，在康德那里，“7+5=12”这一判断并不是分析的，而且，如果要给这个判断以真假的话，我们就必须超越这些概念，而直接诉诸纯直观概念。显然，这里又涉及另外一个概念，即纯直觉。康德的纯直观概念主要来源于综合判断原则和先天综合知识理论。具体地讲，在康德看来，有许多综合判断并非是后天的。例如：“如果这是红的，那么，它就不是蓝的。”“如果这是一米长，那么，它就不是两米长。”“如果A比B高，B比C高，那么，A比C高。”显然，在所有上述这些判断中，没有一个是主词包含谓词。但是，它们却都是必然的，因此，康德认为，它们都是先天的。而且，按照康德的标准，每一个有简单概念的判断都必须是综合的，而且也肯定是必然的。这样一来，康德就必然会得出先天综合判断这一哲学概念。而且，既然有些综合判断是先天的，那么它们就不能以经验直观为基底，因此，只能是非经验直观，即纯直观。当然，需要指出的是，康德之所以求助于纯直观，并不是源于语义学，而是因为，他把分析的两种意义混淆了，更确切地说，是由于康德只注意到了语义学的心理学层面而忽视了非心理学层面。而正是这一忽视，使得他混淆了分析概念与纯粹概念之间的区分，从而最终导致了其混乱的意义理论。事实上，对概念的分析的确需要对每一个概念进行理解，但是，对判断进行分析时，则仅仅要求对其结构有所理解，而无须分析判断中的每一个概念。因此，可以说，从心理学层面转向语义学层面是摆脱康德先天知识理论之错误，并正确分析其理论之合理之处的重要手段和途径。

可以看出，尽管康德在其先天知识理论中并没有清楚地意识到，除了概念和直观之外还有语义这一大厦，因而造成了其理论尤其是其意义理论的混乱，但是，不能否认的是，康德的先天知识理论中的确包含有丰富的语义学思想，特别是他对表象与分析、概念和判断的阐释及其对先天综合判断的纯直观的分析，在某种意义上达到了20世纪反实在论所诉诸的现代语义学理论。而且，康德从单纯强调先天的语形规则到开始关注语义意义的获得这一发展路径，也表明了语言观念在其先验哲学中具有重要地位。更为重要的是，正是在理解与避免康德先天知识理论中合理与不合理之处的过程中，现代语义学才真正得以产生。因此，完全有理由说，恰恰是康德的先天问题为语义学传统的凸显提供了契机；对康德纯直觉的反叛提供了语义学传统发展的动力；而为了在纯直观概念不能发挥作用的地方来发展一个先验的概念，则必然要在语义学基底上建立其理论，尤其是，要将语义学从纯心理学角度转向语义学角度，即非心理学角度。德国神甫波尔扎诺正是看到了这一系列可能性和必然性，最终实现了语义学的产生。

（二）波尔扎诺与语义学的产生

语义学的产生肇始于德国神甫波尔扎诺对以康德先验哲学为基础的算术、演算与几何学的怀疑、批判与挑战。

历史地讲，在英国的数学传统中，演算是其发展势头最强的一个分支。而所谓的运动、时间和空间正是演算的核心概念。其中，它们的变量叫做“流量”（flowing quantity），而其速率则叫做“流数”（fluxion）。在这里，数学的量不再是由非常小的部分构成，而是被描述为不断的运动；线也不是由并列的部分构成，而是由点的不断运动而产生的。比如，角是由于边的旋转而产生的，时间是由于不断地流动而产生的。而“流数”则是在时间中作为流动的增量而产生的；等等。这样一来，比率的无穷结果的有限性就被认为是增量消失前一瞬间的比值。可见，有限性一方面要依赖于时空概念，而另一方面还要诉诸一个有终端的无穷的运动过程而非一个有限量的无穷结果。但是这一理论很显然在演算的基础方面存在着一些混乱。只不过当时人们并没有注意到这一问题。拉格朗日（Lagrange）是最早对这一问题有重要贡献的人。他在其著作中不仅将演算与几何统一起来，而且更重要的是，他使演算从涉及无穷小和“流数”的形而上学思考中脱离开了。但是，拉格朗日的理论也是不完善的，而且他所提出的演算所依赖的基底也是不成立的。直到康德提出“数学涉及纯直观”，要以纯直观为基底来构造、解释其理论，人们才逐渐认识到，只有在纯直观的基础上来研究与探讨演算中无穷小和无穷大的作用问题，才能最终消除演算基础上的混乱。

在考察了整个哲学史之后，波尔扎诺清楚地发现，康德之所以会认为“数学涉及纯直观”，其原因完全在于他仅仅将语义基底给了分析判断。而在波尔扎诺看来，这显然是有局限性的。于是，为了克服这一局限，将语义学作为所有知识的基底，波尔扎诺开始致力于将直观从数学中排除出去。而且，为了进一步批判康德的“所有的综合知识都有赖于直观”这一观点，波尔扎诺也通过其数学知识对康德的综合判断原则以至康德语义学背景的核心提出了挑战。正是波尔扎诺这一系列创造性的工作，为语义学的产生提供了可能性。而真正促成现代语义学产生的则是波尔扎诺对康德表象理论分析与阐释。

康德曾得出结论说，所有知识都是由表象构成的，而且表象归根结底要还原为概念和直关。在考察了康德的先验哲学之后，波尔扎诺发现，尽管他也认为康德的观点具有一定的合理性，但是他也看到，康德关于表象的观点产生了混乱。因此，波尔扎诺试图建构一个清晰的表象概念来代替康德的陈述。具体而言，主要体现在以下几个方面：

首先，波尔扎诺对描述的两种意义的区分消除了康德先验哲学中关于主体与主体间性之间的模糊性。在对表象进行阐述的过程中，康德仅仅看到了表象的主观的一面却忽视了其客观的方面。但是，在波尔扎诺看来，表象具有两种意义：第一种意义是心理学家所描述的心理状态，即“主观表象”或“内在于我们的表象”；第二种意义是关于心理表象的更重要的主体间的内容，即“表象本身”或“客观表象”。波尔扎诺看到每一个有意义的语法单元都与一系列主观表象相关联，却只与一个客观表象相关联，而且，即使表象的对象不存在，客观表象也是存在的。但这并不是说主观表象是不真实的，换句话说，当主观表象出现在主体中时，它们就真的存在。客观表象与主观表象不同。它们是不可能在现实领域中被发现的。换句话说，客观表象并不要求有一个主体，但却要求在逻辑上有效；它并不一定是正存在的某物，但却必须是即使不去思考却也可以存在的某物；而且当许多人思考它时，它也不会由于主体的增多而增多。正是基于这一原因，波尔扎诺指出，任何一个语词，如果它是明晰的，那么，它就只能被指示为客观表象。事实上，客观表象正是主观表象的内容或实质，其存在绝不取决于主体行为的存在，就像是表征的意义绝不取决于任何人思想中所产生的适当意义一样；而且，如果表征是清晰的，那么，对于每一个语言单元来说，就只能有一个客观表象。显然，在这里，波尔扎诺的客观表象就是指语义学传统中的意义，而恰恰是他对客观表象与主观表象的区分把意义从心理过程中分离了出来，从而最终将语义学与纯粹心理学区分开来。

其次，对表象理论所涉及的相关元素的区分显示了语义分析的极端必要性。在区分了主观表象与客观表象之后，波尔扎诺进一步对客观表象与表象对象做出区分。在他看来，与语词意义相联系的客观表象与所表象的对象本身是不同的。即使二者都具有客观性，但是，一旦涉及语词，就只能是其中一个真实的存在而另一个只能作为表象的主体而存在。这样一来，我们就必须在语义层面上区分与语法单元相关联的三个相关元素，即客观表象或意义、表象的对象以及当我们思考表象对象时所发生的心理过程。① 正是这一区分，显示出语义分析是极其必要的。康德曾经指出，所表象的部分与对对象部分的表象是一致的，也就是说，表象与表象的对象具有同晶性。在波尔扎诺看来，这显然是错误的。因为，对一个非常简单的对象完全可以作出复杂的表象。因此表象所具有的同晶性只能存在于心理表象与客观表象之间。显然，在波尔扎诺那里，同晶性也必然蕴含着语义分析的必要性。正像他所说的那样："当我们思考某一表象所包含的所有部分时，也就是说，当我们拥有这些部分的心理表象时，我们实际上就是在思考那个表象本身，也就是说，我们已经拥有其对应的心理表象。但是，这却不一定是说，我们总是很清楚地意识到并能够揭示出我们所思考的东西。这样一来，就有可能出现这样一种情况，即使我们没有意识到在思考或表示复杂表象的个别部分，我们也是在思考一个复杂表象本身，并且意识到我们在思考。"② 可见，波尔扎诺已经清楚地意识到，只有语义分析才能够通过将主观表象和客观表象进行同晶性对比而最终摆脱将它们混淆的困境。

最后，对客观性的强调显示了语义学的本质特征。尽管客观表象最鲜明的目的就在于它要表象其客观对象，但是，在波尔扎诺看来，它们最重要的任务却是将主观判断的客观内容联结成命题。当然，这里需要指出的是，对于主客观之间的区分仍然是波尔扎诺关注的重点。在波尔扎诺那里，虽然主观命题是心理表象所构成的心理状态，但是其内容却是客观的。事实上，一个语句所表达的客观命题的组成要素是与其语法单元相关联的客观描述。而且，一个命题并不是有关其组成要素的，而是与其组成要素所表象的对象相关联的。正是在这个意义上，波尔扎诺语义学的本质就在于其表象内容与意义的客观性。

显然，当唯心主义者从康德的语义学背景中消除客观性痕迹的同时，波尔

---

① George R. 1972. Bolzano, Theory of Science. Berkley, Los Angeles: University of California Press: 62.

② George R. 1972. Bolzano, Theory of Science. Berkley, Los Angeles: University of California Press: 69.

扎诺第一个意识到，事实上，康德的先验哲学及其唯心主义后果是语义学的还原，并为语义学的产生提供了契机。而且，正是波尔扎诺对康德表象理论的阐释与发展，提供了其意义理论的新图景，进而最终促成了语义学的产生。从这个意义上说，波尔扎诺是语义学传统的奠基人和创始人。在他之后，哲学研究的重点不再是形而上学或本体论而开始转向语义学。另外，正是语义学产生的历史进程说明，哲学语义学并不是为了自身而产生的，相反，它恰恰是为了认识论而产生的。当然，这里需要明确指出的是，波尔扎诺的语义学并非现代的、系统的、相对自主的语义学，它仅仅是传统意义上的语义学。现代语义学的真正产生归根结底要推衍到20世纪初叶“语言学转向”之后才得以发生。但是，不可否认的是，正是波尔扎诺的传统语义学奠定了20世纪反实在论的语义学的基础。

二、现代语义学的前奏——弗雷格的语义学及其本质特征

在20世纪语言哲学和分析哲学的发展中，弗雷格的哲学及其逻辑学占有特殊重要的地位。尽管他是一个典型的实在论者，但其思想对当代反实在论的影响是巨大而深远的，当代反实在论的语言分析理论在很大程度上是在弗雷格的观点的基础上进行建构的。一方面，弗雷格早期的现代逻辑思想影响了20世纪的反实在论者们，直接促成了逻辑——语形分析方法的形成，从而使这一方法成为他们构造、阐释和评价科学理论的重要手段；另一方面，其后期的语义学思想在很大程度上也影响了整个20世纪的反实在论甚至整个科学哲学领域。在这个意义上，我们把弗雷格看作是当代反实在论的先驱。因此，在这里我们完全有必要对弗雷格的语义学做较为详细的探讨，从而揭示出当代反实在论语义分析方法的特征。从某种意义上讲，对弗雷格的语义学进行系统的考察，对于理解和把握20世纪反实在论的发展和演变具有极其重要的意义。

（一）从传统逻辑到语义学

弗雷格在其早期的哲学生涯中非常注重对逻辑的探讨，并试图以“逻辑”为中心而建构其哲学体系。在考察了逻辑发展的历史进程之后，他清楚地认识到，传统逻辑学家基本上关注的仅仅是旨在解决传统逻辑问题的数学规则系统，即形式逻辑或语形学，而不涉及任何哲学领域，因此，传统逻辑具有很大的缺陷。例如，康德在其早期的数学知识概念中，曾提出数学符号论这一系统。在康德看来，数学符号论的优点就在于，它同晶性地描述了其理论特点。具体地

讲，在算术方面，康德认为，具有增加和减少功能并相互关联的符号，提供了数字的对应特点的模型。几何更是如此，因为，在那里，符号的确与符号化的东西是相类似的。这样一来，数学符号论就成为用来在感性直觉中显示数学理论的可靠模型的符号系统。正是由于数学所具有的这一构造本性，因而构成了其同晶性的描述。相反，哲学却仅仅与给定的、非构造概念相关联，因此，它不可能像数学那样同晶性地描述其内容。换句话说，在数学符号论中只存在直观的对象，却不存在概念；而且，即使存在概念，它也仅仅是使数学家而非哲学家感兴趣的东西。正是在这个意义上，弗雷格极力拒斥传统的逻辑学说，并试图为哲学而非数学建构一种语言符号论或新的逻辑系统，尽管这种符号论所给定的内容不是在自然语言中所给定的，且必须极其准确。

为了拒斥传统的逻辑学说，从而为逻辑的发展提供新的解释，弗雷格首先区分了他自己的逻辑概念与类似布尔等计算逻辑学家们的逻辑概念。在他看来，类似布尔的那些逻辑学家们仅仅是为了发展一种计算推理的方法，而非设计一种有特色的语言和语法以便给逻辑以清晰的表达。因此，他们的逻辑概念是不完善的。弗雷格尤其对布尔进行了批判。在他看来，布尔仅仅是为了解决逻辑问题而建立的规则系统，但由于他所建构的系统完全忽视了内容，因此，他不能同时满足符号之间的关系与事物之间的关系的紧密关联。而且，布尔的公式化的语言符号逻辑表达的仅仅是语言的形式部分，这样一来，它所表达的东西就仅仅是思想的一部分而不是全部。因为，我们思想的完整性是不可能由一架机器所考虑到的，也不可能被一个纯粹机械的能动性所代替的。① 显然，在弗雷格那里，布尔的逻辑概念系统是不完整的。与布尔恰恰相反，弗雷格所建构的逻辑系统并不仅仅表达公式的抽象逻辑，而且还用更精确、可传达的方式通过符号去表达内容。在他看来，正是我们思想的完整性决定了语言内容的丰富性。换句话说，只有当我们不仅表达内容而且还通过计算中所使用的逻辑符号从内容的组成要素中去构造内容，公式语言才在真正的意义上有价值。

显然，弗雷格通过对康德和布尔的传统逻辑概念的批判彻底地改变了传统逻辑的特点。在他看来，连系动词并非联结主谓的独立元素，而仅仅是在非饱和状态（unsaturatedness）中所显示的概念的一部分或功能，因此，他用对象与功能之间的部分替代了主谓之间的部分，即连系动词。另外，在弗雷格看来，所谓性质的范畴是从未断定的命题内容与已断定的内容之间所产生的混乱中得

① Frege G. 1880. Booles Rechende Logik. London：Duckworth：39.

出的，而且，对量的适当解释要求以量词来限定命题的理论，即要求承认量化概念与较高层次概念存在的功能性特征。他不仅没有将自然语言排除在他所建构的逻辑符号论之外，认为自然语言语句中“语词之间的联结仅仅是部分地对应于概念的结构”①，而且，随着语言哲学的进一步完善，还逐渐拓展了其逻辑的域面，从而在全新的意义上标示了现代逻辑的诞生。更为重要的是，在某种意义上，弗雷格对传统逻辑的改造还蕴含了其语形学走向形式语义学的趋向。因为，在弗雷格看来，逻辑不仅仅要涉及语句的纯形式部分，即其本质及其结构，而且还必须涉及语句的内容。另外，对语言的理解事实上也恰恰揭示了自然语言所包含的大量非描述性特征，而这些非描述性特征并不仅仅代表具有形式逻辑性的因素。正是自然语言的这种非描述性特征，一方面显示出语言之间的相似性或同晶性的效用，另一方面也突出了语言之间的区别对于减少掌握逻辑时所遇到的困难的功能。

不言而喻，当弗雷格宣告要把心理学从逻辑中分离出来，要把主观从客观中分离出来的时候，他就已经清楚地暗示了，如果将内容排除在外，那么，思想中的逻辑与客观因素也就不可能保留在判断中；而如果抛开心理因素的话，则思想中的逻辑与客观的因素就能保留在判断中。因此，弗雷格的现代逻辑已经大大超出了语形学这一框架而进入了语义学层面，即开始关注意义及其内容，正是在这里，他发现了推理、有效性等更多东西的根本性基底。比如，如果给定“完美语言”，那么，我们无须诉诸命题之外的代数，而仅仅通过对组成要素和完美语言的结构关系进行分析，就完全可以得出推论性关系和有效性条件。

当然，这里需要指出的是，弗雷格的语义学无疑涉及两个条件：其一，每一个语句都可翻译成部分内容；其二，在部分内容中的每一个语句的语法形式都同晶性地映射了内容的组成要素。显然，在弗雷格那里，要建构一种完美的语言就必须引入符号。因此，无论是在语形学层面还是在语义学层面，符号都是有意义的因素，而且，这些符号在原则上也是不可能完全消除的。因此，不可否认的是，在这里，逻辑与意义是相关联的，也就是说，语形与语义是紧密联系、不可分的。

（二）基本的语义学范畴

从语义学传统上讲，波尔扎诺的语义学与弗雷格的早期语义学在某种程度

---

① Frege G．1880．Booles Rechende Logik．London：Duckworth：13．

上是极其相似的。具体而言，二者都强调要将心理因素从逻辑中分离出来、要将主观同客观相区分的重要性。在他们看来，对主观描述与客观描述作出区分完全是必要的。因为，客观描述是不会改变的，而主观描述却总是不断地在变化。而对语词的描述常常是主观的，但是语词的意义却是客观的。二者在本质上是不同的。康德之所以会形成其主观语义学，其主要原因就在于他将语词的意义同对语词的描述相混淆了。因而最终使得他的意义理论也出现了混乱。

为了消解康德的主观语义学，波尔扎诺曾经区分了与描述相关联的三个范畴：其一是主观描述；其二是客观描述；其三是描述对象。但由于波尔扎诺赞同康德关于描述就是概念或直觉的观点，因此，他难以在主观描述（如看见一朵玫瑰）与其对象（一朵玫瑰）之间建立客观描述。与此相反，弗雷格在构建了其语义学之后，一开始就彻底地批判康德的主观语义学。在他看来，客观描述只能分为概念与对象，而不能分为概念与直觉。客观描述关注的仅仅是描述之间的相互联系，而当这些联系适当时，类似于康德的判断的那些东西就必定会减少其主观性的、心理的成分。显然，恰恰是判断的这些内容减少了其主观性维度。这就是弗雷格所谓的"可能判断的内容"（content of possible judgment），即后来罗素所谓的命题态度，它包括理解、假定、断定以及惊讶等。这样一来，对人类知识的理解就完全取决于对可能判断内容的理解，换句话说，当我们去阐释科学理论时，事实上就已经预先假定了存在语义学。而只有当我们对语义学有了充分的理解和把握，才有可能最终理解认识论。

可以看出，弗雷格在其语义学中指出了三个基本的语义范畴，即概念、对象与可能判断的内容。弗雷格早期的语义学就是围绕这三个概念展开的。在弗雷格看来，所谓的对象就是我们每天所经验到的桌子、椅子、数学知识、逻辑的真值等。弗雷格的语义学研究的重点不是对象，而是其他两个主题，即概念和可能判断的内容。在弗雷格看来，所谓的概念就是整体论与非饱和性的本质和根源。它不是一蹴而就的，而是在过程中而产生的。概念形成的过程主要取决于判断的过程。他指出，从亚里士多德到布尔的逻辑学家们，都把逻辑仅仅看作是推理理论，而在这个理论中，概念被预先假定为是早已完成了的。弗雷格极力反对这个观点。正像他所说的那样："我是从判断及其内容开始，而非从概念开始的。……概念的形成是从判断而开始的。"[①] 显然，在这里，弗雷格认为，我们首先被给定了可能判断的内容和构成对象，然后，我们就能够通过从可能

① Frege G. 1880. Booles Rechende Logik. London: Duckworth: 17.

判断的内容中刻画概念而最终产生出概念。换句话说，从判断到概念的步骤类似于数学中关于功能与值之间的关系所采取的步骤。可见，弗雷格的概念形成学说一方面在很大程度上克服了包括波尔扎诺在内的大多数以往的哲学家们盲目地依赖于表面的语法以及主语－连系动词－谓语形式，因而具有鲜明的整体论性；另一方面，它也预示了语义学作为一种重要的分析方法和手段，在某种意义上所具有的整体论性和丰富性。因此，弗雷格语义学所采用的策略以及它所产生的结果的丰富性是波尔扎诺等无可比拟的。

正是在对语义学基本范畴的进一步分析的基础上，弗雷格不仅看到了概念的本质特征就在于它能够指称多个对象，从而得出了他独具特色的指称理论；而且他还认识到，单一描述与普通描述是完全不同的两种语义范畴。单一描述就是专名，它们是完全独立于判断的；而普通描述则是在判断之后才出现的。显然，在这里，弗雷格一反传统逻辑的观点，创造性地将概念与判断的顺序加以颠倒，显示出他独特的语义学特征；而且，在此基础上，他还对概念或指号、意义和指称三者的关系做了详尽的分析和概括：指号、其意义和其指称之间的正常联系是这样的：与某个指号相对应的是特定的意义，与特定的意义相对应的是特定的指称，而与一个特定的指称（对象）相对应的可能不是只有一个指号。[①] 例如，“晨星”和“暮星”这两个名称，具有两种不同的意义，而它们的指称（对象）却只有一个（金星）。这就是说，两个专名可能具有不同的意义，却可能具有相同的指称。同一个对象同时是两个名称的承担者，尽管在把这个对象看作其中一个名称的承担者时所根据的标准是不同的。在他看来：同一种含义在不同的语言，甚至在同一种语言中，是由不同的表达式来表达的。这条规律的确也有例外。在完善的指号构型中，当然一定只有一个特定的含义与每个表达式相对应。但是，从许多方面来看，自然语言都达不到这个要求，我们必须满足于至少在同一语境中同一个词具有相同的含义。[②]弗雷格还用下列图表来说明命题、专名、概念词与其意义、指称的关系（图 4-1）：

显然，在这里，从概念词达到对象，比专名达到对象要多走一步，即要通过概念而达到对象。他把这一步画在一个水平上，以表示它是在同一水平上发生的，对象和概念具有同样的客观性。从概念到对象这最后一步也可能不存在，这也就是说，这个概念可能是空的。[③]可见，包括意义理论和指称理论在内的弗

①② 弗雷格．2001．论意义和指谓//弗雷格，弗雷格哲学论著选辑．王路译．北京：商务印书馆：92．

③ 弗雷格．2001．论概念和对象//弗雷格，弗雷格哲学论著选辑．王路译．北京：商务印书馆：76-81．

雷格的语义学，在一定程度上具有丰富的内涵，它不仅影响了罗素和维特根斯坦等语言哲学家及其20世纪反实在论者的语义学，而且，在某种意义上还促成了弗雷格语义二元论的产生，从而体现了其语义学所具有的深刻的本体论性。

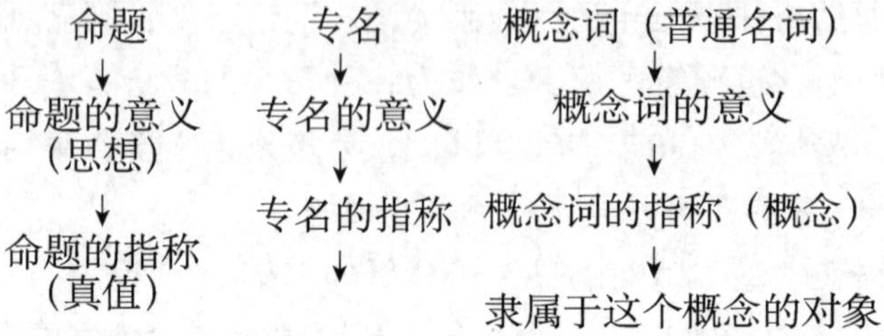

图4-1　命题、专名、概念词与其意义、指称的关系

（三）从语义一元论走向语义二元论

在语义学传统中，存在两种不同类型的语义分析方法，即语义一元论与语义二元论。这两种语义分析类型在整个语义学传统中发挥着非常突出重要的作用。二者既有相似性也有不同之处。其相似性就在于，二者都主张在语义分析过程中，必须把语言分成基本的语法单元并且将这些语法单元与适当的语义关联相联系；而其不同之处则在于语义实体所要求的数量与特征不同。具体地讲，一元论认为，我们只需要将一种语义实体与每一个语法单元联系起来，而且，所有这些实体基本上都存在且对应于客观的外部世界。而二元论则认为，我们必须把两种不同的元素，即语句或语词及其所指称的对象这两种元素与每一条语法单元相关联。在他们看来，后者的确存在于客观世界中，但前者存在于何处甚至这个问题是否真的有意义，语义二元论者却是持怀疑态度的。

弗雷格早期的语义学体系主张语义学一元论。但是，到了19世纪末期，他在考察语义学基本范畴以及语义学的指称论和意义理论的基础上，却开始转向了语义二元论。具体地讲，弗雷格的语义二元论主要是通过其对两个重要的语义范畴的分析和探讨而展开的。这两个语义范畴分别是意义（sense / sinn）与所指（significance / bedeutung），它们完全不同，且独立于有意义的表达。对于弗雷格而言，每一个有意义的语法单元都无非在做两件与语义相关的事，即它既表示其含义，同时又表达其意义。

尽管弗雷格始终强调我们所理解的东西与我们所言说的东西之间的区别，但是他同时也认为二者有密切的联系。例如，在“某书的作者个子很高”这个句子中就显示出，宇宙中确实包括许许多多的对象与性质，但其中只有一种东西影响这个语句的真值。在这个语句中，唯一相关的对象是“某书的作者”；而唯一相关的性质则是“个子高”。因此，这个语句的真假就完全取决于是否宇宙中这个单一的对象具有单一的性质。从对上述语句的分析中我们可以看出，这个信息完全包括在上述语句中。这个信息是由两个不同的条件构成的，因此，这个语句就可以看作是被分成了两个对应于那两个条件的语法单元，即“某书的作者”和“××个子很高”。这样一来，我们就能够认识到这个语句所具有的基本语义特征，即这些语法单元与宇宙中所对应的真值相关部分是有关联的。换句话说，语句的语法单元与语句中所言说的对象的真实性是密切相关的。显然，在这里，弗雷格看到了语义学除了要涉及语句的形式结构外，还要涉及语词、语句与世界的对应关系及其所表达的含义与意义。

含义，是被弗雷格以前的大多数哲学家所忽视的语义范畴，直到20世纪才成为哲学家们语义学研究所关注的重点。弗雷格通过对含义的分析认识到，它正是命题理解的特征所在。它至少涉及两个问题，即我们所理解的对象是什么？在什么情况下理解才得以发生？对这些问题的解决一直伴随着弗雷格之后的语义学传统。它表明命题态度的目的就在于揭示某些真实的实体，而理解的基本态度就是直觉。但是，当弗雷格在含义与真实世界之间作出区分之后，他却彻底地否认我们所理解的对象就是真实世界中的元素。在他看来，当理解确实涉及被给予的对象时，它并不一定以了解的模式被给定。因为，理解与了解并非是等同的；事实上，前者通常与描述的知识有关。当我们理解一个确定的描述时，我们所理解的就是其含义，而且，这个含义反过来又成为获得指称对象的方式。

这样一来，语句就成为语义学能动性的核心。换句话说，要理解一个语句各组成要素的特点就要知道语句中各个部分之间的联系，还要将语句与其两个语义层面中的每一个层面都相关联。具体地讲，语句的首要的、基本的语义任务就是言说某事。如果语句所言说的是其含义的话，那么，语句的每一部分的含义就仅仅在于它促成了语句的整体含义。就含义而言，语句的各组成部分仅仅是工具，它完全从属于语句的整体含义。一个语句其中某一部分的含义之所以是有效用的，仅仅是因为它有助于我们理解语句的整体含义。

另外，语句的第二个语义任务在于揭示其意义。语句的意义就在于其真值，因此，各语法单元的意义与整个句子的意义是无关联的。也就是说，语句的真值并非仅仅取决于其含义，而是取决于其含义外加事物存在于现实世界的方式。显然，整个语句的含义及其意义都是从语句的各个部分中产生的。

可以看出，弗雷格的语义二元论不仅丰富了语义学传统中语义分析的类型，而且，它还进一步为20世纪的反实在论提供了本体论的语义学基底，进而标示了其本体论与方法论的同一性。

（四）弗雷格语义学的本质及其特征

弗雷格在构造其语义学的同时，一方面看到了传统语义学所存在的明显的问题，另一方面又吸收了它们可以借鉴的内容，从而在其现代逻辑的基础上，形成了自己独具特色的语义学。具体而言，其语义学的本质及其特征体现在以下几个方面。

首先，在弗雷格看来，所有的语句都是由单个语词构成的。这是因为，自然语言毫无疑问是具有创造性的。因此，全部句子的意义必然取决于构成语句的语词的意义。而这恰恰就是语词的意义所在，即语词可以重复性地促成语句的意义，而正是在这里，语词才得以发生。换句话说，如果没有语词，就无所谓语句；而如果没有语句，也无所谓语词。二者相辅相成，互为因果。正是在这一基点上，弗雷格创造性地提出了“语境原则”，即只有在语句的语境中，我们才能追问语词的意义，除此之外，别无他法。而正是通过这一原则，弗雷格进一步认识到，当我们已经理解或把握了许多语句的意义时，我们完全可以将这些语句的意义追加到它们所共有的语词上，而且，在弗雷格看来，意义的这种凝结只能通过连接词而实现。换句话说，语句的结构无非就是语词、短语以及从句所构成的方式。而一旦整个句子的意义连同其结构式前提都将意义给予了个别语词，那么，这一过程的顺序就会颠倒过来。也就是说，当我们将意义赋予了语词并且分析语词是如何构造语句时，我们就会在此基础上理解新的语句，即给予语句以全新的意义。正是在这个基点上，弗雷格的语义学又可以叫做构造语义学（compositional semantics），其核心就在于，强调用具有最丰富内涵的经验理论对语句及其意义进行分析。随着语言哲学与科学哲学的纵深发展，弗雷格语义学的这一语句构造方法为20世纪反实在论提供了一种新的方法论原则，尤其是为达米特建构其语言哲学分析方法提供了全新的角度和思路。

其次，弗雷格的语义学突现了鲜明的客观性和有效性。在进一步考察语句的意义之后，弗雷格指出，对语句意义的理解在本质上就意味着理解一个语句在什么条件下为真，这样一来，语句的意义就从根本上摆脱了说话者的主观意识，最终成为对所有理解者都有约束力的语句本身的有效性要求。正是从这个角度出发，弗雷格转向了其真值条件语义学（truth semantics）。可以说，这一语义学理论是由弗雷格开创的。而后又由维特根斯坦、戴维森、达米特等加以继承和发展起来。从本质上讲，这一理论把“句子和事态、语言和世界的关系置于研究的中心。随着这一本体论转向，语义学理论使人摆脱这样的成见：表象功能可以按名称所指称的对象来澄清。句子的意义和对句子意义的理解不能脱离语言同句子的有效性要求的内在关系”①。

可见，弗雷格的真值条件语义学的转向超越了传统意识哲学，指明了语言理解新的方向。但是，必须指出的是，这一理论具有一定的局限性。具体地讲，主要表现在：首先，在这一理论中，对意义的分析仅仅限于对语句的分析，而没有扩展为对言语行为的分析，忽视了语言表达的交往功能，因而在某种程度上具有语义学抽象主义的局限性。其次，它相信所有的意义都可以还原为句子的命题内容，但是却又将这一内容狭隘地理解为命题对事态的陈述，且语言在此承担着陈述事实的功能，因此具有认知方面的不足之处。最后，它为了反对和避免以往语义学的纯粹主观主义，因而只强调说话者如使句子为真所必须满足的条件，却完全忽视了接受者相信一个命题为真的主观条件，换句话说，它片面地相信，命题的意义独立于接受者的认可，于是不可避免地陷入了纯粹客观主义的境地。正是出于对上述语义学局限性的修正，最终促成了传统语义学哥白尼式的革命，即形成了现代意义上的语义学构架。

不言而喻，弗雷格的语义学构架是在全新的现代逻辑基础上所建构的，它不仅克服了以往语义学主观主义倾向等许多缺陷，为20世纪语言哲学与科学哲学的发展提供了重要的方法论基础；更为重要的是，它重新点燃了语义学传统的复兴之火，为现代语义学的发展及其根本性变革提供了新思路和广阔的空间，从而成为传统语义学向现代语义学转变的中介桥梁。正是从这个意义上讲，20世纪反实在论的语义分析方法恰恰就是缘于弗雷格的语义学传统。

三、当代反实在论的语义学转向——卡尔纳普的逻辑-语义学模式

随着“语言学转向”的深入展开及其所产生的强烈效应，语义学在20世纪30年代发生了根本性的转向，实现了方法论上的又一次“哥白尼式的革命”。具体而言，语义学不再作为孤立的语言分支而存在，而是被引入到逻辑与哲学中。正是语义学与逻辑和哲学的这一契合彻底地改变了逻辑的命运，强烈地震撼了

① Habermas J. The Theory of Communicative action（I）. Thomas McCarthy，trans. Boston：Beacon Press：276.

整个语言哲学和科学哲学领域。同时，语义分析也开始作为一种方法被广泛地运用于认识论、本体论、伦理学以及美学中，从而成为20世纪西方哲学领域的一种重要的科学分析方法。

当代反实在论在吸取了弗雷格等的语义学理论之后，也开始将重心转向语义学，并逐步成为其重要的分析方法。可以说，语义学作为20世纪反实在论重要的一种分析方法，不仅体现了反实在论在对其科学理论进行构造、解释和评价时所突现出来的本质特征，而且，更为重要的是，它在某种程度上还显示出实在论与反实在论的融合趋势。

如前所述，语义学传统有其深刻的历史渊源，但是尽管这样，现代意义上的语义学的形成事实上却是发生在20世纪。正像20世纪反实在论的重要代表人物卡尔纳普所指出的："语义概念，尤其是真理概念，哲学家们从古代以来就始终在探讨，但是它在现代逻辑这一准确工具的辅助下得以系统的发展却仅仅是近些年的事。"[①]尽管在语义学转向初期，当代反实在论的语义学理论还不太成熟，多多少少还带有某种逻辑语形的特点，但是作为一种全新的语义分析方法理论，已经是反实在论在语义分析方法论上的一大突破。卡尔纳普的逻辑-语义学模式恰恰体现了当代反实在论语义学的这一转向。换句话说，正是卡尔纳普的逻辑-语义学模式真正促成了反实在论语义学在现代意义上的转变。而且从某种意义上讲，卡尔纳普的上述那番具有深刻含义的话可谓是为他从逻辑句法模式转向逻辑-语义学模式做了铺垫。

（一）逻辑-语义学模式转向的可能

卡尔纳普的逻辑-语义学模式是在其句法学基础上开始建构的。众所周知，卡尔纳普为了拒斥形而上学而用逻辑问题代替了哲学问题，并在维特根斯坦的逻辑形式概念和希尔伯特的数学的基础上建构了其语言的逻辑句法。但事实上，在这里，卡尔纳普的句法概念还是模糊的，他并没有真正认识到语形、语义与语用之间的区别，而是将语义学看作是与句法学或元逻辑同一的。尽管他也隐约意识到语义学具有不同于语形学的含义，并用"准-句法学"（quasi-syntactic）来表达语词与对象之间的关系，但是这时他仍然将语义学看作是具有完整的句法翻译的东西。而只有在莫里斯语言三元划分[②]的启迪下以及在塔尔斯基语义学的影响下，卡尔纳普才彻底改变了其根本观点，不仅真正将三者进行了区分，

① Carnap R. 1942. Introduction to Semantics. Cambridge: Haruard. University Press: IX-X.
② Morris C. 1938. Foundation of the Theory of Signs. The Hague: Mouton: 21-22.

而且看到了语义学在逻辑句法中的根本性作用。事实上，在卡尔纳普这里，逻辑句法学本身就体现出了句法学与语义学的相关性。具体而言，卡尔纳普在逻辑句法中的语言观是整体主义的语言观，即它对语言进行了推理作用的或认识作用的解释说明。正是在这一整体语言观中，卡尔纳普对真值进行了探讨。尽管他是用一系列数字作为评价的基础，但对真值的探讨事实上就已经触及了语义学层面。

另外，卡尔纳普逻辑句法学的“宽容原则”为其实现语义学转向提供了可能性和广阔的空间。在构建逻辑句法学的过程中，卡尔纳普提出了“宽容原则”，从而发展了包括集合论在内的语言Ⅰ和语言Ⅱ。尽管这一原则还不是语义学的原则，但作为其结果，则导致了卡尔纳普对语言Ⅱ的关注。具体而言，在卡尔纳普看来，语言Ⅰ是一种纯粹的符号语言，它仅仅涉及语词与符号之间的关系；而语言Ⅱ则是一种坐标语言，其基本的常数是自然数。这些自然数的有序的数对（ordered pairs）是有理数；一系列有理数构成了实数；有序的四倍的实数（ordered quadruples of reals）则形成了时空点；而由这些时空点组合成的领域则最终构成了宇宙中的物理对象。可见，在卡尔纳普这里，语言Ⅱ这一坐标语言不仅仅在数学中得以应用，而且还应用于物理学以及一般的客观原理中，而且，语言Ⅱ中的每一个单个的术语都可以指称真实世界中的对象。①显然，在这里，语言Ⅱ不仅与数学符号相对应，而且，还与物理对象相关联。这也就是说，卡尔纳普的逻辑句法除了涉及语词与符号之间的关系外，还研究语词、语句与世界之间的关系。

不言而喻，正是对语言Ⅱ的探究表明了卡尔纳普的逻辑句法较一般意义上所使用的句法术语要宽泛得多，它不仅包含了纯粹的逻辑符号关系，而且还包含了语言与世界之间的关系、对逻辑的评价、逻辑结果之间的关系以及对语义完美性的解释说明等语义层面的东西。因此，从本质上讲，他的逻辑句法学蕴含了语义学理论。

另外，卡尔纳普的逻辑句法学并没有将经验排除在逻辑之外，也同样暗示了语义学在其逻辑句法中的地位。在卡尔纳普看来，当我们运用经验语言而进行构造、评价和解释时，必须引入逻辑作为其手段和方法。而这就必然要求逻辑必须是远离经验结果的纯逻辑，而且这种逻辑关系始终是一致的。但是，我们却往往不可能证明这种一致性。因为，在卡尔纳普那里，并不存在任何完全

---

① Carnap R. 1947. Meaning and Necessity. Chicago：University of Chicago Press：74.

独立于经验事实的逻辑的先在领域。而且，经验事实的任何概念事实上也都已经预先假定了一种逻辑。因此，卡尔纳普指出，我们不仅仅在描述术语之前因而在逻辑被用于其经验结果之前就已经引入了其逻辑工具，而且还以一种特殊的方式在逻辑与描述之间做出了明确的区分。正是逻辑与经验的这种不可分割性彰显出语义学在其逻辑句法中的重要性以及二者在某种程度上的同一性，从而使卡尔纳普在此基础上提出了其建构逻辑－语义学模式的两种不同的方式：其一，引入逻辑概念，如逻辑真、逻辑非真、逻辑含义、逻辑等同以及逻辑选言（disjunction）作为其未定义的术语。其二，根据逻辑域和状态描述概念引入了逻辑概念。正是通过上述两种方式，卡尔纳普不仅运用其原始的逻辑概念形成了一系列语义层面的假定，从而体现出大量的语义关系，即逻辑概念与所对应的彻底概念（真）之间的关系、逻辑概念的功能、语句与语句之间的关系、逻辑真与逻辑非真的重要功能、逻辑含义的功能以及逻辑等同与逻辑选言的功能等，而且还在更深层的意义上以第二种方式提出了逻辑概率和“可能世界”等逻辑语义学概念，从而最终实现了其逻辑－语义学模式的构建。

（二）对逻辑真理的语义学解释

作为反实在论的重要代表人物，卡尔纳普一开始也像其他反实在论者一样从根本上拒斥真理概念。因为，在他看来，“真理和谬误并不具有适当的句法功能；语句的真假不可能由其样式所辨明，也就是说，我们不可能通过语句中符号的种类和序列而辨明其真假”[①]。而且，更为重要的是，当我们对真理概念进行考察时，很容易产生语义悖论。这样一来，真理作为语义学的范畴就必然被卡尔纳普拒之门外。

但是，随着其句法概念的宽泛化，以及对塔尔斯基语义真理的分析、评价和接纳，卡尔纳普清晰地意识到，真理概念不仅仅是纯逻辑句法层面的，而且还是超逻辑句法层面的，因为，要想对逻辑真理进行适当的解释和评价，不仅仅要在逻辑句法层面本身，更重要的是还必须在超逻辑句法层面来进行。换句话说，只有超越自身，才能得以更适当、有效、合理的解释。显然，在这里，卡尔纳普事实上已经在塔尔斯基的语义真理的前提下将句法学的内涵延伸到语义学层面了。具体地讲，主要体现在以下几个方面。

（1）对语义悖论根源的消解是卡尔纳普对逻辑真理进行语义解释的前提条

---

① Carnap R．2002．Logical Syntax of Language．London：K．Paul．Trench．Trubner & Co．Ltd：216.

件。为了在逻辑真理与超逻辑真理之间、逻辑概念与超逻辑概念之间作出明确的区分，以便从语义学角度考察、解释和评价逻辑真理，从而给逻辑真理以语义学的解释，卡尔纳普首先剖析了语义悖论产生的根源。他指出，有些判断形式，如“……是真的”“……是不真的”等，不能用于自指，否则必然引出悖论，因为在他看来，这些判断形式一个涉及自我指称，而另一个则不涉及。比如，“本页本行的这句话不真”这一判断形式就是一个悖论。因为在此判断形式中，“不真”这个谓词没有按照它的正常用法来断言不自指的句子，而是用来断言包含该谓词本身在内的自指的句子，这样一来就必然会混淆语义层次，因而出现了上述悖论。而断言“雪是白的是真的”之所以能够成立，是因为它没有用于自指。可见，用于自指的句子与不用于自指的句子处于不同的语义层次，混淆了这个层次，就必然产生语义悖论。显然，在卡尔纳普那里，要想避免语义悖论，其途径仅仅在于区分自指句子和非自指句子，理清语义层次。而要区分上述两种句子则又必须区分两种语言，即“对象语言”（被断言、被分析的语言）和“元语言”（用以断言、分析的语言）。例如，句子“雪是白的”是元语言，但在“雪是白的是真的”这一断言中，它是被刻画的对象，因而是对象语言。可见，元语言与对象语言的区分是相对的。当语言用来刻画对象时，它就是元语言；当它作为对象再被语言刻画时，它就是对象语言。显然，在卡尔纳普那里，元语言包括对象语言中的表达式的名称和对这些表达式之间的逻辑关系的描述，而且，所给出定义所依赖的语言要比给出定义的语言本身要更加强有力。因而元语言比对象语言更为丰富。在卡尔纳普看来，日常语言未区分对象语言和元语言，因而容易混淆语义层次，导致语义悖论。而在人工语言中，对象语言与元语言有了严格的区分，元语言的逻辑变项比对象语言的变项类型更高，因而排除了语义悖论产生的根源。正是在这个意义上，卡尔纳普一方面在人工语言范围内讨论对象语言与元语言，并根据二者的区别定义指称、满足、真理等概念；而另一方面则又将指称、满足、真理等概念放到语义学层面中来进行解释、评价，从而在结合了逻辑与语义的各自优势的基础上，在句法层面对真理进行语义学的解释，克服了句法学的单一性、局限性与语义学的模糊性、歧义性，为完善他的逻辑 - 语义学模式奠定了基石。

（2）对“分析”术语与“矛盾”术语进行分析和定义是其对逻辑真理进行语义学解释的策略。为了从语义学角度解释逻辑真理，卡尔纳普区分了可证实性与真理在数学上的不同之处。在他看来，“分析”这一术语在数学和逻辑之内可以算做是真理的代名词，而在自然语言中则不是。因为，当我们将每一个语句都转变为正常形式并且去评价其结果时，如果不存在限定性量词，那么结果就是0=0（分析）或0≠0（矛盾）；而如果存在限定性量词，在卡尔纳普看来，则应该考虑所有变量的值，也就是说，要考虑各种不同条件下的不同值。正是对值的多样性的探讨蕴含了其对逻辑真理概念的语义学解释。具体地讲，尽管卡尔纳普不赞成实在论的真理“符合说”，但同时他又认同实在论者尤其是塔尔斯基关于真是句子的一种性质，它表征句子本身与句子名称相符的观点。在他看来，真理问题涉及的是表达式与其指称之间的关系，而这恰恰与语义学所处理的关系是一致的。因此，真理与指称、定义、满足等语义学概念属于同一类概念。在他看来，由于存在各种语言系统，一个语句的真只涉及它所属的特定语言系统，在一个语言系统中为真的语句在其他语言系统中也可能为假，因此不存在普遍的真理，只有个别的语句的真或假。

他进一步在塔尔斯基语义真理的基础上用“满足”这一术语来定义句子本身与句子名称的对应关系。他指出，所谓满足，就是指单个的句子符合一个句子函项。满足是一个语义学概念，而真仅仅是满足的一个特例，即句子本身与句子名称的对应满足（T）等式。因此，对真理进行定义的一个基本要求就是不把语义学概念作为初始概念，换句话说，定义真理就必须首先定义满足。卡尔纳普用递归的方法来定义满足，即首先给出那些最简单的语句函项所需要满足的条件，然后再给出复合语句函项所需要满足的条件；最后把封闭的语句作为语句函项的一种特殊情形（即自变项的数目为零的语句函项），从而把“真的”当作“被满足的”一种特例。显然，卡尔纳普通过分析“满足”这一语义学概念进而对真理概念进行了语义学的解释。

（3）卡尔纳普对逻辑结果关系进行了语义层面的定义。在他所构建的“一般句法学”中，卡尔纳普强调只存在两个概念，即语句和语句所获得的直接结果，并且试图在这一基础上去重新规约语法范畴、对逻辑与描述进行区分以及对翻译进行定义。正是在这里，卡尔纳普拒斥了传统对真理的哲学解释，并且试图重新对真理进行全新意义上的探讨。在卡尔纳普看来，当我们进行语言翻译时，如果忽视观察所起的作用，那么，对语言的解释就是整体性的，它就必然是推理的作用解释。这是因为，在逻辑句法中，翻译始终保存着一种结果关系。显然，卡尔纳普所刻画的东西似乎更接近于构成自然语言的推理实践。这样一来，卡尔纳普将翻译的适当性建立在推理作用基础之上就是不可避免的，从而进一步体现了其逻辑真理的语义学功能。

（4）语义规则的语言内在性（language-internal）是区分逻辑术语与超逻辑

术语的核心与关键所在。为了更有效地阐释逻辑真理，卡尔纳普试图给出逻辑符号和逻辑真理的一般性特征，在卡尔纳普看来，不同的语言系统有不同的逻辑规则。但在所有的语言系统中，逻辑与逻辑符号具有相同的特点，这是因为，特征是独立于具体规则的。因此，卡尔纳普指出："如果一个符号的外延在逻辑上是从语义假设和元语言规则中得来的，那么，这个符号就是逻辑的。"显然，在这里，所给出的定义似乎具有一定的循环性。因为，我们在给出定义的同时已经在元语言中预先假定了逻辑结果的概念，而且，事实上，每一个语义特征实质上都是在元语言中预先假定了逻辑总数的。但是，在卡尔纳普看来，这个定义却是合理的并且是非循环的，因为我们的目的仅仅是为了在对象语言中将逻辑从非逻辑符号中区别出来而非别的。因此，即使我们在元逻辑中直觉地包含了超逻辑假设，这个丰富的元逻辑也还是不会蕴含其精确的外延的。

另外，卡尔纳普将术语的语义规则或语义假设看作是这些术语的内涵所具有的特征，并且将所有的分析真理分为逻辑真理和超逻辑分析真理。从而在适当的经验基础上将超逻辑分析真理看作是对于非逻辑术语而言从意义假定中得来的。这样一来，上述定义就可以转变为：如果符号的内涵在逻辑上决定其外延，那么，符号就是逻辑的。显然，卡尔纳普定义逻辑和逻辑真理的标准一方面作为对真值表的陈述仅仅适合命题逻辑的标准逻辑术语，即内涵或定义；而另一方面则又反过来一致于或决定了逻辑符号外延或其概指的真理性功能。但是，必须明确指出的是，卡尔纳普的标准对于整个非逻辑术语来说显然是不合理的，因为，语义假定或语义规则不可能在逻辑上决定其外延。可见，卡尔纳普的逻辑符号标准实际上已经超越了塔尔斯基的逻辑真理定义而开始转向语义真理。因为，塔尔斯基的逻辑真理定义关注的只是逻辑符号或术语的外延，而卡尔纳普则不仅关注其外延而且还关注其内涵，从而在更深的层面上将句法学从逻辑层面扩展到了经验层面上。正是在这个意义上，卡尔纳普将所有的语义规则都看作是语言内在的，并认为这正是区分逻辑术语与超逻辑术语的核心与关键所在。因为，在他看来，作为命题连接词真值表规则的语义规则，它并没有预先假定任何与世界的具体的、外在的感性接触。正是在这一基点上，卡尔纳普进一步重新定义了逻辑符号，即如果外延在逻辑上是从纯语言内在语义假定和元语言的规则得来的，那么，符号就是逻辑的。这样一来，单个常量所概指的任何一个真实的个体就不可能是逻辑符号，相反，许多谓词才能构成逻辑符号，如等于谓词 = 或普遍谓词 $Fx \vee -Fx$。

显然，正是卡尔纳普对逻辑真理的语义学解释构成了其逻辑——语义学模式的核心内容，从而也奠定了他在当代反实在论甚至整个科学哲学语义学理论中的重要地位。

（三）逻辑－语义学模式的意义

可见，卡尔纳普的逻辑句法学是一个开放的领域，它不仅蕴含了丰富的句法关系，而且还赋予了语义学以合法性地位；其方法不仅是数学的而且是语义学的、证据理论的方法；其结果不仅表明了丰富的语言的完美性而且还表明了其内容的多样性，即包括古典数学、语义学结果关系、对语言解释的整体性等。因此，我们完全有理由说，当卡尔纳普宣称所有哲学都是句法学时，它并非像其表面所显示的那样。事实上，当卡尔纳普采纳了塔尔斯基的真理理论时，其句法学就已经不再是传统意义上的句法学了。而作为句法学基础的逻辑也就相应地具有了语义的和概念的基础。从而使得逻辑真理取决于整体中可能对象的某种功能。因为，逻辑的语义概念就必然被蕴含着，逻辑真理在一定程度上取决于这一概念领域的功能。正是在这一基点上，卡尔纳普形成了对逻辑真理的语义学解释，从而最终完善和丰富了其对逻辑－语义学模式的构建。

不言而喻，当20世纪30年代中期卡尔纳普接受了塔尔斯基的语义学思想之时，反实在论者们的注意力就开始从句法的可定义性转向了一系列术语的外延是否以及如何决定其中某一个术语外延的问题。而随着反实在论者不断回应实在论的挑战的过程中，语义学也已经开始以其开放性而广泛渗透到反实在论的理论中并逐步在反实在论阵营中占据了合法性地位。因此，从本质上讲，卡尔纳普的逻辑－语义学模式将语义学概念引入哲学领域，不仅优化了反实在论的哲学研究方法，而且为反实在论语义学的构建和发展奠定了基础。在他之后，语义学作为一种重要的方法论显现出来，成为反实在论与实在论相互借鉴和相互融合的一座桥梁。但是卡尔纳普的逻辑－语义学模式由于其所处的背景，也不可避免地具有一定的局限性。尤其是随着现代科学研究和哲学研究的深入发展，这一模式越来越显示出其不足与缺陷。正是在这一立场上，20世纪的反实在论的语言分析方法开始由逻辑－语义分析走向语言语义分析方法。而以达米特为代表的反实在论的语义学模式恰恰体现了这一趋向。

四、当代反实在论的语义学转向——达米特的语义学模式

卡尔纳普所建构的逻辑－语义学模式随着科学理论研究的不断深入和发展，

已经越来越不能满足和适应反实在论发展的需求。因为，尽管这一模式具有一定的语义学成分，但终归还是羞涩地、半遮半盖地以句法学形式而出现的，因此往往认为人工语言与自然语言具有本质的同一性，甚至用人工语言来替代自然语言。但事实上，人工语言充其量仅仅可以看作是对自然语言在同等含义上的摹写，因此，对人工语言的研究绝不能代替对自然语言的研究。而且，更为重要的是，由于不断地汲取、融合、扩展和应用语义分析方法而全面复兴的科学实在论在与反实在论论争的过程中逐渐处于优势地位，使得反实在论意识到，语义学必须成为自身理论中不可或缺的组成部分才能真正回应实在论对它们的挑战，从而在未来的理论发展中取得胜利。正是在这个意义上，20 世纪的反实在论开始全面借鉴语义分析方法，最终形成了其具有反实在论特色的语言语义学模式。而达米特作为 20 世纪语言哲学中反实在论的重要代表人物，无疑成为这一模式的典型代表。正像他所指出的，“来自语句的语义价值对象领域的作为功能的谓词的语义价值概念对于任何语义理论都完全广泛有效，而且这一概念给出一种方法，通过这种方法我们可以获得给定理论的正确观念”①。

需要指出的是，尽管达米特是当代语言哲学中反实在论的代表，但是他与当代科学哲学中的反实在论是一致的，并且与他们形成了统一的联盟。因此，这里不再把他独立出来，而是放在同一章中。

（一）反实在论语言语义学建构的直接动机

作为当代语言哲学领域的反实在论代表，达米特建构其语言语义学的直接动机无疑就是要反对实在论的语义学理论。而达米特对当代反实在论语义学的攻击和挑战主要体现在两个方面。

首先，站在反实在论的立场上，达米特强烈地反对经典语义学，并对它们进行了猛烈的批判和否定。因为，在他看来，经典语义学实际上就是实在论的一种形式。这种实在论的形式是建立在两个有意义的命题基础之上的：其一，理解一个陈述（或者是局部的或者是全部的）就必须掌握其真理条件；其二，这些真理条件并不必在断言中用具体例子说明，而仅仅要求它们在某种程度上超越那些断言。第一个命题暗示了断言的真值功能的可适用性可以用世界中可获得的事实来加以说明。而第二个命题则暗示了某种超越证实的真元素是客观存在的。在达米特看来，这两个命题从根本上讲是站不住脚的，因而都必须加

① Dummett M．1982．The Interpretation of Frege’s Philosophy．Cambridge：Harvard University Press：168．

以批判和否定。因为，在他看来，实在论的语义学所赖以存在的基础无非就是一些所谓能够被满足的真理条件，这些真理条件叫做“独立认知”（recognition-independent），而且还被实在论者冠之以“先验证据”（evidence-transcendent）或“先验证实”（verification-transcendent）的特点。而恰恰是这些“先验证实”的真理条件决定了实在论的真理是超越一切断定的所有可能性的，因而不能被当作自然语言系统中意义的适当理论而存在。这样一来，在摒弃实在论的语义学基础上建构反实在论的语义学就成为自然而又必然的事了。

其次，对实在论者戴维森的意义理论即所谓的“戴维森纲领”的批判是达米特反实在论语义学建构的另一个动机。众所周知，戴维森的意义理论即“戴维森纲领”，是在塔尔斯基的真理定义的基础上形成的。塔尔斯基的真理定义是要为“真”（truth）这个概念提供一个“实质上恰当、形式上正确的定义”。所谓“实质上”恰当，是指“真”的外延应当是语句，而不是我们用语句表达的外在对象或心理现象或观念的对象。塔尔斯基提出的这种恰当性的标准是：①“从我们的语言的语法的观点来看，对于一个‘X是真的’形式的表达式，如果我们用一个句子或者其他不是名称的任何东西来替换X，那都不能使它成为一个有意义的语句”。②“不管我们用什么言辞对一个对象做出断言，任何语言的使用的基本惯例都要求必须使用对象的名称而不是使用对象本身。”[①]所谓“形式上正确”，是指通过区分“对象语言”和“元语言”，使真语言获得一种形式上的精确意义，由此消除一切类型的逻辑悖论。根据塔尔斯基的这两个要求，我们对一切真语句都可以定义为如下形式

（T）X是真的，当且仅当P

在这里，塔尔斯基只是想要说明，一切可以用“真的”这个谓词加以述说的东西都只能是语句，而不是语句所表达的事实内容。可以说，塔尔斯基对于“真”这个概念的语义学定义是用形式语言构造出来的，而且只有在形式语言中才有效。

显然，塔尔斯基的这种形式化的真理定义无法满足用自然语言定义真理的要求。正是基于这一不足，戴维森提出，由于给出真值的条件就是给出意义的一种方式，因而对自然语言给出真理定义就意味着为自然语言提供确定意义的方式，这样自然语言中有关“真”概念的定义问题就应当还原为对这种语言中的意义加以确定的问题。于是，戴维森指出，对自然语言构造的恰当描述必须

① 塔尔斯基．1988．真理的语义学概念和语义学的基础 // 涂纪亮．语言哲学名著选辑：英美部分．北京：生活 • 读书 • 新知三联书店：248-249．

表明如何能够把它整合为对这种语言的一种完整的意义理论，而这种意义理论就可以清楚地说明这个语言中的每个句子的意义。这样，戴维森在塔尔斯基理论的基础上提出了他的意义理论。

戴维森的意义理论主要涉及三个主要内容，即对意义理论任务的规定、对自然语言形式化的要求以及对意义理论与真理论的关系的说明。具体来说，主要包括以下三个方面。

（1）在戴维森看来，意义理论的主要任务应当是表明一种语言的说话者如何能够有效地确定意义，或者说确定任意的表达式的意义。

（2）在对自然语言所使用的真理谓词进行结构描述时，我们需要提出一种恰当的语义学标准，这个标准应当是清楚的和可检验的。

（3）我们在为一种语言定义真理时，我们实际上就是在构造一种完全的意义理论，因为意义问题只能通过分析真理谓词的方式才能得以说明。

显然，在这里，戴维森明确表示了自己对从形式上表征自然语言的真理谓词所持的乐观态度，并试图以纲领的方式去说明对自然语言的这种形式化过程。这就是所谓的“戴维森纲领”。

针对“戴维森纲领”，达米特提出了他反实在论的意义理论，即理解理论，对戴维森的意义理论进行了严厉的批评。在他看来，由于意义与理解的这种关系，因而一个表达式的意义就在于人们理解这个表达式时所知道的东西。正像他所说的那样：“如果我们想要说明何谓一种语言，即何谓该语言的语词和语句具有它们所具有的那种意义，我们就必须为那种语言描画出一个意义理论。这样一个理论描述这种语言的实践；或者最好能说明用那种语言进行交流的现象，就如其他理论能够说明其他现象一样。这样做的时候不必局限于实际描述，而可以像其他理论一样运用理论概念，如指称、真理等概念。有了这种理论，我们就可以说明对该语言的理解就在于隐含地具有这个意义理论的知识。”①

显然，达米特的意义理论是与戴维森的意义理论有着本质上的不同。在达米特看来，戴维森的意义理论是以“真”这个概念作为核心，但他并没有向我们详尽地解释“一个句子的意义就是知道它的真值条件”这句话的真实含义。在戴维森看来，只要我们能够从语义上对包含经验内容的事实陈述做出形式上恰当的表述，我们就可以说这个陈述是真的，譬如“‘雪是白的’是真的，当且仅当雪是白的”。但达米特指出，戴维森的这种说法是不恰当的或至少是不完整

---

① 达米特．1988．意义与理解 // 涂纪亮．语言哲学名著选辑：英美部分．北京：生活·读书·新知三联书店：25-26．

的，因为仅仅说明句子的真值条件并不能向我们提供完整的对句子意义的说明。达米特认为，如果一个意义理论是以“真”这个概念为核心，那么它就必须包含这样两个部分：一个是所谓的“指称理论”，即对句子真值条件的一种归纳说明；另一个则是“含义理论”，即说明说话者关于句子真值条件的知识与对这个句子的实际使用能力之间的关系。而戴维森的意义理论则仅仅包含了前一个部分，因而在达米特看来，它是不完善的，它只是一种“指称理论”而已。而且，达米特还指出，一个恰当的意义理论除了上述两个部分以外，还应当包含一个补充部分，即他所谓的“语力理论”（theory of force）。这种理论的作用就在于它说明了一个句子在表达中可能具有的各种类型的常规意义。

由上述可见，达米特将其反实在论的意义理论看作是对整个语言知识而非特定知识的说明，因此，从这个意义上讲，戴维森的意义理论是狭隘的和不完整的。

（二）对数学的语义分析构造

为了更有效地批判实在论并且构造更为适当的反实在论语义学，达米特一方面超越传统柏拉图主义对数学本体的抽象断言，同时试图填补直觉实在论在本体论信仰向数学语言形式转化中的逻辑断层；另一方面又继承了弗雷格对数学语言的语义分析的传统，认为离开了语义的分析，数学哲学的研究是寸步难行的，从而在此基础上走向了对数学语言的语义分析。

在达米特看来，当我们对数学本质进行解释的过程中，一旦涉及“语境原则”（context principle），即一旦将一个单一的数学语句放在其上下关联中，一个算符才会具有它确定的意义。显然，达米特所谓的“语境原则”不是一个纯句法的形式规则，因为这一原则不仅在数学形式的语言层面上涉及算符所表征的句法的结构和内容；而且还从方法论上引出对表征算符的深层语义内涵的分析。正是通过将逻辑句法形式与语义的内在分析的紧密结合，语义分析自然而然地成为数学哲学中不可或缺的内在组成部分，从而系统地将数学陈述其真正的意义展示出来。可见，对数学语言进行语义分析导致了对数学表征的真正理解。

另外，按照达米特的观点，要对数学语言进行语义分析，其关键就在于如何处理一种数学语言表征的“意义”与该语言表征的“指称对象”之间的关联。在他看来，把握一种数学表征语言的意义，就在于它具有一种将其与确定的指称对象联结起来的方式。因此，把握一个语句的意义，就是要将其与真值条件联结起来。从这个意义上讲，“对于一种理论来说，它的模型，或者对于一种语言来说，它的结构，同时就是一种意义的模型”[①]。当然，达米特在这里所谓的指称论绝不是传统的、机械的指称决定论。因为，在他看来，一种表征的意义并不是唯一地由它的指称所决定的，而是通过特定的途径指称对象与其相关。因此，对一种表征语言来说，只要该语言表征的指称对象被赋予了与这些表征的意义决定了指称，对于任何一种语言来说，任何一个意义模型都决定该语言的一种结构。然而，这绝不是说意义作为一种确定的条件性或一种系统的关联方式可以脱离指称。在一个有意义的数学语句中，任何真正的要素都必须具有指称，因为指称是一个有意义的数学语句的前提。

总而言之，达米特在对数学陈述的语义分析中，将数学陈述的“语义值”看作是一种“关联值”，而非简单的“对应值”，认为它是在语境基底上，从句法、语义和语用的整体关联中所进行的对数学表征的把握，而不仅仅是从形式句法层面所进行的纯逻辑分析。这样一来，达米特就最终使语义分析超越数学的形式句法的限制，从语言的和超语言的对象的统一上去进行其反实在论的语义分析，从而为20世纪反实在论的语用分析提供了可能性。

（三）对真理的反实在论的语义学说明

真理问题始终是语义学的重要范畴。如前所述，传统实在论者如弗雷格等将真理看作是决定语义价值的核心概念，并将真值条件看作无非是一些先验证据，而这些先验证据又是先验证实的。这就意味着那些被满足的真理条件事实上是超越了证实的。但是，在达米特看来，“一个陈述的意义是内在地与证实或证伪这个陈述相关联的”[②]，同时，决定证实还是证伪一个陈述的真值条件完全可能被断定或被否定。因此，可以说，这些可断定性条件从来就不能超越证实。因为，如果可断定性条件是被满足的，那么，它就有可能在原则上去检验其被满足的条件。显然，在达米特看来，当我们试图去理解一个陈述时，我们必须以这个陈述的可断定性条件为前提，换句话说，我们不必首先去理解一个陈述的意义然后再去追问决定其意义的适当条件是什么；相反，如果我们不理解证实或证伪这个陈述的东西，那么，我们也就不可能知道证实或证伪这个陈述的东西。

通过上述分析，我们看出，达米特一反传统实在论真理符合论尤其是弗雷格关于真理的观念，将可断定性条件看作是其反实在论真理观的核心，并认为

---

① Dummett M. 1991. Frege and Other Philosophers. Oxford，New York：Clarendon Press Oxford University Press：6.

② Dummett M. 1978. Realism//Dummett M. Truth and Other Enigmas . Cambridge：Harvard University Press：162.

一个陈述的意义是由其可断定性条件所决定的。显然，在他那里，正是可断定性条件而非真值条件才最终构成了意义。正是基于这一创造性的结论，使得达米特突破了传统实在论的语义学将意义等价于真值条件这一口号，从而开始动态地而非静态地表达语言表征与世界之间的关系，最终将其反实在论立场贯彻到底。正像他所指出的："反实在论与实在论的根本区别就在于，反实在论把'可能被认识'解释成可能被我们所认识的，而实在论则将它解释成可能被一些假设的事物所认识，而这些假设事物的理智能力和观察能力可以超越我们。[①]"

正是基于对真理的反实在论的语义学说明，达米特最终将其语义学转向了言语认知语义学模式，并将言语认知能力作为其构建反实在论语义学的策略和重要手段。

达米特的反实在论首先是一个否定性的学说，即它否定了实在论的先验证实真理观念（verification-transcendent truth），因为，实在论主张超越一切断定的可能性的真理，而这样一来，它就必然会根据先验证实真理条件使得语句至少是部分语句的意义具体化。正是基于此，达米特认为，实在论的语义学是不可能作为自然语言的适当的意义理论而存在的，因此，实在论的真理概念必须被摒弃。恰恰是在这个意义上，达米特及其他的后继者们诉诸言语认知能力作为反实在论语义学对抗实在论语义学的策略和重要手段。具体而言，达米特等提出了所谓的语义知识约束（semantic knowledge constraint），即经验语义学必须把表达的意义的真理仅仅作为有能力的言说者所认识的命题。同时，将对语义知识的理解作为一种实践能力。在他们看来，当我们想预测真值由于外在刺激而被重新分配时的语义模型时，我们必须知道意义是如何变化，以及理论是如何被修正的。但这却是不可能发生的。相反，一旦我们观察到这种模型，我们就不可能仅仅诉诸意义的成分和理论的改变。显然，在这里，达米特强调了认识论层面。他不仅关注语言的意义，而且更加关注对意义的认知。他将认识论问题确切地形式化为意义理论内的问题，这样一来，就不仅突出强调了语言理解认识论中认知能力的作用，而且，还为反实在论语义学提供了解释知识的相关概念的方法论原则，从而最终超越传统语言哲学及其认识论。可见，达米特理解语言的反实在论方法对语言认识论有着直接的影响。

不言而喻，从卡尔纳普的逻辑 - 语义学模式到达米特的认知语义学模式的转变，都无疑标示了整个20世纪反实在论语义学发展的一种趋向，从本质上讲，

---

① Dummett M. 1978. Truth//Dummett M. Truth and Other Enigmas . Cambridge: Harvard University Press: 24.

它们预示了语义学的"语用化转向"。而恰恰是反实在论语义学的这种"语用学转向"，不仅显示了整个20世纪语言哲学自身发展的内在必然，而且反映了哲学思维发展的某种关节性的变革。正像当代著名的哲学家卡尔－奥托·阿佩尔（Karl-Otto Apel）指出的："在后分析哲学的发展进程中，科学哲学的兴趣逐渐从句法学转移到语义学，进而转移到语用学。这已经不是什么秘密。"①因此，走向语用学，必然也成为20世纪反实在论发展的一种必然趋势。

第三节 当代反实在论的语用分析方法

随着20世纪中叶以来的"解释学转向"以及20世纪80年代末90年代初以来"修辞学转向"的到来和不断深化，"语言学转向"所导致的极端性、狭隘性和片面性不可避免地暴露出来，这样一来，与此相对应的语形学及其分析方法也就必然显示出了其自身的缺陷和不足之处。具体而言，随着语言哲学和科学哲学的进一步发展，哲学家们越来越清晰地认识到，当我们在对理论进行构造、解释和评价的过程中，对逻辑形式系统和工具的应用往往并不一定带有哲学上的优越性，这不仅仅是因为深刻哲学洞见的清晰和精确的表达不仅常常无需逻辑形式系统的显著贡献……，以及形式逻辑本身在某种程度上甚至并未穷尽形式严格性的领域，而且，逻辑分析和逻辑形式表示也并不期望对极其重大的论争做出裁决。②

另外，尽管语义学及其分析方法作为一种横断的研究方法论在科学哲学中越来越占据了突出和重要的地位，但是，随着科学哲学的纵深发展，我们已经清楚地看到，语义学及其分析方法并非是万能的，它不可能在一切领域都能发挥其功效。相反，它仅仅能够"为语言提供一种语句意义的完全解释，而不能为语句如何在言说中被使用来传达语境中的信息提供一种解释"③；它只能"通过说明语言句子的真值条件来研究句子和表达它的命题的搭配规则，而不能探究那些不能直接指向句子表达的真值条件来说明的言说意义"④；它对语言意义的理

① ［德］卡尔－奥托·阿佩尔．1997．哲学的改造．孙周兴，陆兴华译．上海：上海译文出版社：108.

② Agazzi E．1987．Modern Logic-A Survey：275．转引自王雨田．现代逻辑科学导引（下）．北京：人民出版社：490.

③ Kempson R．1988．Grammar and Conversational Principle// Newmeyer F．Linguistic：the Cambridge Survey .Cambridge：Cambridge University Press：139.

④ Gazdar G．1979．Pragmatics：Implicature，Presupposition，and Logical Form．London：Academic Press：2.

解是独立于语境而非依赖于语境的。正是在这个意义上，语义学在其所能适应的范围上显示出了其鲜明的有限性和不足之处。

恰恰是由于上述语形学和语义学所遭遇的不同程度的困境，最终引发了语用学的转向。因此，本章试图立足于反实在论与语境的关联这一视角，在语境基底上展示反实在论语用学的历史沿革、特征和本质，并表明它未来发展的可能趋向性，从而在全新的角度来揭示反实在论语用学的真正意义。

语用学及其分析方法作为语言哲学的重要组成部分，随着它在社会科学和自然科学各个领域中的渗透和扩张，它作为一种横断研究方法论越来越具有其鲜明和重要的意义。同样，反实在论作为科学哲学一个极其重要的分支，它必然要适应整个哲学发展的趋势，诉诸语用学及其分析方法来对其理论进行构造、解释和评价。因此，有必要站在20世纪反实在论的立场上对语用学的发展演变做出具体的探究，从而揭示出20世纪反实在论语用学转向的重要意义。

一、反实在论语用学转向的历史印迹

反实在论对语用学的接纳和汲取，不是一蹴而就的，而是经历了一个漫长的历史发展阶段。正是从这一历史发展的过程中，反实在论的语用学显示出了其独具特色的轨迹，从而彰显出整个20世纪反实在论的风格和特征。

1. 维特根斯坦语用构架的意义

尽管从一般的意义上来讲，语用学的历史可以追溯到古希腊-罗马时代。譬如，在当时，著名的语气理论就通过在指示、疑问和命令三个经典范畴之间做出区分而最早出现了语用学的雏形。而亚里士多德也曾在他的《修辞学》这一著作中发展了一种语用模式。但是，20世纪反实在论对语用学发生青睐则完全出于对维特根斯坦的语言游戏语用学的吸纳和接受。在20世纪语言哲学和分析哲学的发展中，维特根斯坦作为反实在论的先驱，其语言哲学对整个20世纪反实在论具有极其重要的启迪作用。尤其是，以《哲学研究》为标志的后期思想所具有的鲜明的语用学特征，为反实在论的语言分析从语形和语义层面转向语用分析维度提供了直接的、鲜明的思路。

众所周知，维特根斯坦在其《逻辑哲学论》中以“纯粹语言批判”的语言哲学思想表达了其前期的重要哲学观点，而在其后期著作《哲学研究》中则又通过语言或意义批判从实用主义的角度再次通过语言或意义批判改造了其前期的思想。具体地讲，维特根斯坦在其早期的哲学生涯中主张语言图像论。在他看来，世界是事实或事态的总和，因而世界上所发生的一切无非是由于原子事实的存在，这些原子事实并非物理意义上的原子，而是逻辑原子，因此，原子事实与原子命题之间存在着一种必然的内在关系。换句话说，人类对这些原子事实的描述从本质上讲就是用语言摹写出事件的逻辑图像。显然，维特根斯坦的语言图像论是建立在逻辑学基础上的，他运用语形和语义分析的手段，通过所指的（referential）意义在逻辑和世界之间架构了一座桥梁，从而将可能世界与现实世界联结起来。但是，随着分析哲学的不断发展，维特根斯坦认识到，事实上语言图像论只是一种理想的状态。因为，它仅仅指出了语词与对象之间的一一映射关系。但是，在现实生活中并不是仅仅存在这种一一映射关系，而且，当我们说某个语词与对象存在某种关系时，其实我们早已预设了这一意义关系。在这里，意义显然被赋予了某种先天性，而恰恰是这种先天性，不仅禁锢了我们对事件的合理化理解和适当解释，而且使得原本丰富的意义变得贫乏起来。正是基于这个理由，维特根斯坦从实用主义角度出发，提出了“意义就在于使用”这一口号，从而开始了其语用学的转向。

维特根斯坦在语用学转向的整个过程中主要建构了关于语言游戏的理论，而这一理论首先是针对其逻辑原子主义的语言图像论而提出的。在他看来，人类对现实世界和可能世界所进行的理解和解释，就像是在玩一种游戏，只不过这种游戏是一种语言游戏。语言游戏是一种自主的活动，它只涉及语言使用的适当性问题，而不涉及语言活动之外的意义对象。语言游戏就相当于语境，不同的语言游戏构成了不同的语境。而只有在同一的语境中，语言才是可以理解的。显然，维特根斯坦语言游戏的语用哲学思想的本质就在于它彻底地改变了其探讨语言本性和语言表达方式的方法论策略。正是这一新的策略标志着维特根斯坦的语言概念已不再是所谓的“科学技术式的语言概念”而是从“纯粹语言批判”走向了对“作为生活形式的具体语言游戏”的转变。可以说，语言游戏说是对语言图像论这一先验体系的改造。它一方面从认识论层面消解了语词与对象之间的意义关系问题，另一方面从方法论层面将语言看作是参与具体语言游戏的能力，即参与生活实践和世界理解的能力。它不再作为一种单纯的经验认知的类型或方法存在，而是作为遵守规则的实践蕴含了某种交往和互动。

可以看出，维特根斯坦的哲学语用学转向为20世纪的哲学发展提供了一个全新的思维模式。他不仅扭转了未来哲学发展的方向，而且改变了长期以来形成的根深蒂固的关于哲学和语言的观念。因此，从这个意义上讲，他的语用学思想不仅启发了整个20世纪的反实在论者们，而且为20世纪反实在论实现语用学转向提供了广阔的空间和无限的可能性。

2. 皮尔士实用主义符号学的影响

作为美国实用主义的创始人、现代符号学理论之父、科学哲学和分析哲学的先驱，皮尔士（Charles Sanders Peirce）对当代反实在论的语言分析方法尤其是语用分析方法的影响可以说深远而巨大。他的实用主义、他对指号的三元划分，以及他将实用主义与符号学相结合，都无疑为当代反实在论的“语用学转向”提供了方向，这主要体现在以下几个方面。

（1）皮尔士在提出实用主义原则之后就将哲学研究的重点放在建构一般符号学理论之上，开始关注语言、符号的意义问题。他的符号学理论是在对康德先验符号学进行改造之后而建立起来的。他在构建符号学理论的同时也试图使实用主义成为一种科学逻辑或者说科学方法论，用来分析词、概念、思想或者说符号的意义，以便使它们能成为人们确定信念、采取行动以达到目的的工具。因此，从本质上讲，皮尔士的实用主义本身就是符号学理论。正像皮尔士自己指出的那样，“实用主义是逻辑分析和真实定义的学说，其最大优点在于对形而上学观念的应用”[①]。皮尔士建构的符号学理论，其目的就是试图使我们的符号概念更清晰，而且他在其符号学理论中还试图将指号的类型进行分类。另外，皮尔士也认为观念、命题或者判断的意义都是通过相应的符号来表现的。人类的一切思想和经验都是符号活动，因而符号理论就是关于意识和经验的理论。人类的所有经验都体现在三个层次上，即感觉活动、经验和符号，而符号是最高层次的范畴，它包括了使联系过程开始的东西、其对象和符号所产生的效果。正是在这个意义上，皮尔士把观念的意义和实际效果联系起来以达到其清理形而上学所造成的混乱的目的。显然，在这里，实用主义就是一种符号学理论。符号的效果就是符号的意义，反过来说，符号的意义就存在于使用和效果中。换句话说，一个观念的定义就是这个观念的可感觉的效果，一个客体的概念无非就是那些效果的概念。

（2）在对待形而上学问题上，皮尔士实用主义符号学也体现出其独有的特色。一方面，皮尔士实用主义符号学理论对笛卡儿以来的传统形而上学进行了猛烈抨击，试图把它从云霄高处拉到经验的底层。在他看来，迄今为止的形而

---

① Hartshrone C，Weiss P．Collected Papers of Peirce．vol．6．Cambridge：Harvard University Press：490．

上学都是失败的努力，形而上学的几乎每一个命题，或者是毫无意义的胡言乱语……或者是十足的荒谬。形而上学的语词深奥难懂，除了从反面告诉人们要避开这些“暗礁”之外，没有任何其他的用途。另一方面，皮尔士也看到形而上学和神学对世界的沉思对科学乃至人生都是有益的。因此，他提出并不需要将形而上学从西方哲学体系中消除，而是要用“科学的方法来确定信仰”，即要按照实用主义的原则，在符号学理论基础上把对上帝和形而上学的信仰转变成对信仰后果的观察。这样，皮尔士就在实用主义翻译原则的指导下用真实的定义代替了抽象的定义，用科学的逻辑代替了传统的逻辑。正如他所说的那样：“在观念问题上，大家宁愿廉价而平庸的东西。”[①] 在这里，“廉价而平庸的东西”并不是指不精确的、不严格的东西，而是符合逻辑和科学的东西。可以看出，皮尔士运用其符号学理论将与人的具体行为有关的、可以在活动中被检验的词语用来“翻译”那些抽象的形而上学术语，试图以逻辑的精确和定义的完整来消除形而上学的虚妄之言，以期最终达到科学的目标。显然，在这里，符号学理论的最根本的真谛就在于有用这一原则。正是在这个意义上，皮尔士的实用主义原则与其符号学理论是统一的，它们都试图将平实简单的语言和严格的逻辑结合在一起，以符号理论来达到对形而上学的重构。

（3）皮尔士实用主义符号学理论还鲜明地体现出其能动性和实践性。在皮尔士所建构的符号学理论中，他提出了三位一体的符号关系，即符号、对象以及解释项之间的关系。这三者的关系是多元的和能动的。具体地讲，在三位一体的关系中，对象决定符号，而符号在一定的关系中同时又决定解释项。这也就是说，相应于对象而言，符号是被建构的，因而是被动的，相对于解释项而言，被建构的符号则是主动的。但是从能动的角度而言，符号又决定对象或者说对象由于符号而存在。符号的对象是由符号所产生的某物。一方面，符号创造了它的直接对象，而另一方面则又通过能动的对象创造了确定自身的必要条件。显然，在这里，符号作为对象与解释项的中介环节，其特征是被动与能动的统一，而能动又是主要的。因为，在皮尔士的符号学理论中，符号从来不作为某种静止的或被限定到单一表征体系中的存在而出现，相反，它的特征在于一种转换能力。这样一来，即使是那个作为直接对象的被动的符号也必然会带有某种主动性。换句话说，符号在本质上就潜在地指示一种无限的活动。

另外，符号学理论中三位一体的符号关系是皮尔士为了克服并超越传统形

① 陈启伟．1992．现代西方哲学论著选读，北京：北京大学出版社：132．

而上学体系中的主客二分法而提出的，正是在这种三元关系中，符号作为符号对象及解释项的一个中介将抽象化为具体。在这里，符号这一中介就是一种实践或行动，它是沟通对象与解释项之间的桥梁。而只有通过符号这一实践活动，我们才能真正理解科学以及哲学的意义。正是在这个基础上，皮尔士指出，概念的意义即符号概念的意义就在于对符号的使用，就在于符号使用过程中的实践结果。但这并不是说符号理论从属于实践结果，相反，而是将理论自身想象为结果性的实践，即一种行为方式，在这种方式中，概念意义足以根据它们可想象的实践效果而得以澄清。而作为意义标准的可感觉效果应从行动和实验中去把握，因为，感觉效果就是引起行动和实验的效果。在这一点上，皮尔士有时甚至把意义标准归结为人们的行为习惯，认为凡是能引起一定的行为习惯的就是有意义的。正如他所说的那样："习惯就是逻辑解释的本质。"[①] 显然，在这里，符号学理论在本质上就是一种实践、一种活动、一种行为。正是符号学理论的这一实践性反过来又显示出其能动性，而这恰恰与当代反实在论者石里克所宣称的"哲学不是一种知识的体系，而是一种活动的体系，这一点积极表现了当代的伟大转变的特征；哲学就是那种确定或发现命题意义的活动。……哲学的授意活动是一切科学知识的开端和归宿"[②] 不谋而合。

（4）皮尔士实用主义符号学理论体现了鲜明的反基础主义倾向。皮尔士在建构其哲学体系之初，就开始彻底地批判笛卡儿以来的现代哲学和基础主义的认识论，并代之以可误论和反基础主义的认识论，同时阐明人类通过消除错误不断地走向真理。皮尔士指出，笛卡儿是"现代哲学之父"，因此，他首先对笛卡儿的哲学进行了批判。在皮尔士看来："我们不能从全面的怀疑开始。当我们进入哲学研究时，我们必须从我们实际拥有的一切成见开始。这些成见不是拿出一个条条来就可以赶走的，因为它们是我们没有想到去怀疑的东西。所以，初始怀疑（全面怀疑）不过是自欺欺人，不是真正的怀疑……我们不要在哲学上假装怀疑我们内心里并不怀疑的东西。"[③]科学并不存在一个无误的出发点，而是只能从我们已有的成见出发。因此，皮尔士反对笛卡儿普遍怀疑的方法论原则。皮尔士指出，普遍怀疑只是一种自我欺骗。怀疑只能是具体的、局部的怀疑，即有根据的怀疑。换句话说："一个人在他的研究过程中可能找出理由怀疑

① Peirce C S．1958．Collected Paper of Charles Sanders Peirce（CP），vol 8．Cambridge：Harvard University Press：486．

② 石里克．1982．哲学的转变 // 洪谦．逻辑经验主义．上卷．北京：商务印书馆：9．

③ Peirce C S．1935．Collected Paper of Charles Sanders Peirce（CP）．vol 5． Cambridge：Harvard University Press：256．

他起初相信的东西；在这种情况下，他怀疑是因为他有肯定的理由去怀疑，而不是由于笛卡儿的规则。”[①]显然，在皮尔士看来，我们的研究必定是有成见的，因为我们不能怀疑我们没有具体理由去怀疑的东西。而一旦我们有了具体的怀疑理由，我们就可以怀疑我们的某个信念了。这就意味着，我们的信念与某些我们所接受的另外一些信念相冲突，这才产生哲学问题。所以，皮尔士明确指出，哲学研究应当在哲学问题当下发生的地方和时间开始，而不能开始于某种理想的基础。于是，皮尔士首先对基础主义进行了批判。首先，皮尔士反对基础主义者把知识比做一座建筑。与基础主义者们不同，他把哲学研究过程比做通往沼泽地上的长征。在他看来，长征的目的就是要达到真理，但是，在长征途中，我们并没有一个坚固的基础，我们的脚下是沼泽。我们必须向前走。“科学不是建立在事实的岩基上的。它走在沼泽上。我们只能说，这块土地现在还结实，我们要停在这里直到它开始动摇。”[②]显然，在皮尔士那里，我们所接受的任何理论都只是暂时性的，我们并没有一个绝对的、永恒的真理理论。有的理论暂时通过了检验而没有被反驳，这种理论就是我们可以临时停下来休息的地方。但进一步研究就又会产生使它受到怀疑的理由，于是我们又得寻找新的理论。虽然研究的逻辑使我们可以不断地走向真理，但“有三样东西我们绝无希望通过推理达到，即绝对确实性、绝对精确性、绝对普遍性。我们甚至不能绝对确实地说我们的结论是近似的真理……我们甚至不能吹嘘我们有概率性的精确性”[③]。

正是基于上述对基础主义的批判，皮尔士看到，我们不可能找到笛卡儿那样的可靠的知识起点，因为一切知识都是以成见为出发点的，因此一切知识都是可误的（fallible）。这样，皮尔士就进一步提出了其反基础主义的“可误论”。根据皮尔士的“可误论”，我们不可能通过个体的纯理性的反思找到一个牢不可破的知识起点，这就意味着，知识在本质上是社会性的，知识的客观性和可靠性依赖于认识者共同体的共识（consensus）。这也就是说，认识论或知识论不是作为个人主观必然性的知识，而是作为客观有效性信念的知识。正像皮尔士所说：“在科学中，人们达成一致。一个理论提出之后要经过试用（检验），直到达成一致。达成一致之后，确实性问题就多余其事了，因为没有人怀疑它。个

① Peirce C S. 1958. Collected Paper of Charles Sanders Peirce（CP). vol 8. Cambridge: Harvard University Press: 256.

② Peirce C S. 1935. Collected Paper of Charles Sanders Peirce（CP). vol 5. Cambridge: Harvard University Press: 589.

③ Peirce C S. 1931. Collected Paper of Charles Sanders Peirce（CP). vol 1. Cambridge: Harvard University Press: 141.

人没有理由指望获得我们所追求的终极哲学，我们只能作为哲学家共同体追求它”[①]。

当然，这里需要明确指出的是，皮尔士的“可误论”并没有导致他对客观真理的怀疑。相反，他坚信，只要依靠科学方法或科学逻辑这一研究者共同体的最后共识，我们就能够通过无穷长远的长征最终达到真理。

（5）皮尔士符号学理论与诠释学的纠葛标示了英美哲学与欧洲大陆哲学的渗透与融合的趋向，而这恰恰显示了是当代哲学发展的未来趋向。皮尔士的实用主义符号学理论是基于对康德哲学的批判性改造之后而建构的。因此，皮尔士被德国哲学家阿佩尔称为“美国的康德”。事实上，皮尔士对康德哲学的符号学改造可以说是从意识和自我意识的分析到语言交往主体间性的转变，从而使哲学主题从知识批判转向了意义批判。具体地讲，皮尔士在其符号学理论中以其新范畴表代替了康德的旧范畴表，创立了第一性（firstness）、第二性（secondness）、第三性（thirdness）这三种范畴。而第三种范畴正是符号学理论的基础，与之相应的符号类型为“符号”。同时，皮尔士以符号解释中的无限共同体概念代替了康德的先验知识主体概念。可以说，皮尔士对康德哲学的符号学改造并非是康德的独断的形而上学的回归，相反，它是以探究逻辑的经验检验原则为基础，“可误论”前提下所重构的一种进化的形而上学。正是皮尔士对康德哲学的这一改造，不仅导致其哲学从心灵主义转向了语言哲学，而且将欧洲大陆的诠释学传统引入其符号学理论中。他一方面构建了以符号为中介的三位一体的符号关系，另一方面又突出强调了符号关系中解释者的重要作用，并以语言交往主体间性代替了康德的先验知识主体概念。显然，皮尔士的符号学理论已经开始显示出其与具有欧洲大陆哲学特点的诠释学相融合的趋势，而这一趋势为后来的许多哲学家尤其是一些后现代哲学家如阿佩尔所加以拓展，成为后现代主义哲学的一个明显特征。

不难看出，在皮尔士实用主义符号学理论中，无论是其符号学的实用主义特征、对待形而上学的方式、对符号关系的三元划分，还是他反基础主义的倾向以及与欧洲大陆哲学、解释学的渗透，都毫无疑问地对当代反实在论起到了巨大的影响。而当代反实在论的语用学转向在很大程度上是对皮尔士实用主义符号学理论的吸取和再现。

---

① Peirce C S. 1958. Collected Paper of Charles Sanders Peirce（CP）. vol 8. Cambridge：Harvard University Press：65.

3. 莫里斯的行为主义语用学构想

继维特根斯坦和皮尔士之后，卡尔纳普作为反实在论的重要代表人物对语用学做了某种程度的继承和改造。如前所述，他曾经在其自述当中指出，元理论除了语言的句法学即语形学之外，还必须包括语义学和语用学，所以哲学也应该将后两者包含在内。[①]但是，卡尔纳普对语用学的研究和探索主要是从指称论的视角出发的。在他看来，在进行语言探索中，当"指称与语言使用者"相关时，就会产生语用学的问题。这也就是说，语用的本质就在于它所涉及的是特定语词的语义与它的使用者之间的关系，而这恰恰也是语用学的对象性问题。显然，卡尔纳普的这一见解"既非常宽泛，又非常狭隘"。他一方面将语用学仅仅局限于指称层面的关联性，因而没有能够从本质上理解语用分析构造与使用的意义；但另一方面，他又在这一关联中留下了巨大的研究空间，并把符号学、语言学和哲学的方法论融为一体，给语用学提供出了趋向性的研究与发展视角。

正是在维特根斯坦和卡尔纳普的语用学基础上，莫里斯在继承和发展皮尔士美国实用主义的传统思想的同时，从指号学的角度第一次明确地提出了语用学概念。在莫里斯看来，尽管语形学由于逻辑实证主义者的详尽研究而发展得较为完善，但它只局限于集中研究语言的逻辑结构和语法结构，却抽去了语言中符号与经验对象的关系并撇开了符号的全部心理的和社会的效果，因而无法真正解决指称、意义、真理等逻辑问题和哲学问题。而后来塔尔斯基为了解决上述问题而提出了逻辑语义学，主张用逻辑的形式化方法来研究上述关系和问题，以填补逻辑句法在这方面的空缺。但是事实上，由于他们都没有研究语词或指号与其使用者的关系，忽视了这个问题的生物的、社会的以及心理的方面，因而最终仍然陷入困境。正是基于上述情况，莫里斯依据皮尔士和米德（George Herbert Mead）的行为主义理论，同时引入实用主义，创造性地提出了"语用学"这个概念，从而形成了其行为主义的语用学构想。具体而言，莫里斯的行为主义语用学主要体现为以下几个特征。

（1）强调语形分析、语义分析和语用分析三者的整合是莫里斯行为主义语用学的出发点。在莫里斯看来，语用学仅仅是指号学三大组成部分当中的一个特殊的分支，它只是区别于语形学与语义学的第三种分析维度，而自身则不具有任何独立的空间。换句话说，语用学与语形学和语义学是同时并存的三个分

---

① ［美］鲁道夫·卡尔纳普．1985．卡尔纳普思想自述．陈晓山，涂敏译．上海：上海译文出版社：89．

析维度，而且前者要以后两个维度的分析为前提才能够构成。因此，将指号学区分为语形学、语义学和语用学，并加以专门化研究固然必要，但是却不能忽视它们的整体性以及它们之间的相互关系。显然，莫里斯对语用学的研究是将其放在指号学这一整体当中进行的，而恰恰是在这一整体研究当中，不仅体现了语用学与语形学和语义学的关联性和不可分割性，而且使语用学成为联结语形学、语义学以及整个语言系统的可行理论之间不可或缺的桥梁和中介。

（2）研究层面的广泛性和多元化是行为主义语用学的重要体现。莫里斯在其语用学中一再强调语用学的目的就是要研究在指号的解释者的整个行为中指号的起源、用法和效果，即语用学是“对指号和解释者之间的关联的研究”①。这样一来，这一研究就必然会一方面涉及对相关语言本身的详尽阐释，另一方面则需要把元语言应用于对特定符号的描述及其作用的研究。可见，在这里，语用学作为符号学的一部分，不仅在语言层面，而且还在心理的、社会的以及神经的等层面对语言的使用进行了研究。而正是这种多元化的研究层面不仅为他后来的反实在论者们提供了语用学的研究的最基本的对象性基础，而且在某种意义上给出了较广阔的方法论研究的范围和可能趋向性。

（3）强调语境成为行为主义语用学的基底。在莫里斯看来，任何一种语言系统都不外乎是通过人类这种有机体来实现的，而恰恰是人类的这种有机体性决定了语用学研究必然要涉及心理学的、生物学的和社会学的各种现象。因此，语言就只有在人类的相互交往中，只有在人类相互交往而产生的具体的、整体的语境中才能真正地发挥它的作用。这样一来，莫里斯就通过语境这一基底而最终克服了逻辑实证主义单纯强调语法分析的语形学而忽视了语言使用及其具体语境的局限性，从而为反实在论实现语用学转向奠定了基础。

不言而喻，从维特根斯坦经由皮尔士到莫里斯对符号语用学的构造和使用，不仅展示了语用学本身的一种发展路径，即从哲学的语用学走向了行为主义的语用学，从强调单一语用学的语用个体论走向了强调语境基底上的语形、语义、语用相整合的语用整体论；而且，从另一个侧面为20世纪的反实在论对语用分析的吸纳和扩张提供了丰富的方法论和广阔的可能性。

① Levinson S C. 1983. Pragmatics. Cambridge, New York: Cambridge University Press: 1.

二、语用学转向的内涵

如前所述，20 世纪的反实在论者们在“语言学转向”“解释学转向”和“修辞学转向”这三大转向的强烈影响下，以及基于对维特根斯坦等的语用学的汲取，打破了原有的语义学框架，将语用学维度引入语义学中，从而最终实现了语义学的语用化转向。因此，从本质上讲，这一转向是哲学发展的内在要求而不仅仅是外在表现，其内涵是丰富的而不是贫乏的。具体地讲，20 世纪反实在论的语用学转向，其内涵主要体现在以下几个方面。

1. 整体可断定性是反实在论真理语用化的核心和本质表现①

纵观整个 20 世纪西方哲学的发展历程，我们不难看出，对真理问题的探讨始终贯穿于其中。尤其是在科学实在论与反实在论的论争中，二者更是其争论的焦点。因此，反实在论的语用学转向就自然而又必然地首先反映在对真理理论的构建上。众所周知，随着语言哲学的不断发展，真理理论经历了从逻辑真理论向语义真理论过渡的演变过程。但是，随着理论的不断发展，反实在论者们越来越意识到，判断所指对象真假的问题或真理问题并不仅仅是一个语形——语义体系内的语义维度的问题，相反，它始终是包含在语言使用中的。这是因为，抽象的语义体系由于其可能包含根本不可能被看作是所指对象的所指，因而往往会由于真理条件的不可断定性而产生各种各样的真理悖论或真理难题。而且，从哲学史上来看，几乎所有的真理都必须依赖于其条件是具有可断定性的。这样一来，如果仅仅局限于抽象的语义层面，就势必会陷入困境。

另外，为了更好地在与实在论的论争中取得优势地位，反实在论者们考察了实在论的真理观。他们看到，实在论的真理在证据上是不具有约束性的。换句话说，即使没有任何证据加以证明，命题也可能是真的；而即使所有的证据都指向其真理性，命题也可能是假的。这一断定可以用下列图式表示为

$$P\text{是真的}\rightarrow P\text{是可知的}$$

显然，上述图式告诉我们，实在论所断定的真理是可以超越可知性的，而这恰恰是反实在论所拒斥的。但是，由于仅仅局限于语形和语义层面，因而反实在论者们没有也不可能提出适当的真理理论来加以反驳。正是基于这样一种

---

① 整体可断定性，英文为 superassertibility。

情况，反实在论者们清晰地意识到，真理不仅是符号过程的语义问题而且是语用学的问题，于是创造性地提出了整体可断定性作为其对真理的具体解释，从而实现了真理的语用化建构。具体地讲，其整体可断定性真理观的特征主要体现为以下几方面。

（1）整体性是整体可断定性真理观的内在要求。在反实在论者看来，当一个命题在适当的境遇下能够产生并满足一系列相关信仰时，这个命题就是整体可断定的。这也就是说，当我们处于不同的境遇中时，由于要遵循不同的游戏规则，因而必然会导致命题产生一系列不同的信念内容，于是最终产生出不同的整体可断定性概念，即真理内容。显然，在这里，命题的真理性判断是在语境这一基底上而生成的。而且，作为整体可断定性的真理，它不仅要在具体的语境中遵循一定的语法规则，并且还需在语义和语用层面上对信仰进行意义上的阐释，因为在反实在论那里，信仰与意义及其使用是分不开的，正是在这个意义上，语境作为整体可断定性的基底将语形、语义和语用整合起来。另外，从整体可断定性的真理概念中，我们也看到它并非单一的概念，而是由一系列信念和整体可断定性概念集合而成的。恰恰是在这一集合中，体现了整体可断定性的整体性。可见，反实在论所提出的整体可断定性的真理概念是以语境为基底，以语形、语义和语用的整合为其内在要求的整体性概念。它不仅在完整的真理解释中赋予其以生动的内容，而且从某种意义上显示出反实在论真理观的相对性和具体性。

（2）语用预设是整体可断定性真理观的策略和创造性的显现。在反实在论看来，整体可断定性的真理概念必须同时满足两个要求，即同时具有可操作性和可认知性。这样一来，它事实上就不仅需要展示命题断定及其运用的一系列可操作性的、可认知的测量过程和具体情况，而且还必须说明在这种条件下进行这一测量过程不会产生任何误导性的结论。换句话说，当我们谈到整体可断定性的真理概念时，我们实际上就已经预先假定了我们的测量过程及其运用的具体条件都的的确确是可操作的和可认知的，而且永远不会产生任何误导性后果。[①] 显然，在这里，反实在论为了更清晰地阐明其真理概念，将语用预设引入其整体可断定性概念作为其评价真理理论的一个方法和策略，从而使得这一概念不必涉及命题或语句的真值条件，而仅仅涉及操作过程和具体语境之间的关联或讲话者与陈述本身之间的关联，就足以能够断定命题或陈述的真理性。正是通过这一预设，反实在论不仅使命题语句、陈述和讲话者这三者之间的适当

① Edwards J. 1996. Anti-realism Truth and Concepts of Superassertibility. Synthese, 109: 103-120.

性关联在特定的语境中，即在心理的、流变的和劝导性的一系列具体的情境中获得了适当性评价，而且还表明对命题的判断及其使用存在着语用的限制，即只能在语用或语境预设下适当地使用。同时，整体可断定性真理概念中的这一语用预设以其所内涵的深层的超越性，达到了对原有命题语句的意义的扩张，从而体现出其创造性的显现功能。

不言而喻，反实在论整体可断定性的真理观在语境这一基底上，通过语形、语义和语用这三大语言分析方法的整合，不仅有效地驳斥了科学实在论的真理观所坚持的“二价原则”（the principle of bivalence），而且实现了其在语言哲学层面上真理的语用化转向，从而进一步推进了20世纪反实在论的语用学转向。因此，从这个意义上讲，整体可断定性的真理观是整个反实在论语用学转向的前提和基础。

2. 语用化的意义理论的实现是反实在论语用学转向的重要内容

众所周知，意义与真理都是西方哲学尤其是科学哲学和语言哲学中的争论焦点。对真理问题的探讨是与意义问题密切相关的；甚至在某种意义上可以说，研究意义理论是研究真理理论的前提条件，不了解表达真理的语句的意义，就谈不上如何判断语句是否如实地表达了事实。因此，当20世纪反实在论的真理理论实现其语用化转向的同时，也自然而又必然地带来了意义理论的语用化的转向。具体地讲，反实在论意义理论的语用化转向主要体现在以下几个方面。

（1）公共性和社会性是意义理论语用化的重要特征。在整个西方哲学中，无论在英美语言哲学中，还是在欧洲大陆语言哲学中，意义理论都占有十分重要的地位，可以说它处于整个西方哲学研究的核心。因此，哲学家们对意义理论进行了充分而详尽的探讨。但从整体上讲，无论是实在论者还是反实在论者，他们都把意义看作仅仅是语义学的范畴，而忽视了意义的其他维度，因而不能全面地把握意义的特性。随着维特根斯坦“意义就在于使用”这一口号的深化，20世纪的反实在论者们认识到，要断定表征的意义不能仅仅局限在语义学层面，而应该必须知道其语境的使用。这也就是说，断定表征的意义就是要知道它能够被肯定或否定所处的境遇。因为，这些境遇与人们理解意义时的言语行为、言语实践是相关联的，不同的情景必然导致相异的言语行为。显然，在这里，反实在论者将语用维度引入意义理论中，将意义看作本质上是公共的和约定成俗的。换句话说，任何一个表达的意义都无非是由我们在社会言语境遇中不断地使用语言而产生的言语约定构成的，而正是在这种具体语境的公共约定中，反实在论进一步强化了意义所具有的社会性维度，并以此为基点使意义鲜明地内在于整个语言网络系统中的社会性应用之中。

（2）意向性是意义理论语用化的指向和本质体现。历史地讲，“意向”（intention）这一概念早在中世纪时就已经出现在托马斯·阿奎那对心理意识现象特征的描述中，但是，真正对意向性进行的研究和探讨则肇始于奥地利哲学家布伦塔诺（Frantz Brentano）。在他之后，胡塞尔和维特根斯坦分别从两条不同的路线对意向性问题进行了研究。尤其是，20 世纪 70 年代中期以后，伴随着认知科学、心智哲学的兴起，意向性研究有了进一步的发展并渗透到各个领域中。另外，随着语言意义理论的不断发展，其自身的内在规定性越来越鲜明地显现出来，这样一来，单纯地从语言学角度去研究意义理论已经越来越不能满足其自身发展的内在要求。正是基于上述两个方面，意向性作为必不可少的维度自然地被引入了意义理论的研究和探索中。具体而言，当我们在某一特定场景赋予某个语词以某种特定意义时，这个语词并不会由于其所赋予的意义的改变而不被人们理解甚至被人们误解，相反，人们会在这种特定的境遇中依据这个语词的社会公意即约定成俗的东西而给予它正确的理解。显然，在这里，语言的意义不仅在具体的语境中获得了某种确定性，从而体现了意义的非确定性与确定性的统一；而且还体现了其社会性与人们的心理特征、心理倾向的相关性。在这里，我们可以看出，当反实在论的意义理论内在地体现其社会性的同时，也显现了其明确的意向性特征以及意向性对意义的指向性。正像反实在论者达米特所指出的那样：“它的原子成分应表示这语言的个别语词和语句建构形成的意义：这些合在一起将集体地决定（有限）判断集合向整个范围语言意向（disposition）的有效映射。”①

不言而喻，20 世纪反实在论的语用化的意义理论突破了传统静态的研究模式，将语言的公共性和社会性以及意向性维度引入语言哲学的分析之中，强调语言的意义就在于其在具体语境之中的使用中，对不同的境遇的使用就会产生不同的语言意义，而在同一个具体境遇中意义则是确定的，从而不仅把意义的确定性与非确定性统一起来，而且在一定意义上推进了语言哲学的动态的分析研究。

总之，正是通过真理理论和意义理论的语用化，最终实现了语言分析的“语用学转向”，从而不仅为哲学提供了全新的基点，使得语用对话成为哲学对话的新平台，而且从某种意义上体现了哲学尤其是科学哲学未来发展的可能趋

① Dummett M．1978．Truth and Other Enigmas．Cambridge：Harvard University Press：136．

向和态势。

三、语用学转向的本质特征

从本质上讲，20 世纪反实在论的“语用学转向”作为一场哲学思维发展中又一重要的变革，不仅显示了其哲学自身发展的内在必然，而且从某种意义上说，它还体现了整个 20 世纪哲学发展的重要特征。因此，随着反实在论语用分析的进一步展开及其不断完善，其“语用学转向”体现出了其所具有的本质特征。具体地讲，主要表现为以下几个方面：

1. 实现了语言诸要素之间的内在联结

从符号学角度来看，语用分析的主要内容和目的就是，它不仅对符号解释者之间的关系进行研究，更重要的还在于这种解释是从关系到其指称对象的说明。[①]而恰恰是在这种解释说明中，体现了语用学与语形学和语义学在一定程度上的重合。换句话说，当符号的解释者在具体的语境中对指称对象即指示词进行表征时，指示词与语境之间就事实上已经涉及了一种可能的逻辑关系，这样一来，就必然要将逻辑句法应用和扩张到对整个语句的使用和把握中，从而通过语用逻辑实现了语形学与语用学的联结；而当指号的意义就在于指号的使用者时，或指号的意义由与指号的使用者的关系所决定时，语用学与语义学之间的交叉性也鲜明地被显现出来。显然，在这里，“语用学不是对句法和语义的排斥，而是兼容。返回到语用学也就返回到了具体”[②]。而且，在反实在论者看来，要达到对语言的真正解释和理解，也只能借助于符号功能的所有三个维度的完全结合。因此，从这个意义上讲，20 世纪反实在论的“语用学转向”就不仅是将语形、语义和语用整合起来并具有丰富方法论意义的实现方式，而且还为反实在论建构其语境解释模型提供了可能性。

2. 揭示了语用与语境的同一性

在自然语言中，任何一种对语言的使用无疑都是通过特定语境的功能而展现出来的。这是因为，当人们使用语言时，语言使用者必然是在给定的时间地点内进行语言运作的。也就是说，对语言的使用离不开特定的语境；而这特定

---

① Runes D D．1962．Dictionary of Philosophy．New Jersey：A little field，Adams and Co：245．
② 盛晓明．2000．话语规则与知识基础：语用学维度．上海：学林出版社：6．

的语境必然具有极其丰富的内涵，即它不仅包含言语使用者的信仰及其对时间、空间和对象状态的看法，以及先前的、现在的及未来的（语词的或非语词的）行为，而且还将在社会相互关联中参与者的背景、知识及关注程度囊括其中。[①]显然，一方面，在任何言语使用或言说知识中的特定情景中，都必然蕴含着丰富的具体特征；另一方面，语境也绝不能排除言语使用中相关语言的各种特征。事实上，对语言使用中相关语言特征的选择，就是对语言的、文化的、社会的和心理的背景选择。而这种选择功能，只有通过语境的作用才能得以实现。可见，语用分析方法的本质就在于它内在地体现了其与语境的相关性和一致性。

3. 提供了语言哲学向认知科学转向的可能性和趋向性

如前所述，语言意义理论的语用化的特征之一就是语言的意义具有鲜明的意向性，正是意向性这一维度的引入，使得20世纪的反实在论者们不再仅仅专注语言哲学的研究，而是将语言哲学和认知科学看作是同等重要的，甚至认为只有认知科学才能最终解决语言哲学中的难题。正是在这个意义上，将认知科学运用于语言哲学中就成了自然而又必然的趋势，从而不仅使得语言哲学实现认知转向成为可能，而且为计算机智能化提供了哲学理论基础。因此，从这个角度讲，语言哲学的语用分析方法对20世纪科学和哲学的发展不仅具有重要的理论意义，而且具有鲜明的实践价值。

总而言之，20世纪反实在论的“语用学转向”沿着经验主义和先验主义这两条认识论路线，将语境作为其分析的基底，并在此基础上实现了语形、语义和语用的统一，从而不仅体现出语言分析方法的丰富的立体性、多样性、复杂性和交叉性，而且在一定程度上弱化了科学实在论与反实在论之间的对立，在某些方面实现了二者的对话与沟通；不仅为现代科学发展提供了理论基础，而且给予了实践性指导。而这些恰恰都是与整个哲学发展的大语境相适应的。因此，从这个意义上讲，20世纪反实在论的“语用学转向”在客观上预示了哲学未来发展的某种趋向和态势。

第四节 范·弗拉森反实在论的语言分析方法

当代反实在论的发展是与它积极吸取和借鉴各种语言分析方法分不开的。

① 郭贵春. 1999. 语用分析方法的意义. 哲学研究,（5）: 70-77.

一方面，在“语言学转向”“解释学转向”和“修辞学转向”这三大转向的长期影响下，特别是在与科学实在论论争的刺激下，当代反实在论更为自觉地汲取了语言哲学中日益发展成熟的语形分析方法、语义分析方法、语用分析方法，并在反实在论的立场上获得了合理的移植和运用，从而增强了其理论的战斗力和说服力；另一方面，随着“后现代主义”思潮的广泛渗透，对后现代性的必然选择又促使它关注人文视野尤其是现象学和解释学中的方法论特征，并试图寻求在方法论上的一致性和共同生长点。正是由于当代反实在论在方法论上的开放性和发散性特征，它才能够在理论演进的过程中不断面对来自各方面的挑战，显示出其作为西方科学哲学最有前途的哲学运动的强大生命力。

范·弗拉森恰恰是将反实在论的语言分析方法加以合理运用并实现其后现代转向的科学哲学家。范·弗拉森作为当代科学哲学领域内反实在论阵营中的一个非常重要的代表人物，一方面以“双向批判”的手法既对逻辑经验主义的理论框架进行猛烈的抨击，从全新的角度批判科学实在论以捍卫、拯救和重构反实在论；另一方面，他又通过这种批判，创造性地构建了以反基础主义和本质主义为目的，以经验适当性为本质特征的反实在论的构建经验主义，力图从语形、语义和语用的统一上，去重挽经验主义的命运，从而最终实现了自己朝向后现代性的转变。

正是基于上述分析，本部分将范·弗拉森的语言分析方法作为了反实在论语言分析方法的典型案例。因此，合理地分析和阐释其语言分析方法在20世纪所经历的一系列巨大转向，从而进一步阐明系统地分析和把握范·弗拉森反实在论语言分析方法的演变及其所独具的风格、意义和历史印迹，对于把握当代反实在论的语言分析方法，并站在反实在论的立场上看待并把握后现代科学实在论甚至整个后现代科学哲学的方法论特征所具有的深远意义。

一、范·弗拉森反实在论语言分析方法的总体特征

20世纪哲学的一个显著特点，就是随着“语言学转向”的展开以及解释学传统和现象学传统的广泛深入，使得整个哲学尤其科学哲学研究的重点在某种意义上由本体论、认识论转向了“朝向语言生长的”、以语言学分析方法为基础的多种方法论形态；同时也促成了人文主义和科学主义、英美哲学和欧洲大陆哲学的相互渗透和融合。而始于20世纪中叶的“后现代主义”思潮，从某种意义上讲，其特征正是一种本质的方法论性的演变。范·弗拉森作为当代反实在

论阵营中的重要代表人物，其构造经验论的建构便是与其语言分析方法的确立和转变息息相关的。一方面，他的构造经验论是以语言分析为基础的理论系统，它将人类科学活动的本质归结为用语言来构造科学解释的模型而非发现；另一方面，为了反对“语言学转向”所推崇的科学主义的极端观念和形成理性的绝对权威，又必然要实现语言分析方法的变革，以建构其反实在论具有后现代特征的方法论基础。正是在这个意义上，其反实在论的后现代方法论鲜明地体现了这一特征。

从总体上讲，之所以将范·弗拉森的反实在论定位于后现代框架，是因为它不仅适应了整个20世纪哲学的发展，而且还符合了反实在论与科学实在论的争论以及经验主义自身运动的内在要求。具体而言，主要表现在以下几个方面。

（1）奎因的批判引发了科学哲学运动的后现代趋向。伴随着科学理论越来越远离经验的发展，刺激了科学哲学研究中一系列难题的生成。在这种情况下，自休谟以来传统的旧经验主义在对科学理论的解释方面，遇到了自身不可解决的困难。更重要的是，奎因深入系统地分析批判了逻辑经验主义两个主要理论基础的传统教条——两类知识的划分和“证实－还原”理论，极大地摇撼了逻辑经验主义的思想根基。这种致命性的攻击在西方哲学界尤其是科学哲学界激起了巨大的反响和长时的争论，在很大程度上扭转了当代分析哲学发展的方向，直接促成了传统逻辑经验主义在60年代以后的逐渐衰落，同时奎因基于这一批判的整体论的实用知识观也推动了当代西方科学哲学走向具有批判精神的后现代科学哲学。

（2）历史主义的后现代特征形成了时代的潮流。继逻辑经验主义衰落之后，历史主义不断地兴旺起来。它通过批判逻辑经验主义和批判理性主义的规范的科学哲学观念，否认存在独立于理论内容和科学共同体的绝对理论标准而主张极端的“非标准化”或“非理性化”的相对主义；通过对科学认识论的“基础论”的批判而倡导一种构建不要经验的科学知识大厦的相对主义；通过强调在经验意义上等价的理论之间不存在理论选择的途径而重视历史的因果相连；通过对传统的“对应”真理论或“一致性”真理论的批判而导致了对真理理论的构建及其形式体系的怀疑；通过引入自然主义的观念而把科学理论结构的改变和进化简单地还原为“社会－文化－技术”环境的整体转换。尽管历史主义的这些途径有其片面化、极端化特点，但是不可否认这些途径所导致的相对主义这一具有后现代趋向的特征则不可避免地形成了时代的潮流，而范·弗拉森的批判和论证恰恰符合了这一趋向，顺应了这一潮流。

（3）“双向批判”正是范·弗拉森后现代反实在论的手法

随着20世纪初“语言学转向”的不断深入以及世纪中叶“后现代思潮”的影响，整个科学哲学领域都在寻找各自的新的发展趋势。在这一背景下，范·弗拉森作为一名反实在论阵营的著名代表，既对逻辑经验主义的理论框架进行猛烈的抨击，同时又不断地在批判科学实在论的过程中修正自己以求生存。正是通过这种“双向批判”，他吸取了历史主义的合理之处，并对科学实在论加以借鉴，以反基础主义和本质主义为目的，以挽救经验主义的命运为使命，实现了自己朝向后现代性的转变。同时，他的构造经验论也恰恰反映了科学主义和人文主义、英美哲学和大陆哲学之间相互渗透和融合的具有后现代趋向性的时代要求。

不言而喻，范·弗拉森作为当代西方科学哲学领域中一位杰出的反实在论者，其科学哲学思想由于其所处的特殊的科学和哲学大背景而成了后现代反实在论的样板。因此，合理地分析和阐释其语言分析方法在20世纪所经历的一系列巨大转向，从而进一步阐明系统地分析和把握范·弗拉森反实在论语言分析方法的演变及其本质特征，对于把握后现代反实在论的语言分析方法，并站在反实在论的立场上看待并把握后现代科学实在论甚至整个后现代科学哲学的方法论特征所具有的深远意义。

（一）反实在论语言学分析方法的后现代走向

在人类历史上任何一种独具特色的文化当中，“语言是最贴近于人的本质的”[①]。它不仅具有一种沟通人们的心灵的共性，而且在其使用中又必然地被赋予某种特定的个性。因而，人类对语言自身的思考和研究代表着哲学自身进步的水准。发于20世纪初的“语言学转向”突破了以往语言本体论框架的局限，使语言作为一种重要的方法论突现于整个科学哲学的研究领域，并试图通过对语言形式的句法结构和语义结构的逻辑分析，去把握隐含在语词背后的经验意义；另外，20世纪中叶兴起的“后现代主义”思潮，作为“一种反科学主义的‘理智运动’，一种新的‘文化经验’”[②]，又将语言学方法渗透于整个人文主义哲学、心理学以及艺术等各个方面。这就促使语言学方法成为科学主义与人文主义两大思潮在后现代视野中全新的融合点和生长点。正是在这个意义上，范·弗拉森把语言学作为一种方法论引入自己的哲学体系，并以深深嵌入后现代特性的

① 海德格尔．1997．在通向语言的途中．孙周兴译．北京：商务印书馆：1.
② 郭贵春．1998．后现代科学哲学．长沙：湖南教育出版社：9.

“整体论观念”为前提，构成了他的后现代反实在论的语言学分析方法。

1. 从句法学的解构到后现代整体语义分析方法的建构

范·弗拉森反实在论的重要理论即他所建构的“构造经验论”，其核心任务就是要“拯救现象”。正是在“拯救现象”的过程中，他清晰地看到句法学作为一种研究方法所存在的“战略性”的缺陷。具体地讲，句法分析是在以逻辑经验主义为核心的分析哲学所引起的“语言学转向”这一广泛运动中突现出来的科学解释方法。它与现代数理逻辑的发展有着密切的关系。范·弗拉森曾不无赞赏地指出：“现代符号逻辑的第一个成就就是仅仅根据处理符号的规则给这些逻辑功能和关系以精确的句法定义。”① 逻辑经验主义者主要是在区分观察术语和理论术语方面运用句法分析并把它强调到无以复加的地步的。但这必然会产生一个更加哲学化的问题，即在某种意义上任一个科学术语都或多或少与观察测量直接相关。这样的话，观察术语与理论术语的区分就显得站不住脚了。为了求解这一难题，那些仍然强调句法分析的人们转而开始把语词区分为真理术语与经验适当性术语。而范·弗拉森便是其中之一，他试图用句法学方法来解释经验适当性和等价性。但是他很快便发现用句法学方法定义的经验适当性太宽泛了，且易于导致理论的同语反复。另外，范·弗拉森还清晰地意识到，一个理论的经验意义不能在句法形式中被割裂；同时用句法学定义的关系也是易错的，因为那种单纯的形式句法分析只会把真理与经验适当性之间的区别导向极其“琐碎的、甚至荒唐”的地步。而且，试图通过区分语词而在现象和超现象之间做出概念上的区分以解释经验的适当性和等价性是注定要失败的。因此，范·弗拉森曾经不无感慨的指出：“二十世纪科学哲学最主要的教训可能就在于，在本质上依赖于语言的任何概念都完全不具有哲学价值。”②正是在这个意义上，他一方面为了适应继“语言学转向”之后的“解释学转向”对语义分析方法的全面展开和系统的运用，从而强化自身理论的合理性和可接受性；另一方面，他又通过效法奎因批判逻辑经验主义的理论术语与观察术语二分法这一做法，批判了逻辑实证主义对意义的解释，从而最终抛弃了逻辑经验主义对句法分析的倚重而转向了对语义分析的青睐并直接走向了后现代整体语义分析方法的构造和设定。

历史地讲，正是逻辑实证主义对意义解释的失败直接导致了语义整体论的

① van Fraassen B C. 1980. The Scientific Image. Oxford，New York：Oxford University Press：42.
② van Fraassen B C. 1980. The Scientific Image. Oxford，New York：Oxford University Press：56.

产生，因为这种解释恰恰是以“证实原则”为前提且反整体论的。根据这种原则，如果每一个句子都有它自己唯一的证实经验，那么特定语言中的每一个句子均可在仅仅给予证实其单个句子经验的前提下，独立地得到解释。但是，在范·弗拉森那里，诸多句子被证实或被合理地判定，并不仅仅在于其特定经验的存在，而是因为它们处于与其他已被证明为真的语句的推理关系之中。也就是说，“一个理论的经验意义不能在句法上被割裂”[①]，而应该处于证明或合理判定它的整体语境之中。这样，在“后现代”趋向的大语境下，整体论的思想内在地与语义分析方法结合在一起，成为范·弗拉森反实在论的一种合理有效的方法论。从总体上讲，其后现代整体语义分析方法的特征体现在以下几个方面。

（1）消除过量的“语言哲学”，同时排除单纯的公理化形式分析是范·弗拉森建构其后现代整体语义分析方法的一个最直接的动机。他指出，萨普创造性的格言——“数学，不是科学哲学的元数学”就标示了这种动机。而且，在他看来，语义分析方法主要是针对理论模型而不是理论术语的形式化表达，其分析是语义的而非句法的。它与其他分析方法的区别在很大程度上是态度、倾向和策略上的区别而不是学说或论点的差异。尽管以纯粹句法术语来表达逻辑命题并通过迂回的方式去构造理论模型常常会展示得极为简单，但是真理和模型的概念实际上属于语义分析的范围，而不是句法学。另外，语义分析方法并不仅是“逻辑的侍女”，逻辑告诉我们的仅仅是理论模型的一致性，却不能叙述同晶性的关系；而语义分析方法却与科学理论有着某种同晶的或可相嵌的结构关联，而且这种关联对于理论的评价具有非常重要的意义。于是，范·弗拉森把经验适当性和“经验力”（empirical strength）概念嵌入了真理和“逻辑力”（logical strength）概念当中，构成了物理理论语义分析的基本概念，从而拓展了语义学的深度和广度。在这里，范·弗拉森的分析不仅涉及了不同层次的理论模型之间的差异性，而且涉及了与自然语言的关联和对模态的阐释，从而承认了理论与世界的关系，克服了句法学仅仅强调语词之间、符号之间关联的局限性。

（2）体现了整体论与非决定论、概率论的统一。范·弗拉森在考察、分析量子理论时发现，该理论最显著的特点也许就是它的整体论性。对这一特性他做了这样的描述：“当一个系统复杂时，部分状态并不能决定整个状态将会是什么。这与它的概率特征并不是没有关系。”[②]可见，在他看来，整体性观念与非决定论、概率论是相一致的。部分状态对整体状态的非决定性恰恰体现了整体观

① van Fraassen B C．1980．The Scientific Image．Oxford，New York：Oxford University Press：54.

② van Fraassen B C．1991．Quantum Mechanics：An Empiricist View．Oxford：Clarenden Press：73.

念的内在性，而非决定性则与概率论是直接相关的，因此，整体观念必然地体现在概率论中。在他看来，整体论思想的出现并非偶然的、一蹴而就的，而是有着其历史的渊源。在古典概率理论中就已经存在有鲜明的整体论特征，随着"后现代"运动的到来，这一特征在多数具有后现代倾向的哲学家的理论著作中再现出来，并发挥着它的独特作用。正是基于这一背景认识，范·弗拉森把整体论思想引入语义分析之中，强调语义分析方法在后现代语境中的非决定性和概率性，从而适应其理论解释的经验适当性，而不是确定性和决定性。

（3）标示了语义分析方法的优先性与必要性。范·弗拉森在其早期著作中曾过分地强调现代逻辑的成就，正如他自己所说，"我必须承认，一开始我也曾被现代逻辑的某些成功所强烈地吸引"[①]，因而对句法学有所倚重。而后他认为，"理论的句法学和语义学特征之间的相互关系，使得宣称这两种方法中任何一种具有哲学上的优先性都是令人难以置信的"[②]。但是，由于句法学方法本身所具有的局限性以及它所带来的解释的狭隘性，使得范·弗拉森看到语义学分析方法作为一种内在的、横断的理论研究方法，它不可避免地要优越于句法学方法而存在。因为，如果以逻辑为起点，当我们通过给某类模型下定义来展现一个理论时，从一般意义上来讲，这类结构就不可能等同于任何"一阶语言"（first-order language）的基本模型类。也就是说，当我们研究、阐释和构造理论的逻辑模型时，"存在着不可避免的技术误差。而运用语义学方法则会比公理化方法有着更广阔的分析空间"[③]。因为，"语义学方法（较句法学）更接近于科学且具有较低程度的抽象性，这种优越性是非常明显的"[④]。正是由于上述洞察，范·弗拉森更倾向于语义学分析方法，强调了语义分析在理论解释、评价中所具有的不可或缺的意义。

（4）自然主义语言是范·弗拉森后现代整体语义分析方法的核心。"20 世纪自然主义的演变历程表明，自然主义需要借助于一种语言学或语言理论的形式得以生存，而一种特定的语言学或语言理论又借自然主义为其逻辑的出发点。"[⑤]正是在这一意义下，范·弗拉森吸取了奎因的自然主义，以整体论为其原则基

① van Fraassen B C. 1989. Laws and Symmetry. Oxford，NewYork：Oxford University Press：211.

② van Fraassen B C. 1989. Laws and Symmetry. Oxford，NewYork：Oxford University Press：211.

③ Churchland P M，Hooker C A. 1985. Images of Science Chicago：The University of Chicago Press. 302.

④ Churchland P M，Hooker C A. 1985. Images of Science Chicago：The University of Chicago Press：302-303.

⑤ 郭贵春. 1998. 后现代科学哲学. 长沙：湖南教育出版社：179.

础，强调“推进自然语言概念”[①]，强调构造整体的自然语言的适当模型，从而形成了以自然主义语言为核心的后现代整体语义分析方法。

2. 走向后现代语用分析方法

在范·弗拉森构建以自然主义语言为核心的后现代整体语义分析方法的过程中，我们可以敏锐地看到，这一过程事实上已蕴含了其方法论走向语用分析的基本生长点。它鲜明地显示出范·弗拉森在对后维特根斯坦哲学强调“语用”分析为主的分析哲学的继承和发展中，其方法论后现代演变的必然趋向。同时，对新实用主义的接纳，也表明了他在与科学实在论的激烈争论中，其方法论建构以“开放”“弱化”的特征显现了人文主义与科学主义、大陆哲学与英美哲学相融合的成熟的结合点。从总体上讲，其后现代语用分析方法主要表现在以下几方面。

（1）对实用主义的接纳修正了经验主义的纯粹性。历史地讲，古典实用主义在隐退了近半个世纪之后，由于其所固有的反传统特点适应了“后现代主义”精神这种新的时代氛围，于是重新登上了美国的历史舞台。作为一名美国哲学家，范·弗拉森必然要受影响于这种大的哲学背景。所以，他从美国实用主义那里汲取了某些养料，以适应哲学未来发展趋势，试图构造一种哲学语境，为科学哲学实现后现代“转向”提供了可能的空间。这就在于，他认为接受一个理论除了涉及认识论态度之外，还会涉及实用的方面。因为我们从来不会遇到一个无所不包、每个细节都完善的理论。即使是两个经验上等价的理论，接受其中一个而放弃另一个也会有很大区别，而这种区别必然是按照经验适当性原则做出的，这其中就蕴含了丰富的实用内容。因此，当我们接受一个经验上最小的理论时，并不是由于这个理论优于其他理论，而只是从实用角度选择的。尤其是，尽管形而上学包袱是无用的，而且不会产生任何实际的收获，但是，我们也可能对它产生兴趣，那就是因为它对未来使用存在着某种实用的意义。当然，这里需要明确指出的是，实用的特点并不会超越经验材料使我们相信理论为真，它仅仅是在经验范围内而起作用的。显然范·弗拉森把实用主义的某些特点赋予了经验并形成了经验适当性的本质特征，试图克服经验主义纯粹认识论态度的弊端，适应了后现代哲学反传统和大融合的趋势。

（2）语用分析方法具有鲜明的整体论性和实践性。尽管范·弗拉森在后来

---

① van Fraassen B C. 1989. Laws and Symmetry. Oxford , New York: Oxford University Press: 212.

赋予语用分析方法以最优先的地位，强调语用分析是对语义分析的超越，但是，为了反叛和修正传统哲学所过分强调的“普遍论”这一现代性，范·弗拉森首先引入了作为后现代思维核心的整体论，从而力图把个体的整体性和自主性与整体的个体性和相关性结合起来，去说明科学运动的存在方式和运动方式。而且，更为重要的是，范·弗拉森构造经验主义的本质要求，就是要在经验的基底上以“经验适当性”去消除逻辑经验主义的纯句法学方法和科学实在论的纯语义学方法，反对将句法学、语义学与语用学分离开来。在他看来，经验适当性是一个理论的整体特性，所以一个理论的经验意义不能在句法上被割裂。因而，人们必须在没有任何经验迂回的情况下去定义经验的适当性，即所有的观察现象都适合于一个特定理论模型的经验的亚结构。如果一个理论不能适合所有观察现象，那么就必须对它进行修正和扩充，但这同时也内含了原理论的失败。正是在这个意义上，作为整体理论的描述“大于”在观察基础上所决定的附属的特定部分，同时科学的假设必然也要超越经验证据，使它获得整体的理论意义。可见，经验是一个整体结构，它不仅具有语义的整体性，而且还具有将语形、语义和语用整合起来的作用；经验适当性的功能正在于它调整了理论的整体意义系统与可观察部分的特性之间的关系，从而使得经验的整体结构性在语用分析中得以确立。所以，在本质上，经验适当性是一种科学理论与测量现象之间的认识论的整体关联，离开了这种关联，也就失去了经验的适当性。具体地讲，一方面，他将科学哲学从数学基础的关联和方法中解放出来，主张科学理论模型不仅是关于理论与世界的关系问题，更重要的还是理论与其使用和使用者之间的关系以及“有用处”的问题，即理论模型的实用问题。这必然会超越对“一致性”“经验适当性”和“经验力”（empirical strength）的追求，而诉诸“解释力”（explanatory power）、“简单性”（simplicity）、“完美性”（elegance）。这就不可避免地要引入语用分析方法，并将它置于高过其他方法的地位。另一方面，他又强调整体语义分析的自然主义语言就恰恰“存在于玩各种不同可能的语言游戏时所拥有的空间中”[①]，于是，在整体论、语义分析以及语用分析方法之间便产生了一种必要的张力，它们相互渗透、相互依存，而非此消彼长。在这里，我们清楚地看到，语用分析不仅可以给出一种有理由的语言实践，更重要的还在于它通过将科学理性与非理性的“实用”结合起来这条途径，由经验的适当性走向了对理性权威的消解和批判，从而体现了人文主义与科学主义的融合。

---

① van Fraassen B C. 1989. Laws and Symmetry. Oxford，New York：Oxford University Press：212.

（3）语用分析是以语境为基底的公共实践方法。在范·弗拉森看来，语用分析在本质上是一个揭示语境本质的过程。因为无论是在构造理论模型还是在玩各种不同的语言游戏时，我们都必须遵守某种语言游戏规则。正是在这种特定的语言游戏规则中，恰恰体现了语用分析与语境结构之间不言而喻的趋同性。而且，一般说来，言说行为作为由此种语境进入别种语境的功能，它所表达的命题，将随着使用的语境和场合的变化而变化；并且，对其所蕴含的具体特征的选择，同样是语言的、文化的和社会的背景选择，而这种选择只有通过语境的作用才能得以实现。所以，只有以语境为基底去构设语用分析的方法论性，才能由语用个体论走向整体论的语用分析，消除语用个体论由于私人语言的使用而导致的困顿，使语用分析方法走向公共实践。事实上，正是“语境”这一基底，消除了纯语言形式的束缚，从而在经验的意义上，在“拯救现象”的过程中，范·弗拉森以语形、语义、语用分析方法相结合的整体形式，走向了他所构建的后现代反实在论的现象学方法。

（二）后现代反实在论的语言学分析与现象学分析方法的融合

历史地讲，现象学作为一种方法与后现代主义趋向在科学哲学研究中的契合，始于语言学方法在科学哲学研究中的局限性。一方面，后现代主义高举反基础主义、反本质主义、反表征主义、反理性主义的大旗，向所有传统范式下共同遵守的元科学纲领发动猛烈的批判；另一方面，现象学从否定性的视角出发，将一切与超越物有关的判断搁置起来，使语言学方法的有限性突现出来，批判“语言学转向”所带来的极端性，从而在“超出语言而通向语言的非语言性条件的运动”中[①]，使现象学作为方法论在后现代状况下得以展开。正是在这个意义上，范·弗拉森将现象学方法引入科学哲学研究中，实现了由后现代反实在论的语言学方法到后现代反实在论的现象学方法的转向，同时也鲜明地体现了现象学方法在科学主义与人文主义、大陆哲学与英美哲学之间相互融合中的中介作用。

1. 吸纳“超越语言形式”的现象学方法

胡塞尔创立的现象学是一个以意向运动为框架，以超越语言形式的约束为方式，以具体的还原方法为核心，以重建和贯彻本质的意义理论为目的的唯理

① 保罗·利科尔．1988．哲学主要趋向．李幼蒸，徐奕春译．北京：商务印书馆：362.

主义的哲学体系。但是，在胡塞尔那里，现象学不仅仅是作为本体论而存在的。如果透过这一体系的艰深而又晦涩的思辨和唯心主义的帐幔，我们会发现它存在着一系列合理的、有益的方法论思想，因此，它作为一种方法论而存在具有更重要的意义。胡塞尔曾经极其明确地指出："现象学：它标志着一门科学，一种诸科学学科之间的联系；但现象学同时并且首先标志着一种方法和思维态度：典型哲学的思维态度和典型哲学的方法。"[①]范·弗拉森正是从胡塞尔现象学的方法论这个角度来实现其方法论的后现代演变的。而他之所以在语言学方法之后转而经由现象学方法的途径去解释和构造科学模型，则是由 20 世纪语言学发展中自身所具有的局限性以及现象学方法的内在特点和要求所决定的。

首先，范·弗拉森在批判逻辑实证主义时指出，逻辑实证主义者在试图把哲学问题转变为语言问题方面，过分地强调了语言的重要性，认为全部哲学归根到底都是关于语言的问题，把语言学方法看作是解决这些问题的唯一方法，从而走向了极端。事实上，语言作为一种文化现象，它自身必然有其不可避免的局限性，这就在于以下几个方面。

（1）语言形式的有限性。这包括语词数量的有限性、语法规则的有限性，以及语言含义的有限性等。这种语言的自限性决定了语言的一切可能表征空间的限定性。

（2）语言与情感、心理状态及体验之间存在着差异与距离。不仅常识肯定了语言表述情感的有限能力，诸如"难以言状"等；而且，心理学与精神分析学也对意义可在语言之外的体验中发生这一点做出了富有启示的说明。

（3）语言描述的不完整性。语言所描述的对象的存在与变化，是在三维的共时状态中存在的，而语言表征的一维性，却使语言在任一时刻只能展示对象的某一方面。因此，对象的整体共时存在状态，在语言描述中实际上被解构。

（4）语义蕴含的有限性。语言在使用时，至少会出现两个参照系，即语言的自身系统和语言的对象系统。语言系统作为参照系，确定了语词意蕴的内涵与外延；同时，语言又是在表达和描述特定对象，因此具有给定的指称物。这样一来，语言的意义就必然受到两个参照系统的制约，从而造成了语义蕴含的有限性。

正是语言自身所具有的这些局限性，使得范·弗拉森不得不转换视角，重新寻求一种超越语言形式的研究方法。

---

① 胡塞尔. 1986. 现象学的观念. 倪梁康译. 上海：上海译文出版社：24.

其次，现象学方法的本质特性恰恰适应了范・弗拉森构造科学理论模型的需求。历史地讲，现象学在胡塞尔之后经历了一系列的演变和分化，但是，无论怎样变化，它们始终都具有两点共同的特征：第一，强调人的思想直接面对事物本身，而废除在人的原初意识与事物之间业已存在的一切（作为“中介”的）传统观念的障碍。第二，现象学在其本质上来说，是反传统的。因此，随着现象学的扩张，这种反传统的思想和方法越来越鲜明地显现在大陆和英美分析哲学的发展中。范・弗拉森敏锐地觉察到了这一趋势，并且正是基于这种洞察，他试图把现象学方法培植成重解哲学的手段和途径。

以上这些因素，促成了范・弗拉森避开语言形式的束缚，而转向了“超越语言形式”的现象学方法。但必须指出的是，他之所以选择现象学方法，并非单纯因为现象学方法超越了语言的形式；更重要的还在于，现象学方法是“作为使整体的语言与领悟在语言中得到表达的现实的方式联起来的尝试”[①]。因此，范・弗拉森试图在经验基底上，在语用层面内，在语言的逻辑意义及其相关的同一性和一致性的要求下，识别出现象学的意向功能，并通过这种功能体现出语言与现象学之间的必要张力。因为，只有这种张力，才能显示出语言在现象学研究中的方法论意义。就这样，范・弗拉森自然而又必然地走向了后现代“语用层面”上的现象学方法。

2. 后现代“语用层面”的现象学方法

后现代“语用”概念突破了把科学语言仅仅看作是对理论与世界之间二元对立关系的描述，而强调了理论、世界与使用者之间的多元关联。这标示出后现代性的多元说明以及科学研究中心理意向性的不可或缺地位。因为，既然理论说明涉及使用者，那么就必定要涉及使用者的心理状态，而这恰恰与现象学所强调的意向性特征不谋而合。因此，这一语用化的要求使范・弗拉森提出，要在语言的语用分析层面来研究现象学方法，以使“科学的现象学能够适当地在语言的语用分析中进行探讨”[②]。可见，范・弗拉森的现象学是建立在语用分析之上，具有较强后现代特性的方法。其后现代性表现在以下方面。

（1）语用构成了现象学方法的基底。从具有“超越语言形式”特点的现象学方法到具有强后现代性方法论的转变，使得语用分析已作为整体论观念和行

---

① 保罗・利科尔．1988．哲学主要趋向．李幼蒸，徐奕春译．北京：商务印书馆：362．

② van Fraassen B C．1980．The Scientific Image． Oxford，New York：Oxford University Press：83．

为集合的特定基底出现了。在这种带有很强后现代性的语用分析方法的建构中，范·弗拉森试图通过现象学的途径，克服语言的局限性，从而为科学研究开辟广阔的可能分析空间。因为，一方面，语言不是在意向运动之前出现的，也不是独立自足的，它仅仅是意向运动中的某种表征手段；另一方面，语言又永远是意向运动的媒介，它自身对于前语言存在的依赖关系，也必须通过这种媒介关联得以体现。这便使得语用能够在语言与意向运动的矛盾对立中寻找到自身的合理存在地位，摒弃语言与现象学之间传统的僵化关联。正是基于语用分析所展示出的这种方法基底的合理性，范·弗拉森力求在整体论特性上，在语用的基底上，去实现语用分析与现象学的统一，将二者融为一体，为方法论的重新建构寻找到了合理存在方式，从而在语用结构自身中去把握更深层的意向功能，以探索普遍的科学理论模型。

（2）语用现象学是以经验为基底同时又超越经验的方法。范·弗拉森的构造经验论始终强调把经验作为其理论基底，认为只有在它的基础上才能“拯救现象”。但是，他又意识到，“单纯的经验描述是有限的。因为，如果没有余项（remainder），物理理论就不可能被翻译成只描述可观察现象的一系列陈述，而即使这些论证起作用，经验主义也不可能合理解释科学”①，所以，只有使经验的适当性与它对现象的超越成为一致的和必然的，才能够达到这一目的。没有超越，也就没有拯救。也就是说，必须以经验为基底同时又超越经验，并以此来澄清视界，才能达到哲学的真正理解，从而最终拯救现象。因为，现象学方法不在于“创造”，而在于“发现”。这就使得对现象的理解成为意向运动中的经验说明，而说明的对象则是意向经验的结构。在这里，只有把对意向经验的说明与哲学理性意义的揭示结合起来，才能获得完整的、赋予本质的方法论意义。

（3）心理意向分析是语用现象学方法的根本特征。心理学本身就是一门经验科学，根据“经验”一词的通常意义，心理学是一门关于事实或者休谟意义上的事实的科学。基于此，范·弗拉森强调在科学研究中心理状态的重要性，认为特定的科学事实“可能包括心理状态的部分，因为这些部分涉及对理论的沉思”②。同时，他之所以把心理意向性看作语用现象学方法中最重要的特征，是因为语言的方法论意义不是孤立地存在的，语言的意向态度是与意向运动密切相关并在这一运动中获得实现的。只有在意向运动中，语言才能从语形、语义和语用的一致性上与具体的指称物联为一体，从而展示语言对意向经验的描述。

① van Fraassen B C. 1980. The Scientific Image. Oxford，New York：Oxford University Press：59.
② van Fraassen B C. 1980. The Scientific Image. Oxford，New York：Oxford University Press：58.

不言而喻，范·弗拉森的语用现象学方法正是以经验为基础，在语用基底上，实现了其方法论的语言学与现象学分析方法相融合的后现代转变。他将意向运动引入科学哲学，把语用分析与现象学方法结合起来，使后现代性的分析方法在语言哲学和现象学的融合中发展到了一个新的阶段。

但是，不容忽视的是，这种语用现象学方法在某种程度上会使人沉迷于对直观和绝对给予物的追求。因为，现象学的基本方法便是本质直观与本质还原，前者会导致使自己困顿于纯直觉主义，而后者则会导致对绝对真理的盲目企盼，而且两者中无论哪一方都有可能会走向本质主义，这与后现代精神又恰是完全相悖的。因此，范·弗拉森为了避免后现代语用现象学方法所带来的上述种种缺陷，最终走向了全新意义上的解释学方法。

（三）后现代反实在论的语言学分析与解释学分析方法的融合

随着“语言学转向”之后“解释学转向”的深入展开，解释学越来越作为整个人文社会科学领域的一种横断的研究方法，像一座理性思维的桥梁，成为当代人文主义和科学主义这两股思潮之间相互渗透和融合的媒介。它不仅突破了“语言学转向”所导致的人文主义与科学主义，社会科学哲学与自然科学哲学之间的僵化界限，而且还促成了语言理解与解释经验，语言分析与解释实践的相互渗透和融合。另外，尽管现象学方法与解释学方法之间也存在着某些不可逾越的鸿沟，但它们之间还有着更重要的共同的亲近关系，这种关系表现为：一是解释学的基础就是现象学；二是现象学只有在“自我”经验的“解释”中建构它自身，才能实现其“建构”纲领。正是基于以上的洞察，范·弗拉森选择解释学作为其方法论构建的趋向，使它既能够体现出其后现代语言学方法的特性，同时也能够展示出其后现代现象学方法的特性及功能。

通过对语义分析方法的引入，范·弗拉森已使解释学方法与语言的关联从表层句法形式进一步深入到了深层的语义结构。然而，后现代“语境”概念与语用分析方法的广泛渗透，突破了传统静态地指示相关语词关系的狭隘层面，突出强调了主体意向性在语境中的不可或缺地位，以及解释实践与语境的统一性，强调一种“有理由”的劝说而非仅仅有理性地论述，这更为解释学方法脱离狭隘的思辨域面，进入一个广阔的、与社会历史文化背景相关的新视界开辟了可能空间。正是从这一全新的角度出发，范·弗拉森将后现代“语境”概念作为一个自然而然的观念，同时，又把句法的形式结构的分析、本文的深层语义的结构分析以及对语言的使用和使用者在语境基底上结合起来，强化了解释学方法的整体性、相关性和一致性，促成了解释学在方法论上的多样性，同时也推进了整个西方人文主义思潮与科学主义思潮之间在方法论上的相互渗透和融合的可能趋势，从而在科学哲学研究中，实现其后现代反实在论的解释学的建构，并最终促进语言学与解释学分析方法的融合和渗透。正是在这一建构中，我们可以清醒地看到，他所选择的通向解释学方法之路，包含了走向语用分析和“语境化”建构趋势的基本生长点，从根本上说，其反实在论的“语境化”的语用解释学的后现代特性就在于以下几个方面。

（1）消除传统科学解释方法所面临的困境是“语境化”的语用解释学方法的动机。范·弗拉森在考察了传统的科学解释方法之后，首先批判了以往科学解释观中的三种错误观点：第一，认为解释是理论或假说、现象或事实之间的简单关联，就像真理一样。这种观点的错误在于，它将理论、事实和语境三方面的动态关联仅仅看作是理论与事实之间的类似描述的关联，忽视了对语境的语用分析。第二，认为解释力不能在逻辑上与一个理论的特定优点特别是其相关真理性或可接受性相分离。这就将一个理论的可接受性与其解释力等同起来。事实上，尽管解释力是理论选择的一个趋向，但一个理论的可接受性与其解释力并不等价。第三，认为解释即是科学探索的结局。这种见解的不足之处在于，它忽视了解释的成功即是适当的信息描述的成功，科学研究的价值就在于其自身在经验上是适当的和在经验意义上是“强”理论性的。比如，“隐变量”在物理学的实际研究中，当它在测量的经验预测中毫无作用时，是要作为形而上学的包袱被拒斥的。正是基于对这些科学解释观批判性的审视，范·弗拉森指出：“科学解释不是（纯粹的）科学，而是科学的应用。它是满足我们特定愿望的一种科学使用；这种愿望在特定相互关联中不尽相同，但它们总是描述信息的愿望。”正是从这一基点出发，范·弗拉森吸收了形式语用学特别是疑问逻辑的研究成果，以语境为基底，结合句法学和语义学，为他消除传统科学解释的难题找到了解决途径。

（2）满足了从全新视角对传统“解释循环”难题进行重新解释的迫切要求。在范·弗拉森看来，传统“解释循环”的核心问题，就是解释与理解必须先由部分开始，而要理解部分，又必须首先理解整体。因为部分只有在整体中，才具有获得意义和理解的可能，而解释和理解又只能从部分开始。具体来说，理论描绘了整个世界图景，科学本身则仅仅把这个图景中的特定领域看作是可观察的，科学家在接受理论时就只能断定这一特定领域的图景是准确的。所以，要接受这一理论，就必须首先相信可观察现象是正确的。但是，离开整个世界图景，就无法相信可观察现象；而离开可观察现象，又无从把握理论的整体意义。解释似乎陷入了一种逻辑上的“恶性循环”。范·弗拉森认为，之所以产生这一难题，根本原因就在于，他们脱离了具体的语境以及理论与人的关系即语用分析。在他看来，“无论是理论评价语言以及具体的‘解释术语’，还是用于解释现象的理论使用语言都是从根本上依赖语境的”①。因此，范·弗拉森站在“语境化”基底上的语用解释学方法的立场，“将浸入科学语言或科学世界图景的这类概念置于语用空间当中”②，从而在语用与语境结构的趋同中实现解释者与本文之间、解释者之间的对话，以最终获得完整的意义。这样一来，便经由“语境化”的语用分析途径合理有效地达到理解进程中的所有部分与整体的和谐，使“解释循环”难题在某种程度上得以适当地求解。

（3）“隐变量解释”（hidden variable interpretation）是“语境化”的语用解释学方法的典型内容，它提供了适当阐释量子力学理论的方法论基础。量子力学的发展无疑为整个科学哲学的研究提供了合理的实证依据。但是，如何对量子力学理论进行合理的解释，在当前仍然是一个极其重要的问题。针对这一现象，范·弗拉森根据“隐变量”内含了语用与语境因素在其中这一特性，将其作为解释学方法的典型内容。在他看来，“要进行解释就必须引入‘隐变量’，或者构造一个属于量子力学的隐变量理论”③。同时，“一个适当的解释必须是具有‘经验多余性’（empirically superfluous）的隐变量的隐变量解释”④。看起来这似乎有些矛盾，但实际上，恰恰在这种似非而是的悖论中，量子力学理论获得了适当的说明。在这里，“隐变量”就相似于隐喻，它不需要告诉我们任何新的东西，而只需作为一种修饰量子力学理论的“修饰装置”，在特定的语境中以语用分析而达到完美的解释，即从“隐变量”回到全新意义上的量子力学理论。也就是说，通过“隐变量解释”，可以产生出与量子力学本身完全等同的预测。因为，理论加“隐变量解释”在逻辑上要比理论本身更强。⑤这样，“隐变量”的解释为量子力学理论的全面展开和发展提供了重要的方法论分析的视角。

（4）语境化的科学解释模型的确立是“语境化”的语用解释学方法的内涵与核心。历史地讲，无论是与亨佩尔、奥本海姆相联系的统计分析解释观，还是与贝克纳、普特南和萨尔蒙相关的统计相关理论，都拓展了科学说明的论域

---

①② van Fraassen B C. 1980. The Scientific Image. Oxford，New York：Oxford University Press：91.
③④ van Fraassen B C. 1991. Quantum Mechanics：An Empiricist View. Oxford：Clarenden Press：243.
⑤ van Fraassen B C. 1991. Laws and Symmetry. Oxford，New York：Oxford University Press：212.

和深度，将科学解释的认识论探求由普遍规则和说明转向了对特殊事实或个案的说明，从而以“弱化”的形式达到了“弱化”的目的。但是，在“解释的拒绝”（rejections）和“解释的不对称”（asymmetries）这两大难题上，“统计分析”理论没有提供充分的价值，而“统计相关”解释也最终作为一种自主形式被放弃。面对这一系列难题，范·弗拉森提出了他独特的解决方式。

首先，范·弗拉森认为传统解释模型之所以面临困境，关键在于它们将科学解释局限于理论的语义学特性，并束缚于理论与事实的双边关系中，而事实上，科学解释应是理论、事实和语境三者之间的多边关系。所以，范·弗拉森从语用分析出发，引入后现代“语境”概念，恰当分析“反事实”条件句，发挥句法与语义分析的特定长处，从而把解释放在特定语境中，运用那些已被人们所接受的具有经验适当性的理论，回答涉及特定相关事实的难题。

其次，范·弗拉森为了解决科学解释观的难题，给出了他的“回答问题的解释模型”。他从语用角度出发，结合萨尔蒙和汉森的观点，引入统计相关因素，用语境规范那些相关事实中具有解释相关性的不对称关系，同时确定某些理论或信念，从而决定哪些因素是可能的，以及什么相对于什么而言是可以的，即用概率来解释科学。具体地讲，“回答问题的解释模型”主要有三个方面：①解释模型要有需要回答的问题；②科学解释是对问题的回答；③科学解释需要在问题的回答中做出更恰当的选择，所以解释模型有一个伴生的评价系统。按照范·弗拉森的科学解释模型，在给定的语境中，需要回答的问题根据以下三个要素来确定：主题 P_1、对比的类 $X = \{P_1\cdots, P_k\cdots\}$、相关关系。那么，根据这三个要素，问题就可以等同于 $Q = \{P_k, X, R\}$。那么，这一问题的回答则是：因为 A，P_k 与 X（的其余部分）形成对比，而这个答案表达什么命题，则是由选择 Q 作为疑问句（“为什么 P_k”）的相应命题的语境决定的。对这一问题的回答的科学解释就是：如果存在命题 A，并且命题 A 和 $\{P_k, X\}$ 具有关系 R，并且，如果（P_k；并且因为所有 $i \neq k$ 非 P_1；并且 A）为真命题 B 就为真，那么，B 是对问题 $Q = \{P_k, X, R\}$ 的直接回答。显然，在这里，在提出问题的语境中，存在着某种所接受的背景理论和实际信息的集合 K。这个集合 K 就是一个语境因素，它有赖于提问者和受问者。而正是 K 这一语境决定着问题是否会被提出来。因为，如果在这个语境中，即与语境相关，问题就会被提出并且被回答或被拒斥，而超出这一语境，问题就可能不会被提出。显然，范·弗拉森的“科学解释模型”的核心就是语境。正像他本人所说的那样：“科学解释的条件主要地是由语境和说话者的兴趣所决定的。"[①]这样，传统解释难题在语境原则的指导下迎刃而解了。因为，既然问题的产生是依赖语境的，那么在某一语境中产生的问题在另一语境中也许就是无意义的或根本不可能产生，因而"解释的拒绝"就不称其为问题。同样，在这种情况下，"解释的不对称"难题也随之而解。于是，范·弗拉森运用语境原则以他特有的方式最终完成了对传统解释难题的消解，从而实现了其语境分析方法的建构。

由以上分析可以看出，范·弗拉森试图通过语境来消解"解释"与"描述"之间的根本区别，排除传统科学解释的难题。他坚持实用主义与语言哲学相融基础上的语用学和语义学、句法学统一，使语言在语境基底上成为非中介性、工具性和隐喻性的存在，并在这种本体论性的基础上去解释科学。但是，从本质上讲，他为了试图摆脱问题与实在的客观说明之间的关联，回避了对规律性和因果性等核心的认识论问题的回答，从而经由语用分析的途径，走向彻底的具有较强后现代性的经验建构论的语境化的解释论。

（5）"语境化"的语用解释学方法体现了后现代反实在论方法论的实践定向。范·弗拉森从后现代视角出发，不仅强调了科学解释中所存在的心理意向性及其所内含、引导或应用于特定语境中的意识主体与理论的关系，而且揭示了解释及其解释对象在具体语境中获得自身具体化的可能性以及解释的目的性内涵于所有的解释境遇中。这样，实践性必然地缊含于其解释学方法中。具体地讲，在自然科学与人文科学相融合的过程中，范·弗拉森以"语境化"的语用解释学为其方法论集合，扩展了解释的域面和解释力，并使传统的"解释难题"——"解释的不对称"和"解释的拒绝"问题得以解决，从而强化了解释实践与解释理论的相关性，保持了解释实践与科学行为的一致性，同时也强调了解释实践与背景语境的统一性。因此，从这个意义说，范·弗拉森所构建的后现代反实在论的解释学方法是建立在实践之上同时又构成实践自身的。它在本质上不仅体现了科学、心理、文化与实践的趋同性，而且蕴含了科学主义与人文主义相融合的后现代走向。

无论如何，范·弗拉森的后现代反实在论的语言分析方法的构建是在后现代整体论观念的广泛渗透中，在经验基础之上，以语境为基底，使语形、语义和语用相结合的语言学、现象学和解释学相融合的方法论。它冲破了传统方法论的桎梏，内在地体现了后现代性趋向的迫切要求。其方法论的后现代特性表现在，它弱化了规范理性对科学活动的强约束，延展了科学理性运动的疆域，

① van Fraassen B C．2002．The Pragmatics of Explanation//Balashov Y，Rosenberg A．Philosophy of Science．NewYork：Routledge：64．

开拓了实现科学理性的新方法，将人文主义精神引入科学主义的精神中，把科学的社会化和社会的科学化看作是一致的，从而在科学哲学的研究中，不仅由分离的语言分析方法转向了相整合的语言分析方法，而且还推进了科学主义与人文主义相互渗透、相互融合的后现代发展趋势。当然，尽管这一方法论本身仍存在着诸多缺陷，但它作为一种后现代反实在论的方法论样板，对于整个科学哲学领域的方法论研究所起的积极作用，确是不容置疑的。

二、范·弗拉森反实在论真理观语用化的后现代走向

真理问题是西方哲学最重要、最核心的论题之一，它始终是一个古老而又常新的问题。站在世纪之交，理性地审视整个哲学的发展历程，我们会自然地发现，当后现代主义思潮宣布“认识论的死亡”，并将几乎全部注意力转向方法论建构的同时，作为认识论范畴的真理问题，却以崭新的姿态展现在人们面前，并被赋予全新的意义。一方面，发于20世纪初的“语言学转向”以及20世纪中叶开始的“解释学转向”的不可逆转性，使它改变了原有的存在形式，脱离了传统意义上的本体论论争，开始朝向语言的问题生长，从而力图以“弱化”真理概念来消解传统；另一方面，“后现代主义”思潮的冲击又使它不可避免地带上了时代烙印，具有较强的后现代特性。正是在这整个后现代哲学文化的背景中，范·弗拉森把“认识论的死亡仅仅看作是长生鸟再生之火”[①]，开始重解其真理观，并力图将它溶入这一大“语境”，从而实现其反实在论真理观的后现代“圆融”。因此，具体分析和研究范·弗拉森的真理观在语言分析层面上的演变，对于把握整个后现代反实在论的真理观以及语言分析方法的演变特征及其走向，并站在反实在论的立场看待整个后现代科学实在论甚至整个后现代科学哲学的真理观以及语言分析方法的研究趋向，是一项不容忽视的工作。

（一）真理概念的合法替代

历史地讲，实在论与反实在论之间的对立贯穿于整个哲学史，而真理问题更是其争论不休且目前尚未解决的核心难题。因此，作为当代反实在论阵营的重要代表人物之一，范·弗拉森必然要关注这一哲学基本问题，以便在与科学实在论的争论中取得优势地位，从而为其自身的哲学开辟广阔的可能空间。

---

① Churchland P M，Hooker C A. 1985. Images of Science. Chicago：The University of Chicago Press：247.

范·弗拉森始终把反对甚而否定科学实在论的真理观视为己任，同时也将这一任务看作是其构造经验论挽救经验主义命运的根本目的所在。他在详尽考察了整个西方科学哲学的演进之后，清醒地认识到，随着20、30年代逻辑实证主义“拒斥形而上学”口号的广泛渗透以及20世纪初整个科学哲学领域对当代语言哲学问题的全面介入，使得科学哲学家们理智地改变了对真理问题论证的策略，开始以语言为契机寻找对策，从而试图在语言范围内消解哲学难题。正是从这一基点出发，范·弗拉森对科学实在论的真理观进行了分析和批判。按照他所下的定义，科学实在论主张“科学给予我们的是关于世界的真实图画，而且科学所假定的实体是真实存在的”①。换句话讲，“科学的目的就是通过其理论给予我们一种关于世界是什么样子的本义上真的描述；而接受某一科学理论就包含着相信它是真的信念”②。在这里，范·弗拉森之所以要加上“本义”，其目的就是要通过语言分析去排除这样一种实在论的学说，即只需“适当理解但本义却虚假或无意义的科学也为真”的主张。③因为，如果那样的话，科学实在论与约定主义、逻辑实证主义以及工具主义也就没什么区别可言了。可见，科学实在论的真理观是符合论的真理观，它包含了“如果按本义诠释一个精确地描述了思想或符合于实在的陈述，那么这个陈述就是本义上真的”④。但是，在范·弗拉森看来，科学实在论的真理符合论仅仅是一种形而上学的“无意义”的东西，它除了给人一种美好的设想外，并不能真正从本义上对科学理论进行真正的解释。因为，在科学认识对象的可观察性和存在性之间并不存在逻辑的关联。尽管他曾经郑重地宣布：“现在我必须报告我完全相信科学实在论的理由。这一思想转变是突然发生的，是在我阅读阿奎那的著作时无意地出现的。……我看到的是，中世纪试图证明上帝存在的论证就具有证明科学实在论正确性的某种现代相似性”⑤。但是，从本质上讲，范·弗拉森对理论实体存在的承认，并不是为了走向实在论的真理观，而仅仅是一种反击实在论的策略要求。事实上，在他看来，科学理论模型和假说与外部世界的关系，并非一种符合与对应的关系，而仅仅是一种“拯救”与“被拯救”的关系，只有当理论拯救了现象时，理论才有可能在全新的层面上获得意义。

另外，范·弗拉森强调对科学语言进行本义上的诠释也恰恰把他的构造经

① van Fraassen B C．1980．The Scientific Image．Oxford，New York：Oxford University Press：6-7．
② van Fraassen B C．1980．The Scientific Image．Oxford，New York：Oxford University Press：8．
③ van Fraassen B C．1980．The Scientific Image．Oxford，New York：Oxford University Press：9．
④ Euis B．1990．Truth and Objectivity．Oxford：Basil Blackwell：94．
⑤ van Fraassen B C．1980．The Scientific Image．Oxford，New York：Oxford University Press：204．

验论与逻辑实证主义及工具主义区别开来，从而使他的真理观具有了其自身独有的特征。这表现为，它不像其他反实在论那样从根本上否定真理性的存在，相反，它认同在可观察范围内理论能够拯救现象；而且，它从语言哲学的角度坚持对科学语言进行本义诠释，不仅排除了把理论当作一种“隐喻”或“明喻”的诠释，诸如工具论的说明；同时，也排除了把理论从经验上归于某种不保留逻辑形式的转译后才是清晰的那种说明，如逻辑实证主义所坚持的两种语言的区分。

正是基于以上所做的“双向批判”，范·弗拉森提出了一个全新的具有其反实在论特征的真理概念以代替传统的真理概念，即“经验适当性”。他之所以以“经验适当性”代替传统的真理概念，是由这一概念的本质特征所决定的。

首先，“经验适当性”适应了科学理论越来越远离经验的现象，人们不能妄断不可观察对象的存在性，而只能将其看作是为了描述某种测量对象的规律性而做出的假设。另外，当人们盲目于柏拉图式绝对确定性的追求而最终导致怀疑论时，认识论的危机便油然而生，那种诉诸永恒的形而上学体系来为其服务的真理概念就不再能满足认识论上的需求了。正是基于上述情况，范·弗拉森提出了“科学的目的不是真理，而只是经验的适当性”[①]。从而，不再需要为信念与对象的“符合”加以一致性阐释，也不必对保证进入这种符合关系的认知能力进行说明。它需要的仅仅是在特定相关理论的模型中找到诸观察对象的各自所在，也就是说，当我们接受科学理论时，所隐含着的只是对在经验上适当性的信仰，正如他本人所论述的那样，“接受一个理论并不是迫使我们去信仰任何一种东西的实在”[②]。或者说，“一切可能性的所在是模型，而不是隐藏在现象背后的实在”[③]。这样一来，经验适当性就取代了传统真理概念成为范·弗拉森构造经验论真理观的最基本的范畴，同时也满足了反实在论发展的新要求，合理有效地为其反实在论的真理观提供了坚实的基底。

其次，经验适当性又是在逻辑上独立于真理的科学成功的标准。以往的科学家以及科学哲学家们都把科学理论是否符合实在作为评价该理论成功与否的标准。在他们看来，只有理论与实在相一致，或只有在实在中找到理论的对应物，科学理论才是成功的。但是，在范·弗拉森看来，“在断定了对科学语言必须做本义诠释之后，我们仍然能够说没有必要相信好的理论必定是真的，也没

---

① van Fraassen B C．1989．Laws and Symmetry．Oxford，New York：Oxford University Press：192.
② van Fraassen B C．1980．The Scientific Image．Oxford，New York：Oxford University Press：197.
③ van Fraassen B C．1980．The Scientific Image．Oxford，New York：Oxford University Press：202.

有必要相信它们所假说的实体就是实在的。……科学旨在给予我们经验上适用的理论；而接受某一理论所包含的信念只是其经验上的适当性”①。可见，范·弗拉森的真理观与科学实在论的分歧并不在于对科学语言的本义诠释以及对科学理论含义的理解上，而仅仅在于对待科学理论的态度。因此，他得出结论：科学的“成功的标准在任何方面都不是真理，而只是实际的和可观察的事实”②。在这里，范·弗拉森从理论的整体建构意义上，否认了理论模型与实在之间的对应具有任何必然的逻辑关联，从而强化了经验适当性的合理有效性。换句话说，只有在经验的适当性上突破逻辑的约束或教条的真理观的约束，才能真正地拯救有意义的现象，从而使经验在创造性的意义上超越逻辑认识和对应认识的真理标准。

不言而喻，经验适当性的提出，标志着两千多年来亚里士多德意义上的真理符合论的解构，同时也喻示了真理观在语言哲学范围内后现代趋向上的又一次崛起。从这个意义上讲，它体现了经验主义认识论趋向上的一种实现方式，但却并没有改变科学理性的本质。因为，在范·弗拉森那里，经验的界限仅仅在于，“经验给定的只是关于什么是可观察的和现实的信息”③。它没有，也不可能给出关于科学认识趋向上的限制或约束。所以“像真理一样，经验的适当性并不具有绝对量上的程度，尽管它的特性是由大量相关的条件所制约着的”④。需要指出的是，范·弗拉森的真理概念具有折中性，它吸取了科学实在论的合理方面，因而在与实在论的论争中占有了“主动权”，这恰恰与后现代大融合的趋势是不谋而合的。正是在这一真理概念的重新构建的过程中，范·弗拉森走向了自然主义的语义真理观，而这条通向自然主义的语义真理观之路又蕴含了其反实在论真理观走向语用对话和“语境化”的解释学真理观的基本生长点。

（二）自然主义的语义真理观

20 世纪初的“语言学转向”不仅仅是促进了语言分析方法的广泛渗透；更重要的是，它将逻辑分析与语言分析方法融为一体，并试图想仅仅借助于对句法结构与语义结构的逻辑分析就达到对科学理论的本质说明。而这样一来，就必然会在科学认识论上将真理局限于语形分析，即单纯的词与词、语

① van Fraassen B C. 1980. The Scientific Image. Oxford，New York：Oxford University Press：11-12.
② van Fraassen B C. 1989. Laws and Symmetry. Oxford，New York：Oxford University Press：193.
③ Churchland P M. Hooker C A. 1985. Images of Science. Chicago：The University of Chicago Press：253.
④ van Fraassen B C. 1991. Quantum Mechanics：An Empiricist View. Oxford：Clarenden Press：12.

句与语句之间的关联层面，也就是采用人工语言进行语言分析来构造真理。但是，随着“解释学转向”的到来及其他对“语言学转向”的修正，人们发现，人工语言已越来越无法满足合理的解释要求，它仅仅是一种用以理解或交流的手段或工具，也没有以语言共同体及其生活作为它的基础；而语言只有在交谈中，在语言共同体的生活中，才具有它真正存在的意义。语言在这里已不再是纯粹的手段或工具，而是人们通过它来拥有“世界”的生活过程。可见，语言走向“公共实践”已成为一种不可阻挡的趋向。于是，自然语言便又作为主要的分析方法和对话方式重新取代了人工语言。正是在这一背景下，范·弗拉森提出了要“推进自然语言概念”，而恰恰在这个推进过程中，其反实在论的真理观也不可避免地获得了自然化重建，即走向了自然主义语言观的语义真理论。

1. 真理观的自然主义

自然主义作为后现代发展趋向上的一股强大的洪流，也浸透了整个科学哲学领域，并获得了某种全新的意义。另外，它还将整个哲学与科学的、语言的、实践的、历史的自然化趋势关联起来，并以自然主义为轴心实现了科学主义与人文主义之间某种不可分割的相关性，进而在自然主义的基底上，推动了科学哲学向后现代转变的进程。在这个过程中，范·弗拉森在其反实在论真理观的建构中引入了自然主义，突出强调了自然语言在科学语言中的重要地位，并提出自然语言概念与任何逻辑框架之间的非对称性，从而实现了其真理观的自然化重建。这主要体现在以下几个方面。

（1）范·弗拉森将真理看作是语义范围内的概念，而这恰恰是他推进自然语言分析的结果。在批判逻辑经验主义的过程中，他抛弃了那种将真理仅仅在句法层面上进行分析的做法，反对把真理局限于单纯的词与词、符号与符号、命题与命题之间的形式化逻辑关联，消解了人工语言的唯一性，强化了自然语言的功能和地位，这就不仅为真理寻找到了语义学的分析基础，摆脱了纯逻辑的形式约束，同时也使语义分析从经典框架中转向了广义的可能世界语义分析的领域。因而，他明确指出：“真理概念和模型都属于语义学范畴。”[①] 同时，在自然主义的基底上，他把科学活动看作是构造而非发现，从而暗示了真理存在的构造性。正是这种构造性彻底地抛弃了“第一哲学”的圣殿，揭示出“分

① van Fraassen B C. 1980. The Scientific Image. Oxford，New York：Oxford University Press：4.

析——综合”的区分在认识论上的无意义性。从而“没有比科学所提供或探索的真理更高的真理”。[①] 正是由于这样一种语言分析观的转向，使范·弗拉森的反实在论真理观迈向了自然主义的趋势。

（2）将真理看作是一个“自然而然”的概念，只要求其在经验上是适当的，而不强求在不可观察范围的绝对性。在范·弗拉森看来，所谓“经验的适当性”，就是指在可观察范围内，理论实体所指意义的有效性。但是，这不等同于把时空、基本粒子、场等描述中的可能性看作是实在的；相反，这种可能性只是经验适当性的描述，而不是理论与实在之间的绝对对应。因此，“经验适当性”作为真理概念的特定表述，是通过测量的经验性或可观察性被自然地表达出来，从而使得科学研究所提供的真理性直接地与测量主体的背景信念、价值取向、时空境遇相关联，最终将真理建构于自然主义的基底之上。

不言而喻，范·弗拉森反实在论真理观的自然主义走向不是偶然的，它是构造经验论的认识论的一个变种，是批判逻辑经验主义的直接产物，是对极端逻辑理性形式的修正和矫枉，是对构造经验论的自然化重建。

2. 自然主义的语义真理观

范·弗拉森在推进其构造经验论真理观的自然化重建的过程中，自然主义的语义分析途径无疑是其自然主义真理观得以全面展开的一个非常重要的方法；同时，这一过程本身也恰恰包含了语义分析已替代逻辑句法分析而成为其构造经验论的主要方法论基底。另外，“后现代”语义学的语言观的确立，为其反实在论真理观的建构提供了新的世界图景，打破了传统语义学那种认为语词的意义先于语词的指称，意义先在于任何关于对象和命题的真假判断的看法，从而试图在语义学的基础上，摧毁基础主义的哲学大厦，并为解构传统真理符合论奠定了可能的基石。正是基于这一点，范·弗拉森自然而然地形成了其自然主义的语义真理观，从总体上讲，主要表现在以下几个方面。

（1）由“确定性”的真理概念转变为“非确定性”的“经验适当性”的真理概念，这就进一步为构造经验主义哲学奠定了解构形而上学二元论的基础。众所周知，奎因自然主义的认识论是当代自然主义的主要形式之一，而范·弗拉森的自然化重建，无疑深受他的影响。在接受奎因自然主义的过程中，范·弗拉森首先批判了传统哲学所共有的那种试图寻找一种确定性，渴望得到

① 奎因．1991．实用主义在经验主义中的地位 // 陈启伟．现代西方哲学论著选读．北京：北京大学出版社：523．

一种普遍的、绝对的、可靠的知识基础的特征，将相对性突现于经验适当性中，同时也吸收了其关于“翻译的不确定性”的理论，并以语义学为基底，将它容纳于自己的真理观建构中，从而以这就具体地体现在“话语就像是一个坐标”的观点上。① 如果我们用英语给出一个理论的话，那么，当我们把它翻译成德语时，就必然会发生转变，也就是说，会产生一个在意义上等同于英语却在字面上与英语不完全相同的德语描述。因此，“翻译就类似于坐标变化”②。正是基于上述这一生动的比喻，范·弗拉森认识到科学真理就是对现象或可观察对象的探索，因而是相对的、可错的和可修正的。于是，他站在自然主义的立场上，将“翻译的不确定性”映射到其真理观上，以揭示传统的那种象征着确定性、绝对性的真理观的缺陷，从而要求在本质上打碎预设真理的僵化框架，以便在这一框架内消除循环论证。

另外，当我们回顾20世纪真理问题的发展历程时，会发现在这一过程中始终贯穿着对“传统真理符合论”的背离和反叛。在范·弗拉森看来，“传统真理符合论”的实质就是保持信念和对象之间的特殊关系而建构的一种形而上学。随着逻辑经验主义“拒斥形而上学”的普遍深入，在某种程度上那种力图构造统一的、包含一切的形而上学世界观的动力被消解了。但却没有从根本上消除“传统真理符合论”的弊病。在他看来逻辑经验主义仅仅是再次陷入了早期经验论企图把所有真理都建立在感觉证据和现象论基础之上的困境。因此，范·弗拉森以摆脱传统“真理符合论”与逻辑经验主义的困境为其建构后现代真理概念的首要任务。而且，在科学实在论与反实在论的争论中，前者为了使科学不失去文化自主性和权威性地位，力争捍卫真理概念，把后者看作是“做真理买卖”的贩子，在他们那里，真理是根本不存在的。而科学的目的就是给出关于世界存在的事实并相信接受一个科学理论就是相信它是真的。但是，在范·弗拉森看来，即使不给出存在的事实，科学理论也是有意义的。因为，“科学的目的不是真理，而只是经验的适当性”③。人们不能用可观察术语来解释不可观察的事物。正是基于这一背景，他对科学实在论的实体提出质疑，因而产生了其真理观的前提。同时他又把方法论中的概率论解释论融入其真理观，因此形成了他的怀疑论的概率真理论，以回击科学实在论对他的误解。

范·弗拉森怀疑论的概率真理论的本质就在于：①他并不否认真理，赞成

① van Fraassen B C. 1991. Quantum Mechanics: An Empiricist View. Oxford: Clarenden Press: 5.
② van Fraassen B C. 1991. Quantum Mechanics: An Empiricist View. Oxford: Clarenden Press: 5.
③ van Fraassen B C. 1989. Laws and Symmetry. Oxford, New York: Oxford University Press: 213.

可观察世界的实体存在，承认接受一个理论也就是相信它可观察范围的陈述为真，即在经验上是适当的。②概率论的渗透使他由否定传统“确定性”的真理概念转向“非确定性”真理概念，使传统那种固有的“大写”真理为一种世俗、随机、可变易的“小写”真理所代替。范·弗拉森突破了以往怀疑论从根本上否认真理的疆界，以经验适当性替代了传统的一一对应的真理，拓宽了现存的理论框架，从而可能面对更多的现象。因此，从这个意义上说，理论在新的层面上获得了新的经验意义。

显然，在这里，经验适当性本身就体现了一种自然主义的相对性，换句话说，真理概念的“非确定性”就标示出了自然主义的相对性特征，它以适当性代替了真理的绝对性，从而站在反实在论立场上以经验为基底在价值观上捍卫经验主义，摆脱困境，并以一种“弱”的立场避免甚至消解认识论中真理的确定性所带来的哲学难题，正像他所指出的那样，“断定经验适当性比断定真理弱得多，而且接受理论的这种束缚把我们从形而上学中解救出来”①。而这恰恰与“后现代”广义的可能世界语义分析的特征不谋而合。事实上，范·弗拉森真理观的“非确定性”既是其“经验适当性”的本质所在，也是一种具有较强特征的后现代反实在论态度。当然，这种相对主义并非一种把不确定性或相对性极端化了的“绝对主义”，而是一种体现了语义整体论的具有自然主义特征的相对主义。

（2）把真理观看作是一种“经验上适当”的理论，为其真理概念走向公共实践和生活实践开辟了道路，同时也为其反实在论真理观走向语用对话提供了基础。在范·弗拉森看来，接受一个科学理论并不是相信这个理论为真，而仅仅是相信它在经验上是适当的。因此，相应地，真理观作为一个理论，也只是一种“经验上适当”的体系，而非其他。而这样一来，人们就可以将真理性看作是一种对测量直觉的因果性的“依赖”，而不是对经验证据或辩明的“依赖”，而且原先那些赋有意向和心理意义的信仰就不必乞灵于永远不可能完备的形式语言，更不必还原为某种更基本的东西。相反，它只需在成真的意义上，依赖于言说的外部环境，即依赖于人们充分的生活实践中所予以的价值取向和标准。显然，在这里，范·弗拉森的自然主义的语义真理观的实质就在于，它促使人们更为宽泛地使用自然语言，并在自然语言的使用中显示真理的存在方式。

（3）范·弗拉森将完美的（complete）语义结构看作是语言与实在之间的一种障碍，正是基于对这一障碍的消解，提供了其向“语境化”的语用解释学真

① van Fraassen B C. 1980. The Scientific Image. Oxford, New York: Oxford University Press: 192.

理观转变的动力。在阐释与真理性密切相关的意义理论时，他明确地指出："如果消解语言的完美的语义结构的话，那么，以模型为中介的语言与实在之间的关联就很可能是一种非常不完整的关联。"[①]很明显，对于语言的阐释以及对真理的说明在这里已不是简单的实际概指与语法表述之间的联系；相反，这一阐释与说明需要有两个步骤：首先，特定的表述是一系列模型及其逻辑关联所给定的"值"，而这些模型及其逻辑关联又来源于这些"值"之间的相关性；其次，由于模型的特定部分可能与实在的某些要素相符合，因而我们能够间接地获得相关的指称或概指的意义，即对特定语言和真理性的阐释。可见，对模态话语的探索很大程度是利用了那些剥去了对实在描述的模型结构，因此，那些未被剥离过的完美的语义结构就成了语言与实在之间关系的障碍，而要寻求语言与实在、理论与模型之间的内在联系，就必然要超越单纯语义学分析，以消解这一难题，而这又恰恰预示了范·弗拉森从后现代反实在论的自然主义真理观走向后现代"语境化"的语用解释观的基本生长点和融合点。

不言而喻，范·弗拉森对自然主义的语义真理观的构建，超越了传统经验主义局限于概念与命题的意义范畴，获得了较大的表述空间；同时，他对真理走向公共实践问题的探讨，也突破了正统经验主义的现象主义藩篱，拓展了一个更为宽广的研究领域，在后现代语义观的基底上，拯救了现象同时又超越了现象，开辟了构造经验主义的自然主义倾向。但是不容忽视的是，自然主义作为宣判传统认识论已经"死亡"了的认识论纲领所具有的缺陷，不可避免地遭到来自各个方面的批评，正是在这个背景下，范·弗拉森不得不转换态度，最终走向了反实在论的后现代"语境化"的语用解释学的真理观。

（三）后现代"语境化"的语用解释学真理观

伴随着人文主义与科学主义汇流的波涛，继"解释学转向"之后的"修辞学转向"使得修辞学不可避免地被引入了科学哲学的广阔领域。它作为解释学的一种变形，进一步将人类的行为、科学、文化或整个历史时期作为本文来阅读，强调作为对话的个体和共同体之间的协调和互补，把科学的构建、陈述和证明看作是"修辞学的转义"，并将科学论述看作是境遇论述，要求在"语境"的基底上，以语形、语义和语用的统一去整合阐释真理问题的基础，从而强化了理论表述的实践的、历史的和整体的统一；另外，后现代主义作为一种"新的文化经验"，其

① van Fraassen B C．1989．Laws and Symmetry．Oxford，New York：Oxford University Press：213．

“本质就在于，它把社会看作是由无限多生成意义的文化载体所构成的”[①]。而正是在这种新的文化经验的框架内，一般的理论标准被消除了，普遍的基本概念的分析和说明被解构了，一切都诉诸特殊的文化经验的直接意义，其典型的口号就是“真理的标准是依赖于语境的”[②]。因此，真理问题在后现代的大环境下，不仅要以语形、语义和语用的统一为基础，而且要把语境作为主体为了达到人类交流的现实目的而自然存在的一种认知方式，作为基底而存在。正是在这个意义上，范·弗拉森的反实在论真理观实现了后现代的“圆融”，走向了后现代“语境化”的语用解释学真理观。其后现代性主要体现在如下方面。

1. 适应了其哲学方法论的建构要求

在范·弗拉森看来，“科学仅仅是我们文化整体的一种活动，而我们在一定程度上都是参与者与观察者”[③]。正是在这一文化整体的框架内，其哲学本体论、认识论和方法论是相互统一、相互渗透的，因此，在后现代状况下，当其哲学方法论经历了一系列的转变而最终走向反实在论的后现代“语境化”的解释学方法以及语形、语义和语用相结合的语言学方法的同时，其真理观也加速了“朝向语言而生长”的进程，开始在语境基底上，建构其真理观。同时，由于后现代整体论观念的广泛渗透，使得语形、语义和语用的分析方法也开始相互渗透，构成了范·弗拉森反实在论真理观的语言分析基础。这样一来，其真理观就满足了其后现代方法论建构的要求，从而将其本体论、认识论、方法论融为一个整体，形成系统的后现反实在论科学哲学思想。

2. 为解构传统形而上学真理观，摧毁基础主义大厦提供了理论基石

传统认识论认为，逻辑分析、句法分析是语义分析和语用分析的前提和基础，语义分析和语用分析是以逻辑句法分析为起点的。但是，范·弗拉森一反传统常规，把这一逻辑关系做了颠倒，也就是说，将语用学看作是逻辑分析的基础在他那里，“真值概念的可应用性是所有逻辑分析的基础”[④]。换句话说，逻辑分析既是逻辑起点，又是超越自身之外的东西；同样，语言的使用既依赖于

---

① 郭贵春. 1998. 后现代科学哲学. 长沙：湖南教育出版社：3.

② Seidman S，Wagner D G. 1992. Postmodernism and social Theory. Cambridge：Basil Blackwell：6.

③ van Fraassen B C. 1991. Quantum Mechanics：An Empiricist View. Oxford：Clarenden Press：1.

④ van Fraassen B C. 1989. Laws and Symmetry. Oxford，New York：Oxford University Press：193.

逻辑句法分析，同时又可以作为逻辑句法分析的前提。在这里，只有超越自身，才能最终超越他物，也才能拯救他物。正是基于这一与传统完全背离的认识，范·弗拉森明确地意识到，正是那些超越了现象相似性的适当性经验，才能使现象摆脱由纯句法描述和语形分析所导致的与经验的本质分离以及经验的自身断裂，从而实现由经验的适当性去拯救现象的目的。可见，没有超越也就没有拯救。而正是这种超越使得传统真理观在经验适当性面前显示出了其不足与缺陷，于是，更加强化了范·弗拉森要强烈反对传统形而上学的决心。

3. 展示了语用分析和概率分析及其二者的结合在后现代真理建构中的优势地位

如前所述，范·弗拉森在其自然主义的语义真理观中首先构建了其怀疑论的概率真理论。但是，他逐渐清晰地认识到，这种真理观依旧不能从根本上消除传统真理论所带来的难题，即如何把主客体联系起来。而且，由于“修辞学转向”的到来，语用分析方法广泛渗透到各方面，这给他导引了一条建构新的真理观的途径。同时，他还试图容纳大陆和英美语言哲学中的最新反传统成分，以消除表征范围内反实在论与实在论的争论，于是，这种种因素使他最终走向了经验论的语用概率真理论。将经验范围内的语用概率看作是其后现代真理观建构的手段和策略。在他看来，在经验基底上，以语用分析方法和概率方法建构真理概念具有不可否认的优势：①有助于摆脱传统真理观那种追求绝对、终极性所带来的困境，促进解释对话的多样性；同时也有助于摆脱表征主义观念及现象和实在的二元区分；②在此基础上，有可能促进人文主义与科学主义真正地走向融合；③有益于强调语言的目的就在于具有不同词汇的人们在对理论的选择、接受和运用的语用实践中所表现出来的信仰和价值取向，从而以语用实践作为沟通主客体的桥梁。

范·弗拉森所建构的经验论的语用概率真理论是在他怀疑论的概率真理观的基础上，抛弃了怀疑论前提，吸取了后维特根斯坦哲学对语用分析方法的倚重，在经验基底上发展起来的。这种真理论除了延续前者“非确定性”之外，还强调真理是被构造的，而不是被发现的。因为在认识世界的过程中，我们常常会借助隐喻的方式在语言中发明或创造出一种方式去表达那些在确定语言框架中所不可表达的东西。这样，我们就能够在消解绝对客观真理观念的同时，去构建相对的内在真理观念，因而必然具有合理性。这种在主体对话层面上所构建的真理，不必要求当下的经验证实，而只需信念之间以及信念同经验之间的某种理想的融贯就完全能够达到主体间的相互理解和认可。

可见，范·弗拉森的语用概率真理论的本质就在于，“效用性”成为一切建构的出发点和生长点。它突出强调生活实践中经验的地位，把这种经验不是当作认识的阿基米德点，而是看作在进行实践活动的各种相互作用的东西总和。因为，当我们把对语用的理解推向语义学的外围并关注于其起作用的方式或实践意义的过程时，语言在本质上成为人们用以协调自己活动的方式。其目的不在于去用形式化体系规范各类哲学陈述或阐明言词与世界的“符合”关系，而仅仅在于清晰地展示出拥有不同词汇的人在对理论的选择、接受、运用的社会实践中所表现出来的信仰和价值取向。正是在这个意义上，范·弗拉森的语用概率真理论预示了语境这一在本质上具有公共性、实践性，以及意向性的概念必将成为其真理理论建构的核心和策略。

4. 真理问题的语境化是反实在论真理观的后现代走向在其科学哲学中的具体化

语用概率真理论固然推进了未来新哲学的进程，促进了主体与客体、事实与价值在对话中的统一，为科学主义与人文主义的合流创造了新的聚合点。但它无疑会使人类思维陷入无根的迷途，呈现出一种类似黑格尔理念主义的自我迷恋状态。因为当人们沉溺于主体自身的私人对话时则会日益困顿于自设的“语言框架”而忘记了对话的目的在于与更多对话的融洽交流。另外，后现代主义哲学最基本的特征就是反基础主义、反本质主义、反逻各斯中心主义、反科学主义以及反表征主义等。而语境概念的提出，恰好就是上述这些特征的必然产物。它不仅在科学实践中结构性地引入了历史的、社会的、文化的和心理的要素，而且还融合了语形、语义和语用分析的各自特征，并借鉴了解释学和修辞学的方法论意义。正是在这个意义上，范·弗拉森把语境作为一种超越以逻辑经验主义为核心的现代科学哲学的趋向选择，显示出强烈的反实在论的后现代科学哲学走向；同时，在这一选择过程中，语境又作为一种具有经验适当性的概念突现出来，成为其构造经验论的一个经验基底和一种展示其价值趋向的认知方式。因此，范·弗拉森清晰地看到必须有一个不可还原的生成于语形、语义和语用相结合之上的基底。在这一基底上，一切由于语义分析而导致的自然语言缺失，由于语用对话而导致的语言私人化的困惑，即“解释的拒绝”和“解释的不对称”问题都将被克服。后现代“语境”概念的广泛渗透恰恰提供了这一基底。于是，范·弗拉森开始了其探求语境化的具体真理论的征途。具体地讲，主要表现在以下几个方面。

（1）把语境看作是评价科学理论的决定性因素。具体地讲，“在对科学理论评价的分析中，忽视影响评价的语境因素是错误的。……认为评价科学理论的术语是‘纯卫生学’的（hygienic），并且与其他评价以及所涉及的个人和环境等无关联的观点都是错误的”[①]。可见，在这里，范·弗拉森突破了传统把真理凌驾于一切的做法，引入语境观念，强调境遇，使真理具体化于对科学理论的评价中，同时使得他本人在这种带有很强后现代性的语境构造中，为语境寻找到自己合理存在的地位，摒弃导致真理符合论的途径并使其载体脱离与外在世界的僵化关联。

（2）“语境变量”（contextual variable）对于条件陈述的真值起着关键性作用。在他看来，“语境变量”决定了那种不言而喻的，其余情况均保持不变的从句的内容。因为如果其余情况均一致，并且语句、事实以及语境因素把内容固定下来，那么就不会产生任何困惑。这里，范·弗拉森把语境看作具体形式即一种变量在起作用。这种在后现代视角上把真理具体化、语境化的方法，为真理提供了一个十分“经济”的基础。一方面，语境所展示的作为人类对话要素结构的特性，内在地规定了对话的实践性和历史趋向性，使得人类思想的对象都被“语境化”了，一切均取决于当下情景状态中所进行的平等对话。另一方面，语境这种变量成为展示价值趋向的认知方式。它不仅能够成为解决科学评价中困惑的一个有效途径，而且只有在当下的，符号使用和语词指称的情景下，科学评价才具有完全现实的意义。由此可以看出，范·弗拉森在构建其后现代真理观的过程中，开始走向语境化的具体真理观。因为，这适应了当代科学哲学发展的必然趋向，同时可以消除任何先验或超验的真理、范畴或本质。因此，不是真理具有任何独立于语境的意义，而是只有在动态的语境中才能展示真理的存在。

显然，在范·弗拉森那里，语境不仅仅是一种后现代主义的具体表现形式，而且还是一种为开放的科学文本进行解释所营造的情境。在这一情境中，其真理观也是开放的，它不要求主客观的一致，而仅仅要求在理论与实在之间构造一种关系，即经验上的一种适当性关系。于是，主体在这里被消解了，人们已不需再把注意力放在任何对象主体的单一层面，也不需要从主体出发去阐释意义，而只需从各种复杂要素之间的关联去彻底地消解主体的传统形而上学性质。同时，这反过来又标示了这些关系背后所隐含的语境概念的后现代特征，因为语境的本质也正是各种关系的有边界的集合。也就是说，恰恰是语境的这一本

---

① van Fraassen B C．1980．The Scientific Image． Oxford，New York：Oxford University Press：87-88．

质决定了真理是一种内在的关系。

当然，必须明确指出的是，范·弗拉森并没有把语境完全绝对化。因为他意识到语境化的具体真理观仅仅是真理发展的一种“趋向”，因此他强调指出：“条件真值部分地依赖于语境。科学并没有暗示语境是唯一的或另一种方法。”[①] 但无论如何，范·弗拉森所探求的后现代“语境化”的具体真理观冲破了传统真理符合论的桎梏，内在地体现了后现代性趋向的迫切要求。

5. 范·弗拉森的后现代反实在论真理观实现了其整个构造经验论的后现代“圆融”，蕴含了科学主义与人文主义相融合的后现代趋向

作为后现代语境概念广泛渗透于整个哲学领域甚至整个文化领域的产物，范·弗拉森的后现代“语境化”真理观的建构，无疑为其整个构造经验论实现后现代的圆融提供了认识论基础；另一方面，他的后现代“语境化”的语用解释学真理观，作为“解释学方法”的广泛深入的结果，又势必为真理观进行新的研究提供了新的视角。长期以来，代表了不同哲学主题的科学主义和人文主义传统始终处于相互排斥的情结状态中，因此，如何在新的立场、新的基点上消解对抗，增进对话，便成为整个哲学领域发展的一个重要工作。从这个意义上讲，恰恰是后现代语境概念和解释学方法的引入，为这一难题的消解提供了可能的途径，而范·弗拉森后现代反实在论真理观的建构则是促进这两大哲学传统相互渗透的“催化剂”，从而使得它们能够寻求到新的突破点和关节点，在共同的发展当中逐渐地使其构造经验论在本体论性、认识论性和方法论性上趋于一致，最终展示出其后现代反实在论哲学生长的历史的开放性、内在的一致性和发展的可能性。

当然，必须明确指出的是，范·弗拉森所构建的反实在论的后现代语境化的语用解释学真理论，仅仅是真理研究中的一种趋向或态势，它并不具有任何特权地位。它仅仅意味着，在“语境化”的意义上，真理已不再是代表哲学旨趣的终极主题，从而为消解传统形而上学难题提供了可选择的手段和途径。

无论如何，当后现代主义思潮粗暴地横扫整个文化领域，将人类对真理的追求湮没在语言中，将生命的价值消泯于话语的操作之中时，范·弗拉森却采取了较为折中的手法，反对把哲学抛到语言的海洋中，将科学真理视作一种关系、功能、性质，而非纯粹的语句，避免了走向后现代主义的极端。恰恰是在

---

① van Fraassen B C．1980．The Scientific Image．Oxford，New York：Oxford University Press：118.

这个基点上，他的反实在论真理观作为对语义真理观及整体论的继承和开拓，实现了在后现代境况下的圆融。总之，作为一种反实在论的后现代真理论的样板，它所产生的影响和意义应是不容置疑的。

三、范·弗拉森后现代反实在论语言分析的方法论意义

通过前面的总体分析，我们可以看出，范·弗拉森在20世纪哲学发展的进程中，试图以具有鲜明后现代特征的反实在论的语言分析方法来推进哲学的转向，从而摆脱传统经验主义和传统实在论所崇尚的基础主义、理性主义和本质主义的束缚，最终为哲学营造一个以语境为基底，以整体性为特征，语形、语义和语用相统一的具有后现代特征的文化空间。这对于科学实在论在较成熟的基点上迈开其发展的步伐，对于批判科学主义和人文主义的片面性并促进二者的合流，都具有其富于启迪的地方，这表现在以下几个方面。

（1）范·弗拉森的后现代反实在论的语言分析方法为哲学中不可解决的难题提供了全新的解释方法。自柏拉图以来，传统哲学家们就已经开始探讨现象与理论或实在的关系问题，但却始终没能得到解决。范·弗拉森清晰地看到了这一哲学史上经久不衰的论题，从而重新在批判逻辑经验主义将理论与现象分离的片面性和传统实在论将二者等同起来的机械性的过程中，力图在经验基础之上，以语境为基底，从语形、语义、语用三者的统一以及现象学和解释学的整合中，以其经验的适当性来“拯救现象”，从而奠定了理论与世界的一种新型关系。正像他所指出的，经验适当性不仅涉及了实际现象，即发生或未发生什么，而且还蕴含了在不同的环境下会发生什么等。这也就是说，经验适当性不仅涉及了理论或语言本身以及理论或语言的对象意义，而且它还涉及在任何具体的语境中理论或语言的意义的变化以及在这些具体的变化之外它所蕴含的本质特征。换句话讲：“经验的适当性总是超越在任何给定时间人们所认识到的东西。”[①] 因此，当我们断定一个理论具有经验适当性的同时也就是断定了我们相信理论关于这个世界中的可观察物和世界的描述是正确的，也就是理论拯救了现象。但是，这里又提出了另一个问题，即可观察与不可观察的界限问题。范·弗拉森认为，要发现理论所描述的世界可观察部分的界限，我们就必须探究理论本身，也就是说，我们必须超越现象来探究现象，从而获得理论的经验

---

① van Fraassen B C. 1980. The Scientific Image. Oxford, New York: Oxford University Press: 69.

蕴含。正是这些超越了现象相似性的更本质的经验，才能输入理论的内在意义，才能使现象摆脱与经验的本质分离以及经验自身的断裂，从而实现由经验适当性去拯救现象的目的。在这里，只有超越并拯救现象，才能确立理论与现象之间的经验关联。没有超越，就没有拯救，也就无法确立理论与现象之间的经验关联以形成构造经验论的内在本质。

（2）范·弗拉森的后现代反实在论的语言分析方法具有鲜明的兼容性。范·弗拉森的反实在论的分析方法是在库恩和劳丹之后形成的，因此必然要受到他们的影响；同时，科学实在论在20世纪的全面复兴也为他的反实在论提供了可供借鉴的因素。正是在这一前提下，范·弗拉森既保留了以往反实在论尤其是历史主义在新的发展进程中方法论中的合理方面，又对一些科学实在论者对实在论的辩护加以分析，最终形成了一种较为温和的反实在论的语言分析方法论。这一理论的论证是有理由的、合理的，它影响了大多数科学实在论阵营中的哲学家，在它的影响下，一些典型的科学实在论者纷纷修改了自己的观点，例如，普特南开始形成了自己的“内在实在论”及其分析方法。可见，范·弗拉森的后现代反实在论语言分析方法论标志着历史主义、反实在论与科学实在论争论的新阶段。

（3）范·弗拉森的后现代反实在论的语言分析方法加速了后现代科学哲学方法论发展的进程。他始终强调科学理论在建构过程中的不同理论之间的融合特征和开放性特征，将理论看作是主客观的统一体，克服了以往经验论与唯理论、语言学与解释学以及现象学的局限性，将欧洲大陆哲学与英美哲学相融合；同时，随着20世纪初“语言学转向”“解释学转向”以及“修辞学转向”的广泛深入，他将语言分析作为人文主义与科学主义的中介桥梁，不仅克服了二者的片面性并进一步推动了二者的合流，而且消除了理性与非理性因素之间截然对立的情绪，从而在科学实践的基底上使二者并重。因此，从本质上讲，范·弗拉森的反实在论语言分析方法适应了后现代大融合的趋势，成为后现代科学哲学发展的“催化剂”。

（4）范·弗拉森的后现代反实在论的语言分析方法作为“后现代性”在科学哲学研究领域中方法论上的某种时代的映射，它预示了后现代科学哲学的未来发展趋向：①整体性与本体论、认识论及方法论的结合。②语用分析与语境实践、语境分析与各种具体的科学研究方法之间内在的关联和同一。③英美哲学与欧洲大陆哲学、科学主义与人文主义的相互渗透与融合。但事实上，这种趋向并不等同于后现代状况中某种具体且有形的形态，同时，它也绝非后现代文化中的某一特定的流派，它仅仅是科学哲学的一种“研究战略”，而非固定不变的范式或教条，范·弗拉森之所以构建具有后现代特性的反实在论语言分析方法，不仅是为了适应他的构造经验论体系，而且还是为了把握整个科学哲学发展与进步的时代特征。

总之，范·弗拉森沿着经验主义的认识论趋向，接纳实用主义，引入概率论、整体论、相对性以及具有后现代特征的语境观念，以语境为基底，在语形、语义和语用的统一中，并同欧洲大陆传统的现象学、解释学分析方法相融合，以“经验适当性”超越现象并拯救现象，使理论与现象之间的结构相嵌性成为一种真正的、有创造性的经验的建构，从而最终在适当的经验基底上构造具有自己独特风格的后现代反实在论的语言分析方法。

当然，范·弗拉森的反实在论的语言分析方法并非完美无缺，它本身所具有的片面性是不容忽视的。一方面，他虽然在一定程度上认识到了语境本身所具有的本体论性，但是也仅仅是将它弱化了；另一方面，范·弗拉森在拒斥基础主义的同时，由于其反实在论的出身，不仅将句法学仍然作为是整个语言分析方法的一个重要的基础，而且还将可观察性作为其理论的基础，这也是他不可解决的一个悖论。所以，范·弗拉森的反实在论的语言分析方法仅仅可以作为科学实在论方法论的一个重要启发纲领，而不可能像范·弗拉森所声称的那样成为科学实在论的一个全面替代纲领。

无论如何，从后现代性角度，从语言哲学和真理观的角度以及科学主义和人文主义、英美哲学和大陆哲学之间的相互渗透和融合等各个方面去全面深入地研究范·弗拉森反实在论语言分析方法的演变特征及其走向，从而揭示反实在论方法论研究中的“后现代趋向”的本质，对于把握后现代科学实在论甚而整个后现代科学哲学方法论乃至本体论和认识论的形成、演变和发展，并在整个历史的、社会的、科学的、文化的和心理的语境中促进科学主义和人文主义的合流，最终将整个科学哲学的研究全面推向 21 世纪具有非常现实的意义。

第五章 当代反实在论的困境及其出路

第一节 当代反实在论的困境

当代反实在论尽管在与实在 论的争论中取得了一定意义上的优胜地位，并成为当代哲学中发展得最为突出的一个派别，但是也不可避免地面临着来自其他流派尤其是实在论对它的责难和自身理论所带来的困境。

如前所述，当代反实在论在逻辑真理、意义等问题上采取的立场是约定论。但是，如果按照约定论的话，人们就无法排除语义规则和约定的任意性，也就不能给逻辑常项和非逻辑常项的区分提供任何客观标准，对于逻辑真理的说明最终就会陷入某种主观主义和相对主义的危险境地。

而且，约定论也无法说明逻辑真理的普遍适用性和认识价值。如果逻辑真理只是由于我们随意选取的某些语义规则和约定为真的话，那么它们怎么可能普遍适用于一切科学领域，独立自存的世界又怎么可能会服从我们中某些人的一时兴趣呢？还有，逻辑命题如果依据约定而真，还会导致这样一种结果，即逻辑不能提供任何新知，逻辑命题全部说的都是同样的东西，也就是说，关于这个世界实际上什么也没有说，人们所做的只不过是把暗含在前提中的东西明确揭示出来，因此没有教给我们任何新东西。但这种看法也是不能接受的，因为若今后某位数学家根据当时已有的数学成果，逻辑地推出“哥德巴赫猜想是真命题”或者“哥德巴赫猜想是假命题”时，他难道没有提供任何新知识吗？所以，我们认为，即使逻辑命题是依据语义规则或约定为真，那么语义规则或约定的真理性本身也需要得到辩护和说明，它们再不可能是仅仅依据约定为真，它们为真的根据必须超出约定领域，而到我们的直观和经验中去找，实际上也就是到独立自存的外部世界以及反映这种外部世界特征的语言中去寻找。这样一来，逻辑真理的基础就不能只是约定，而是除此之外还应该有某种本体论和认识论的根据。因此，在这一点上，关于逻辑真理的实在论观点是有其可取之处的，只有将二者结合起来才能既说明逻辑真理的客观性、普遍适用性和认识论价值，又避免纯粹实在论所面临的困境。

第二节 当代反实在论语境分析方法的建构

当我们面向 21 世纪的哲学发展去回顾 20 世纪语言哲学、分析哲学和科学哲学的演变历程时，我们发现，反实在论自始至终都是与科学实在论一同作为其重要的两大对立的分支在不休的论争中存在并发展着的。正是在这论争中，20 世纪的反实在论为了寻求生机，不断探求新的分析方法，以期在与实在论的论争中取得优势地位。另外，随着 20 世纪初以来“语言学转向”“解释学转向”以及“修辞学转向”的到来，尤其是后两个转向的不断深入，以及“后现代主义”思潮的广泛渗透，“语境”概念成为语言哲学、分析哲学以及科学哲学领域中非常重要的一种分析方法，形形色色的哲学派别以及哲学家都试图运用这一全新的分析方法去构造、解释和评价科学和哲学理论。正是在这个意义上，20 世纪的反实在论在引入语形、语义和语用分析方法之后，自然而又必然地引入了语境分析的方法，并在此基础上推进了其自身理论的发展。本章试图站在 20 世纪反实在论的立场去分析、探讨和把握语境这一概念和方法，并从语形、语义和语用的统一上去阐释其科学解释的语境模型，以揭示 20 世纪反实在论语境分析方法建构的本质特征及其意义，从而体现出这一研究工作对于阐明整个 20 世纪科学哲学的总体演变特征并预示未来哲学发展的新趋势具有重要的理论意义和实践价值。

一、当代反实在论对语境分析方法的选择

伴随着 20 世纪“三大转向”的演进，反实在论在与实在论的论争中获得了极大的发展。为了在论争中取得优势，20 世纪的反实在论在其科学哲学研究中相继引入了语形学、语义学和语用学，作为其重要的分析方法。但是，当反实在论者们反思其科学哲学发展历程时，却发现，如果我们孤立地对待这三种分

析方法时，它们都有着自身不可避免的缺陷。

（1）如上所述，尽管语形学及其分析方法作为20世纪反实在论尤其是逻辑经验主义批评、整理和建构哲学理论的背景框架具有重要的理论意义，因为它用一阶逻辑进行科学语言的逻辑分析消除了模糊、歧义、不必要的复杂以及其他理解障碍的理论，从而使理论具有了普遍性、精确性以及哲学上的透明性。但是，传统的语形学把人类认识的本质仅仅归结为对知识中逻辑关系的发现，把哲学的任务归结为对科学语言进行逻辑分析，企图用“科学的逻辑”来取代哲学，这一点带有极大的片面性。事实上，通过使科学的概念确切化，通过对科学理论的结构、方法等的研究而促进科学进步，这仅仅是哲学的任务之一，而不是全部，绝不能把哲学仅仅理解为科学认识论和方法论，甚至把方法论等同于狭义的逻辑。这只能过分夸大语言符号形式化的意义，使它们脱离所表示的客观现实对象，从而导致把它们当作是人们“约定的”或任意构造出来的东西这样一种结果。

（2）尽管语义学及其分析方法作为一种横断的研究方法论在科学哲学中越来越占据突出和重要的地位，但是，随着科学哲学的纵深发展，20世纪的反实在论者们已经清楚地看到，语义学及其分析方法并非是万能的，它不可能在一切领域都能发挥其功效。相反，它仅仅能够“为语言提供一种语句意义的完全解释，而不能为语句如何在言说中被使用来传达语境中的信息提供一种解释”[①]；它只能“通过说明语言句子的真值条件来研究句子和表达它的命题的搭配规则，而不能探究那些不能直接指向句子表达的真值条件来说明的言说意义”[②]；它对语言意义的理解是独立于语境而非依赖于语境的。

（3）语用学及其分析方法尽管进一步排除了存在于理性与非理性、语言的形式结构与心理的意向结构、逻辑的证明力与论述的说服力、静态的规范标准与动态的交流评价之间的僵化界限，但是，语用并不是特定的问题可以在其中展开研究的建设性理论构架，它作为一种分析方法往往在语言的使用这个一般层面上模糊乃至取消所考察问题在次语言基底上的独特性。因此，如果我们离开特定的语境而单独运用语用分析方法，则会由于缺乏一个有着次语言边界的理论空间或问题域而显得太过宽泛，从而使得对科学理论或哲学理论的说明和

① Kempson R. 1988. Grammar and conversational Principle// Newmeyer F. Linguistic: the Cambridge Survey. Cambridge: Cambridge University Press: 139.

② Gazdar G. 1979: Pragmatics: Implicature, Presupposition, and Logical Form. London: Academic Press: 2.

解释将没有任何确定性可言。[①] 这是因为，对科学理论的解释、说明之所以是适当的，原因就在于它赋予了我们对特定语境中难题的求解。没有任何一种解释和说明是唯一正确的，不同语境中的不同解释和说明不存在绝对的同一性。换句话说："不存在超语境的、具有独立意义的正确说明。"[②]

正是对历史的反思，使得20世纪的反实在论者们认识到，要想在科学哲学领域占有一席之地，要想在与科学实在论的斗争中处于不败之地，就必须寻求新的科学哲学研究方法，或依赖新的研究视角的整体性引入。语境分析方法的凸显恰恰满足了反实在论的这一要求。

"语境原则"（context principle）是弗雷格为了探讨数的概念而在其《算术基础》一书中提出来的。在弗雷格看来，必须在句子的联系中来研究语词的意谓，而不是个别地研究语词的意谓。弗雷格之所以提出"语境原则"是为了把心理学的东西和逻辑的东西区别开来，把主观的东西和客观的东西区别开来。继弗雷格之后，罗素在其摹状词理论中也主张命题构成了语词的意义语境的观点，从而对弗雷格的"语境原则"有所发展。其后，反实在论重要的思想先驱，维特根斯坦不仅继承和发展了弗雷格和罗素所提出的"语境原则"，而且对其中所隐含的整体论因素加以扩展而成为一种具有普遍性的方法论原则。在他看来，事实和命题的最终成分和还原方法并不是唯一确定的，可以存在多种分法和不同结果；按逻辑规则得到的基本命题并不一定比被还原前更精确和明晰；并不存在终极的绝对简单的对象和名称，我们处于语言、行动以及情景交织的语境中。显然，在维特根斯坦那里，语言不仅仅内在于一定的命题体系结构当中，而且，从本质上讲，它还与人类基本的存在状况与生活方式密切相关。在这里，语境就不仅是语言的上下文情景，即静态的语言形式系统，而且，它更是一个内涵了历史的、社会的、心理的，以及人类生活习惯和信仰等多个层面的具有动态结构规定性的复杂系统。正是在这个意义上，"语境原则"克服了语形、语义、语用这三种分析方法的分割，并在其基础上使这三者获得了整体上的互补。

20世纪的反实在论者们正是看到了"语境原则"在方法论层面上的优位，因此，开始把注意力转向了"语境原则"，将语境作为重要的分析方法从整体上引入其科学哲学研究中。具体地讲，逻辑经验主义的重要代表人物之一莫里斯为了克服早期逻辑实证主义单纯强调语法分析的语形学而忽视了语言使用及其具体语境的局限性，曾经指出，任何一种语言系统都不外乎是通过人类这种有

① 郭贵春．2004．科学实在论的方法论辩护．北京：科学出版社：52．
② Leplin J．1997．A Novel Defense of Scientific Realism．Oxford：Oxford University Press：11．

机体来实现的，而恰恰是人类的这种有机体性决定了语用学研究必然要涉及心理学的、生物学的和社会学的各种现象。因此，语言就只有在人类的相互交往中，只有在人类相互交往而产生的具体的、整体的语境中才能真正地发挥它的作用。

逻辑经验主义的另外一个重要代表人物亨普尔（Carl Hempel）在其意义的标准理论中也曾经明确指出，科学就是一个语言系统，它并不单纯是一些各自孤立的命题的简单集合，而是一个相互联系的整体，或者说，是一个具有良好结构的整体性的理论系统。因而孤立地谈论一个词项或一个陈述的“经验意义”是不正确的。这是因为，一个陈述的认识论意义是反映在它与该语言系统里的一切其他陈述的逻辑关联的整体性之中的。因而它不仅与观察命题有关，更主要的是与整个理论系统有关。正像他所指出的那样：“在科学语言中，由于同样的理由，单独一个句子通常并没有经验蕴含。在科学理论中，单独一个句子照例不能推出任何观察句子来，要想从它那里得出断定某种可观察现象出现的推论，就非把它同其他辅助条件的某个集合联系在一起不可。在后者之中，有些通常是观察命题，另一些则是预先采纳的理论命题。”①显然，在这里，亨普尔将语境看作是一个完整的科学语言系统以及一些辅助性条件。为了更具体地阐明其语境原则，他将科学理论系统或理论结构形象地比喻成是一个保护杂技团演员所使用的“安全网”。在这个安全网络中，最底层是观察层次，支撑杆是语法规则和语义规则，网线是公理系统，网结是理论语句，而最终将它们联结为一体的则是对它们的使用，而恰恰是在这具体的使用中体现了以语境为基底的语形、语义和语用的统一。

不言而喻，亨普尔的语境原则的确鲜明地体现了语形、语义和语用在经验观察基底上的统一，彰显了语境所具有的整体性特征。但是，他仅仅强调语境的经验观察层面而忽视了语境所应该涉及的历史、心理和社会等因素的存在，这是他的理论所不可避免的一个缺陷。而正是基于这一不足，在逻辑经验主义之后，历史主义对语境原则进行了重建。例如，库恩在其科学哲学理论中所提出的范式就是一种语境论的观点。库恩的范式不仅包括整个科学语言系统以及科学共同体所共有的一系列科学理论模型集，而且，还将科学共同体所共有的信仰或信念也涵盖进来。可见，他的语境论较之逻辑经验主义而言宽泛了许多。但是，需要指出的是，库恩的“范式”语境论虽然体现了科学的整体性特征，

① 洪谦．1984．逻辑经验主义，上卷．北京：商务印书馆：116.

并且也提出了科学理论系统内在结构的思想，但是，却没有具体地指出这一结构的具体内容，而且他还把语境所涉及的心理因素过分地夸大，因而不可避免地走向了极端的心理主义和相对主义。

针对库恩的语境论将心理背景的作用过分抬高，因而走向了极端的心理主义和相对主义这一缺陷，拉卡托斯提出了他的科学研究纲领。在他看来，由于经验不能证伪各自孤立的理论，因而科学的最基本单元不应该是各个孤立的理论或命题，而应该是互相联系、且具有严密的内在结构的完整的理论系统。只有以整个科学理论系统或科学研究纲领为科学哲学的研究对象，而不是以各自孤立的单个理论或命题为对象，才能正确地理解和解释科学理论的证伪和发展等问题，并在此基础上，才能正确地理解和阐明科学理论的坚韧性和科学发展的继承性等问题。正像他所说的："我们评价的不是一个孤立的理论，或理论的集合，而是整个理论系统。因此，精致证伪主义就把怎样评价一个个别理论的问题转变为怎样评价整个科学理论系统的问题。不是一个孤立的理论，而是一个完整的理论系统，才能被称为'科学的'或'非科学的'；如果对一个孤立的理论使用'科学的'术语，那就犯了使用范畴的错误。"①"当我们的许多科学知识的范例只是一个个孤立的理论，如：所有天鹅都是白的，并把它孤立地纳入一个研究纲领中去时，就很难正确地理解科学的生长。""只有把科学解释为研究纲领的场所而不是孤立理论的场所时，科学的连续性和理论的坚韧性等问题……才能得到解释。"②显然，在拉卡托斯这里，语境并非是纯粹的心理的信念，而且，它还具有科学的理性。它不仅体现了历史的、心理的、社会的特征，而且，它还反映了科学的理性特征。而恰恰是在这一语境中，语形、语义在语用中实现了统一，语言使用的主体与语言所指称的对象达到了一致。正像劳丹在给研究传统下定义时所指出的：一个研究传统是关于一个研究领域中的实体和过程以及关于该领域中用来研究问题和构造理论的合适方法的一组总的假定。它具有历史性、规范性和普遍性。它能够为我们提供具体理论发展所依赖的指导原则。

达米特曾经不无赞赏地指出："在《算术基础》中阐明的语境原则体现的不仅仅是一个词的意义与含有它的语境的一般关系；它找出作为句子的整个语境

① Lakatos I. 1978. The Methodology of Scientific Research Programmes. Cambridge: Cambridge University Press: 34-35.

② Lakatos I. 1978. The Methodology of Scientific Research Programmes. Cambridge: Cambridge University Press: 87.

的相关部分，因而使句子在语言中有一种特殊的作用。”①

当代著名的反实在论者范·弗拉森在进行科学说明时，也把科学说明看作是理论、事实和语境三者之间的关联。在他看来，说明就是对问题的解答，因而一个问题（Q）只有在具有论题（P_k）的情况下才能被理解。同时，与对照集（X）相关，也可以被理解，即 $X = \{P_1, \cdots, P_k, \cdots\}$。正如范·弗拉森所指出的：“一个问题能否被真正的提出，依赖于K是否隐含了核心的命题。”②在这里，K就是一个具有相关原则的共同语境，而只有在K中，提问者和回答者才能进行现实的操作。

显然，通过20世纪的反实在论者们对语境原则以及语境分析方法的采纳和运用，我们可以看出，20世纪的反实在论之所以将“语境原则”引入，选择语境分析方法作为其方法论重构的基点，这并不是偶然的、一蹴而就的；相反，这一抉择既是反实在论自身发展的内在需要，同时又是实在论与反实在论论争的迫切要求与历史发展的使然。可以说，正是由于语境分析方法的渗透，20世纪的反实在论作为对科学进行哲学解释和理性重构的一种思潮或运动，愈来愈成为人类理性发展和科学哲学发展中的一支劲旅，显示出了其勃勃的生机，以及独特的风格、特征、形式和发展趋向。

二、当代反实在论科学解释的语境化建构

科学解释（scientific explanation）是20世纪科学哲学领域的一个核心问题。作为科学哲学重要分支的反实在论在其科学哲学研究的过程中，也始终将揭示科学解释的一般方法和特点、探求最佳的科学解释模型作为其科学哲学的中心任务之一。在他们看来，科学，不论是自然科学还是社会科学，其目的就在于回答“为什么”？而这就是科学解释的问题。一般来讲，对于这类问题的回答有两类：一类是对“为什么”做出说明。另一类则是给“为什么”提供理由。因此，当我们对科学进行解释和说明时，就不仅需要说明为什么，而且还必须提供充足的理由加以补充说明。

最早给出科学解释模型的是逻辑经验主义的重要代表人物之一亨普尔。他首先提出了他的“演绎－规律”（deductive-nomological）的科学解释模型，简称

① Dummett M．1981．The Interpretation of Frege's Philosophy．Cambridge：Harvard University Press：370．

② van Fraassen B C．1980．The Scientific Image．Oxford, New York：Oxford University Press：145．

D-N 模型，或称“覆盖率模型”。这一模型的主要内容是：通过把事物或事件包摄于普遍规律或定律之中，从而来说明该事件或现象为什么会发生。可见，这一模型要说明的是该事件或现象（E）是在哪些先行条件（C）下，依据哪些普遍规律（L）而发生的。这一模型可以公式化为

$$(C_1, C_2, \cdots, C_k)\ \&\ (L_1, L_2, \cdots, L_r) \Longrightarrow E$$

在这一公式中，前项表示的是说明者，后项表示的是被说明者，而箭头表示的则是逻辑的演绎。也可以公式化为

$$\frac{\left.\begin{matrix}(C_1, C_2, \cdots, C_k)\\(L_1, L_2, \cdots, L_r)\end{matrix}\right\}\text{（说明者）}}{E\text{（被说明者）}}$$

亨普尔在一开始对 D-N 模型是相当满意的。按照这一模型，一个适当的科学解释不仅应该适用于说明个别事件，而且还应该适用于说明某些普遍定律；不仅适用于说明事件的发生，而且还适用于对未来事件进行预测。因为，在亨普尔看来，如果从某些先行条件与普遍定律中推演出来的是过去或现在的事件，那么就是对该事件的说明；而如果从某些先行条件与普遍定律中推演出来的是未来的事件，那就是预测。在这里，预测与说明是等价的。正像亨普尔所指出的：“在对过去发生的个别事件所做的演绎规律说明中，在用于说明的语句里，从逻辑上说，已经蕴含着被说明的事件的发生。因此，如果人们在早些时候已经考虑到那些用于说明的语词中所引证的那些规律和个别情况，那么，人们就可以拿这些用于说明的语句来预测这个被说明的事件。在这个意义上，我们可以说，这种说明作用的论证也可以当作预测的论证来加以使用。”

显然，D-N 模型在某种意义上的确为我们提供了一种科学解释的适当模型，它完全适用于那些具有普遍性、规律性的事件。但是，随着现代科学尤其是现代物理学的飞速发展，科学事件更多的则是表现为或然性和偶然性。而且，随着 20 世纪以来一系列转向的到来和不断深化，反实在论者们认识到，对科学理论进行解释说明时如果总是局限于逻辑的演绎以及理论本身，而不去考虑其他方法以及理论之外的其他因素，也不可能真正地说明科学理论。因此，亨普尔的这一科学解释模型提出之后引起了科学哲学领域的广泛关注，但同时也遭到了来自各方面的否定性批评，如汉森、库恩等就分别从格式塔心理学和历史解释的层面对它进行了攻击。内格尔等也指出，D-N 模型只适用于必然性的科学事件和严格的普遍性定律而不适用于或然性科学事件。他们在批判亨普尔的

D-N 模型的同时也力图超越 D-N 模型去寻找一种最佳的解释模型。而恰恰是在屡次变换其科学解释模型和方法的过程中，他们看到，单纯使用任何一种方法都是不完善的，因此应该将语义分析和语用分析方法同语形分析方法结合起来，强调语用分析中离不开句法分析，更离不开语义分析，这三者是点线面之间的关系，它们相辅相成、彼此作用。而能够将它们联结起来的只有语境。更为重要的是，具体的特定语境在对科学理论进行解释的过程中具有极其重要的作用。正是基于那些批判和建议，亨普尔"放弃了 1948 年论文中提出的仅仅根据语形学和语义学来提供科学解释说明的企图"[①]，率先运用了语境概念，在 D-N 模型之后又一次提出了"归纳–统计"（inductive-statistical）模型，简称 I-S 模型，以克服 D-N 模型所面临的困境。

这种模型可以公式化为

$$\frac{\begin{array}{l}P(R,\ S\text{-}P)\ \text{接近于}\ 1\\ S_i \cdot P_i\end{array}}{R\ (\text{使成为实际上肯定或可能})}$$

与 D-N 模型不同，I-S 模型可以应用于或然性科学事件。这是因为，在这个模型中，亨普尔将统计分析和概率分析引入科学解释中，从而由对普遍性、规律性事件的说明转向了对或然性、特殊性事件的解释，从纯粹逻辑演绎的绝对性走向了概率分析的相对性。事实上，在这里，对或然性事件、特殊性事件的关注已经隐含着语境原则的引入。因为，或然性事件、特殊性事件就是具体的特定语境，而一系列或然性事件、特殊性事件则是一个问题域。只有在具体的特定语境中，只有在具体的问题域中，只有在具体的、特殊的事件中，才能给出适当的科学解释。显然，尽管亨普尔在其科学解释模型中并没有明确地提出"语境原则"，但是从其 I-S 模型中，我们可以隐约看到亨普尔已经认识到了具体的特定语境在对科学理论进行解释的过程中所具有的极其重要的作用，从而将其意义的标准理论中所运用的语境原则也渗透到了其科学解释中。可以说，正是亨普尔的 I-S 模型，开启了 20 世纪反实在论科学解释模型语境化建构的历史。在此之后，20 世纪的反实在论进一步将语境分析方法应用于其科学解释中，使得语境分析方法得以深化和进一步完善。

逻辑经验主义的另一个代表人物赖欣巴哈（Hans Reichenbach）为了更好地解释微观世界中的异常现象，即不可观察对象，引进了两个术语："详尽解

① Salmon W．1999．The Spirit of logical empiricism：Carl G. Hempel's role in twentieth-century philosophy of science．Philosophy of Science,66（3）：333-350．

释”和“有限解释”。所谓的“详尽解释”，就是既包括对可观察现象世界的解释，又包括对不可观察的中间现象世界的解释的一种完全的解释。而“有限解释”，则是只限于对可观察的现象做出解释，而不包括对不可观察的中间现象世界进行解释的那种不完全解释。[①] 在赖欣巴哈看来，微观世界的特点就在于不存在一种正常的适用于全部中间现象的详尽解释，这是因为，对于微观世界中的一些不可观察现象，譬如，量子力学中的微粒解释与波动解释，我们是不可能通过普遍性规律或正常的因果律去解释的，我们只能借助于有效的约定性假设来对它加以把握。因此，为了在科学解释中消除由于对微观世界进行“详尽解释”所带来的“因果异常”，唯一的途径只能是放弃“详尽解释”而采用“有限解释”。事实上，这种所谓的“有限解释”是一种以退为进的方法论策略，它有点类似于语言分析方法中的“语义上溯”，而正是通过这一近似于“语义上溯”的“有限解释”策略，我们才能摆脱本体论对我们的纠缠而走向对科学理论的合理解释，从而可以使处于不同世界观的人们在公共的科学语言系统内，在具体的语境基底上进行对话与交流。在这里，“有限”就是对语境原则特性的表征。因为，语境尽管是开放的，但它无论如何都必然是有限的开放，它是一个有着界限的理论空间或问题域。正是在赖欣巴哈的“有限解释”中，体现出语境分析方法的开放性与有限性、整体性与个体性、特殊性的结合；也正是在这种结合中，语境分析方法得以展开。

显然，无论是亨普尔的I-S模型，还是赖欣巴哈的“有限解释”的科学解释模型，尽管在一定程度上都体现出了“语境原则”的方法论功能，但事实上，他们对语境这一分析方法在科学解释中意义的认识还只是潜在的、不完善的。真正将“语境原则”的本质之一，即强调在语境分析的基底上进行科学理性的说明和解释体现出来的，是当代著名的反实在论者、建构经验主义的倡导者范·弗拉森。范·弗拉森将语境原则运用到其科学解释模型中，最终完成了对传统解释难题的消解，从而实现了其语境分析方法的建构。

三、当代反实在论语境分析方法的本质特征

从总体上讲，20世纪反实在论对“语境原则”的引入和重新认识及其科学解释的语境化建构在本质上体现了其整个科学哲学思维方式的变革，它一方面

① Reichenbach H. 1944. Philosophic Foundations of Quantun//Mechanics. Berkley and Losangeles. California: University of California Press.

适应了20世纪科学哲学发展的整体趋向；另一方面，它还在其语境化建构的过程中彰显出反实在论自身所独具的风格、特征和意义。具体地讲，主要体现在以下几个方面。

（一）当代反实在论语境分析方法的建构体现了鲜明的整体性特征

从某种意义上讲，语境原则在本质上就是整体性原则。因为，如果离开整体语言，我们就不可能理解任何一个语词。换句话说，构成单个语句意义知识的决定性功能是不可能存在的，我们不可能从理论的部分中得到理论的整体意义，因为部分离开了整体实际上就意味着什么也没有。这也就是说，语境中的每一个基本要素都不可能彼此孤立地存在，相反，它们都是整体语境中的一个有机组成部分。正像达米特所指出的那样："当我们描述一个数学或物理理论时，追问任何单一陈述的内容或追问任何一个单一理论的内容都是不合理的；每一个陈述的意义或陈述的每一个演绎系统都被与整体语言中的其他陈述所具有的多种联系所修改，因此，如果不知道整体语言就不可能有适当的方式去理解陈述。而且，即使我们获得了一个陈述甚至一个理论的主要意义，这个主要的意义也仍然会由于与其他陈述或理论所建立的相互关联而被修改。可见，意义仅仅在于其在构成我们语言实践的复杂网络中所占据的位置。"[①] 显然，在这里，达米特不仅强调了语言的整体网络对语句意义理解的重要性，因为，对语句意义的理解会直接反映在涉及真值的语句整体网络中，理解一个语句就意味着理解整个语言，如果没有整个语言网络背景，我们就不可能理解单个语句。

历史地讲，语境是在人们逐渐认识到语形、语义、语用三者各自的局限性之后才引入科学哲学当中的。因此，当我们运用语境分析方法时，就是要将语形的逻辑性与一致性、语义的条件性以及语用的历史性和关联性统一起来。因此，从这个意义上讲，语境就是对语形、语义、语用的整合。而恰恰是在语境所具有的这种整合功能中彰显出其整体性特征。

（二）当代反实在论语境分析方法的建构还体现了其约定性特征

反实在论是针对实在论而言的，它并不是从根本上反对"实在"，而仅仅是对科学理论所指称的不可观察现象的怀疑。正是基于这一怀疑，反实在论提出，

---

① Dummett M. 1978. The philosophical basis of intuitionist logic//Dummett M. Truth and Other Enigmas Cambridge：Harvard University Press：218.

科学并不给我们提供一幅关于世界的真实图画，而是提供给我们较之以前的理论更具解难题能力的理论或构造一个最佳有效的理论模型。因此，对科学理论或理论模型所进行的科学解释在某种意义上实际上就是一种虚构的陈述。换句话说，任何一种科学解释都无非是一种特定语境内有效的约定性假设，而解释的有效性就在于在具体语境或问题域中我们所赋予它的约定性。对于不同的特定的具体语境，我们则会给予不同的约定性假设。正是在这一约定中，体现出语境所具有的不可通约性（incommensurability）。因为，语境虽然是一个具有复杂结构的整体系统，但是，这并不意味着对它的使用具有笼统性和普遍性，相反，对于分属于不同的特定语境中的科学理论或概念，是不能放在同一个标准或层面上来使用的，否则，就会产生各种科学解释难题。这也就是说，任何一次语言分析过程都必须是在具体的、特定的、确定的语境中进行的。只有在语境的框架内，一切语形、语义和语用的法则才是合理的可生效的。只有在一个确定的语境中，人们才可以通过特有的约定形式在不同的层面对可能的意义进行多元化的构造和说明。例如，哥白尼的命题“行星绕太阳运行”就不能引用托勒密（Ptolemy）的命题“行星绕地球运行”这一天体分类体系进行说明。因为这两个命题并不是单纯的事实的不同，而是具有非常大的差异。“行星”一词在两个命题中都是作为种类用语出现的，虽然这两个种类在成员上是重复的，但是，这并不是意味着第一个命题中所包含的所有天体，在第二个命题中也全都包括进去了。显然，在这里，一切语境都是约定的、具体的、确定的，当两种完全不同的特定语境相碰撞时，不管它们包含了多少看似相同的范畴，都会发生根本性的转换。

（三）当代反实在论语境分析方法的建构体现了理性与非理性因素的渗透和融合

尽管弗雷格首次提出“语境原则”的初衷是为了把心理学的东西和逻辑的东西区别开来，把主观的东西和客观的东西区别开来。但是，随着“语境”概念及其分析方法的不断深入和展开，20 世纪的反实在论对“语境原则”有了全新的理解。在反实在论那里，语境是语形、语义和语用的统一，是逻辑、意义和信念的统一。换句话说，语境就是一种包括了科学的、历史的、心理的、社会的以及理论背景等一系列因素在内的广义的语境。正是语境的这一广义性，将理性因素与非理性因素同时涵盖进来，使得非理性因素渗透到了 20 世纪的科学哲学当中。正是非理性因素的渗透，在本质上不仅体现了科学、心理、文化与实践的趋同性，而且蕴含了科学主义与人文主义相融合的后现代走向。

（四）结语

总而言之，纵观20世纪反实在论的发展历程，我们可以看到，它们在19世纪所发生的一系列哲学运动的转向过程中，在构造、解释和评价一系列理论难题方面，在一定意义上都是与语境问题本质相关的。而且，语境作为当代科学哲学领域中一种极其重要的分析方法，它将随着哲学的未来发展而进一步完善自身，从而扩展和渗透到哲学各个研究领域，发挥它所具有的独特功能。当然，这里需要明确指出的是，尽管20世纪反实在论语境分析方法的建构在整个哲学的发展中占有极其重要的地位，但是，我们必须清晰地认识到，这一建构只是哲学发展的一种重要趋向，它并不是万能的，我们不能把它作为哲学的形态，否则不免就会陷入泛语境论。

参考文献

安东尼·吉登斯. 2000. 现代性的后果. 田禾译. 南京：译林出版社.
保罗·贝纳塞拉夫，希拉里·普特南. 2003. 数学哲学. 朱水林等译，陈以鸿等校. 北京：商务印书馆.
保罗·利科尔. 1987. 解释学与人文科学. 陶远华等译. 石家庄：河北人民出版社.
保罗·利科尔. 1988. 哲学主要趋向. 李幼蒸，徐奕春译. 北京：商务印书馆.
陈波. 1998. 奎因哲学研究——从逻辑和语言的观点看. 北京：生活·读书·新知三联书店.
陈健. 1996. 评A.法因对实在论与反实在论的批判. 浙江社会科学,（5）：56-61.
陈谏. 1995. 超越实在论与反实在论——论A.法因的自然本体论态度. 河北师范大学学报（社会科学版),（3）：23-29.
陈晓平. 1998. 弗雷格的概念悖论及其解决. 自然辩证法通讯,（4）：1-8.
陈晓平. 2001. 先验偶然命题与后验必然命题. 哲学研究,（2）：59-65.
陈亚军. 1998. 哲学的改造——从实用主义到新实用主义. 北京：中国社会科学出版社.
陈亚军. 2002. 从分析哲学走向实用主义——普特南哲学研究. 北京：东方出版社.
达米特. 1993. 意义的社会本质. 哲学译丛,（4）：72-77.
达米特. 1994. 真理概念的起源. 哲学译丛,（4）：25-33.
丹尼尔·丹尼特. 1998. 心灵种种——对意识的探索. 罗军译. 上海：上海科学技术出版社.
德雷福斯. 1991. 胡塞尔、意向性与认知科学. 哲学译丛,（2）：17-30.
法因，吴根福. 1994. 亦非反-实在论. 哲学译丛,（4）：9-16.
范·弗拉森. 1989. 拯救现象. 孙永平译. 自然科学哲学问题,（3）：15.
范·弗拉森. 1988. 说明的语用学. 哲学译丛,（5）：5-9.
弗雷格. 2001. 算术基础. 王路译，王炳文校. 北京：商务印书馆.
高新民. 1994. 现代西方心灵哲学. 武汉：武汉出版社.
格雷马斯. 1999. 结构语义学：方法研究. 吴泓缈译. 北京：生活·读书·新知三联书店.
郭贵春，胡瑞娜. 1999. 范·弗拉森反实在论方法论的后现代走向. 自然辩证法研究,（11）：

23-28.
郭贵春，胡瑞娜．1999．后现代反实在论的样板．开放时代，(4)：52-58.
郭贵春，胡瑞娜．2000．范·弗拉森反实在论真理观的后现代走向．自然辩证法通讯，(6)：10-17.
郭贵春，李红．1997．自然主义的“再语境化”——R. 罗蒂哲学的实质．自然辩证法研究，(12)：1-6.
郭贵春，殷杰．1998．论真理观的后现代走向．自然辩证法研究，(7)：13-23.
郭贵春，殷杰．1998．论指称理论的后现代演变．哲学研究，(4)：58-65.
郭贵春，殷杰．1999．论心理意向的后现代重建．自然辩证法研究，(1)：5-10.
郭贵春，殷杰．2000．论“语言学转向”的哲学实质．科学技术与辩证法，(5)：29-33.
郭贵春．1991．当代科学实在论．北京：科学出版社．
郭贵春．1992．科学知识动力学．武汉：华中师范大学出版社．
郭贵春．1994．当代西方科学实在论的走向．自然辩证法通讯，(2)：76-79.
郭贵春．1994．科学修辞学转向及其意义．自然辩证法研究，(12)：13-19.
郭贵春．1995．范·弗拉森的构造经验论．自然辩证法通讯，(2)：1-8.
郭贵春．1995．福德的意向实在论．哲学研究，(8)：27-33.
郭贵春．1995．后现代科学实在论．北京：知识出版社．
郭贵春．1996．后现代主义与科学实在论．科学技术与辩证法，(2)：31-37.
郭贵春．1997．后现代科学实在论及其在中国的影响．哲学动态，(2)：37-38.
郭贵春．1997．奎因的自然主义与科学实在论．自然辩证法通讯，(4)：1-9.
郭贵春．1997．论语境．哲学研究，(4)：46-52.
郭贵春．1998．后现代科学哲学．湖南：湖南教育出版社．
郭贵春．1998．科学哲学的后现代趋向．自然辩证法通讯，(6)：1-9.
郭贵春．1999．语用分析方法的意义．哲学研究，(5)：70-77.
郭贵春．2000．科学修辞学的本质特征．哲学研究，(7)：19-26.
郭贵春．2000．语境分析的方法论意义．山西大学学报，(8)：1-6.
郭贵春．2000．走向21世纪的科学哲学．太原：山西科学技术出版社．
郭贵春．2001．当代语义学的走向及其本质特征．自然辩证法通讯，(6)：8-16.
郭贵春．2001．科学实在论教程．北京：高等教育出版社．
郭贵春．2002．当代科学实在论的困境与出路．中国社会科学，(2)：87-97.
郭贵春．2002．语境与后现代科学哲学的发展．北京：科学出版社．
海德格尔．1988．诗·语言·思．彭富春译．北京：文化艺术出版社．
海德格尔．1997．在通向语言的途中．孙周兴译．北京：商务印书馆．
韩震．1995．英美语用学研究的新进展．国外社会科学，(7)：53-55.
韩震．1996．英美语义学的新进展．国外社会科学，(5)：36-41.

荷恩著，沈家煊译．1991．语用学理论（上）．当代语言学，（2）：1-6．
洪谦．1989．逻辑经验主义．北京：商务印书馆．
胡瑞娜，郭贵春．2003．20世纪反实在论“语形学转向”及其本质特征．自然辩证法研究，（6）：34-38．
胡瑞娜．2003．范・弗拉森与后现代趋向之间的关联．科学技术与辩证法，（2）：40-45．
胡塞尔．1986．现象学的观念．倪梁唐译．上海：上海译文出版社．
胡塞尔．1998．现象学与哲学的危机．吕祥译．北京：国际文化出版公司．
江怡．1990．对语言哲学的批判：维特根斯坦与康德．哲学研究，（5）：94-103．
卡尔-奥托・阿佩尔．1997．哲学的改造．孙周兴，陆兴华译．上海：上海译文出版社．
卡尔纳普．1982．可检验性和意义 // 洪谦．逻辑经验主义．北京：商务印书馆：69-81．
拉瑞・劳丹．1999．进步及其问题．刘新民译．北京：华夏出版社．
劳伦斯・卡洪．2008．现代性的困境——哲学、文化和反文化．王志宏译．北京：商务印书馆．
李东．1993．语境与意义．自然辩证法通讯，（2）：16-23．
李红．1999．先验符号学的涵义：卡尔－奥托・阿佩尔哲学思想研究．自然辩证法研究，（11）：14-18．
李红．2002．当代西方分析哲学与诠释学的融合．北京：中国社会科学出版社．
李鹏程．1998．胡塞尔传．石家庄：河北人民出版社．
李醒民．1994．对科学实在论的挑战．自然辩证法研究，（3）：1-8．
理查・罗蒂．1987．哲学和自然之镜．李幼蒸译．北京：生活・读书・新知三联书店．
刘大椿．1997．科学逻辑与科学方法论名释．南昌：江西教育出版社．
刘放桐．1996．后现代主义与西方哲学的现当代走向（上）．国外社会科学，（3）：3-6．
刘高岑．2005．心理意向：实在的还是工具的——当代心智哲学关于心理意向性的两种代表性理论．哲学动态，（11）：30-35．
刘均．2001．叙事知识和后现代科学知识语用学．科学技术与辩证法，（5）：28-30．
鲁道夫・卡尔纳普．1985．卡尔纳普思想自述．陈晓山，涂敏译．上海：上海译文出版社．
鲁道夫・卡尔纳普．1999．世界的逻辑构造．陈启伟译．上海：上海译文出版社．
罗斑．2003．希腊思想和科学精神的起源．陈修斋译，段德智修订．桂林：广西师范大学出版社．
罗蒂．1992．语言的机缘．哲学译丛，（2）：39-48．
摩根贝塞．1987．科学解释．哲学译丛，（6）：53-55．
诺姆・乔姆斯基．1979．句法结构．北京：中国社会科学出版社．
普特南．1993．计算机心理学与解释理论．哲学译丛，（2）：24-32．
普特南．1998．语义学是可能的吗？// 马蒂尼奇．语言哲学．牟博等译．北京：商务印书馆：590-607．

乔瑞金．1996．现代整体论．北京：中国经济出版社．

让-弗朗索瓦·利奥塔．1996．后现代状况：关于知识的报告．岛子译．长沙：湖南美术出版社．

盛晓明．2000．话语规则与知识基础——语用学维度．上海：学林出版社．

斯特劳森．1998．意义与真理//马蒂尼奇．语言哲学．牟博等译．北京：商务印书馆：183-203．

塔斯基．1991．科学语义学的建立．哲学译丛，(4)：9-16．

田平．2000．析取问题与因果论的心理语义学．自然辩证法通讯，(1)：12-20．

田平．2000．自然化的心灵．长沙：湖南教育出版社．

图尔明．1993．对修辞学的诽谤．哲学译丛，(4)：68-73．

涂纪亮．1987．分析哲学及其在美国的发展（上）．北京：中国社会科学出版社．

涂纪亮．1987．分析哲学及其在美国的发展（下）．北京：中国社会科学出版社．

涂纪亮．1988．语言哲学名著选辑．北京：生活·读书·新知三联书店．

涂纪亮．1991．意向性理论的几个问题．中国社会科学，(4)：19-27．

涂纪亮．1996．当代西方著名哲学家评传·语言哲学．济南：山东人民出版社．

涂纪亮．1996．现代西方语言哲学比较研究．北京：中国社会科学出版社．

托马斯·库恩．1980．科学革命的结构．李宝恒，纪树立译．上海：上海科学技术出版社．

托马斯·库恩．1981．必要的张力．纪树立等译．福州：福建人民出版社．

汪行福．2000．走出时代的困境——哈贝马斯对现代性的反思．上海：上海社会科学院出版社．

王路．1996．论“语言学转向”的性质和意义．哲学研究，(10)：57-63．

王路．1997．语言哲学研究述评（上）．国外社会科学，(6)：2-8．

王路．1998．语言哲学研究述评（下）．国外社会科学，(1)：8-11．

王路．1999．走进分析哲学．北京：生活·读书·新知三联书店．

王岳川．1992．后现代主义文化研究．北京：北京大学出版社．

维特根斯坦．1996．哲学研究．李步楼译．北京：商务印书馆．

希拉里·普特南．1988．理性·真理与历史．沈阳：辽宁教育出版社．

徐友渔等．1996．语言与哲学——当代英美与德法传统比较研究．北京：生活·读书·新知三联书店．

姚大志．2000．语言哲学的终结？哲学研究，(7)：27-32．

野家启一．2002．库恩：范式．毕小辉译．石家庄：河北教育出版社．

叶秀山．1988．思·史·诗．北京：人民出版社．

殷鼎．1988．理解的命运．北京：生活·读书·新知三联书店．

于尔根·哈贝马斯．2001．后形而上学思想．曹卫东，付德根译．南京：译林出版社．

张斌峰．2001．国内语用逻辑研究回顾与展望（上）．哲学动态，(11)：25-28．

张纲．1992．van Fraassen 要用建构经验论代替什么？自然辩证法研究，(1)：24-30．
张纲．1992．一个要全面替代科学实在论的纲领：建构经验论．自然辩证法通讯，(5)：10-18．
张之沧．2001．当代实在论与反实在论之争．南京：南京师范大学出版社．
张志林．1994．语言与实在——对 D. Davidson 实在论的批判．自然辩证法通讯，(5)：19-25．
张志林．1995．反本质主义与知识问题．广州：广东人民出版社．
张志林．1996．意义分析：实在论与反实在论的争论．中山大学学报，(1)：42-49．
张志林．1999．论科学解释．哲学研究，(1)：19-27．
张志伟，冯俊等．1999．西方哲学问题研究．北京：中国人民大学出版社．
章士嵘，王炳文．1996．当代西方著名哲学家评传（第二卷）．济南：山东人民出版社．
赵光武．2000．后现代主义述评．北京：西苑出版社．
赵妙法．1992．观察与理论可分吗．社会信息，(11)：40-41．
郑祥福．1993．F. 萨普的准实在论与当代科学哲学方向．晋阳学刊，(6)：55-62．
郑祥福．1995．范・弗拉森与后现代科学哲学．哲学研究，(3)：46-52．
郑祥福．1995．库恩、劳丹、范・弗拉森与反实在论．晋阳学刊，(2)：56-63．
郑祥福．1996．走出真理问题的迷宫．中国社会科学，(5)：104-144．
郑祥福．1998．范・弗拉森与后现代科学哲学．北京：中国社会科学出版社．
中国逻辑学会．1994．语用学与自然逻辑．北京：开明出版社．
周建安．1997．论语用推理机制的认知心理理据．外国语，(3)：32-36．
周祯祥．1999．现代符号学理论源流浅探．现代哲学，(3)：71-76．

Aronson J L, Harré R, Way E C．1994．Realism Rescued．London：Duckworth．
Austin J．1963．How to Do Things with Words．Oxford：Oxford University Press．
Ayer A J．1969．Metaphysics and Common Sense．London：Macmillan and Co Ltd．
Ayer A J．1973．The Central Questions of Philosophy．London：Weidenfield and Niconlson．
Ayer A J．1956． The Problem of Knowledge．London：Macmillan．
Ayer A J．1959． Logical Positivism．New York：Free Press．
Ayer A J．1936．Language, Truth and Logic．2nd ed．London：Victor Gollancz．
Best S，Keller D．1991．Postmodern Theory．Basingstoke：Macmillan．
Best S．1997．The Postmodern Turn．New York：The Guilford Press．
Blackburn S，Simmons K．1999．Truth．Oxford：Oxford University Press．
Blackburn S．1993．Essays in Quasi-Realism．Oxford：Oxford University Press．
Bogen J．1972．Wittgenstein's Philosophy of Language．New York：Humanities Press．
Bolzano B, George R．1972．Theory of Science．Berkley, Los Angeles：University of California Press．

Bonjour L. 1985. The Structure of Empirical Knowledge. Cambridge: Harvard University Press.

Boolos G. 1990. Meaning and Method. Cambridge: Cambridge University Press.

Botterill G, Carruthers P. 1999. The Philosophy of Psychology. Cambridge, New York: Cambridge University Press.

Brandom R B. 2000. Rorty and His Critics. Oxford: Blackwell Publishers Ltd.

Brentano F. 1995. Psychology from an Empirical Standpoint. London, New York: Routledge.

Burri A. 1992. The linguistic winding road. Dialectia, 46: 491-500.

Carnap R. 1950. Empiricism, semantics, and ontology. Revue Internationale de Philosophie, 4 (11): 20-40.

Carnap R. 1937. Logical Syntax of Language. London: Routledge.

Carnap R. 1942. Introduction to Semantics. Cambridge: Harvard University Press.

Carnap R. 1946. Meaning and Necessity. Chicago: University of Chicago Press.

Carnap R. 1955. Meaning and synonymy in natural languages. Philosophical Studies, 7: 33-47.

Carnap R. 1963. The Logical Construction of the World. Berkeley: University of California Press.

Churchland P M, 1985. Clifford A. Hooker, Images of Science, Chicago: The University of Chicago Press.

Churchland P M. 1990. Eliminative Materialism and the Propositional Attitude//Lycan W. Mind and Cognition. Malden: Blackwell.

Churchland P M. 1994. A Companion to the Philosophy of Mind. Oxford,Cambridge: Blackell Reference.

Coffa J A. 1993. The Semantic Tradition From Kant to Carnap. Cambridge: Cambridge University Press.

Cohen R S, et al. 1996. Realism and Anti-Realism in the Philosophy of Science: Beijing International Conference, 1992. Dordrecht, Boston: Kluwer Academic Publishers.

Cortens A J. 2000. Global Anti-Realism. Boulder: Westview Press.

Cunson D. 1998. Michael Dummett and the Theory of Meaning. Aldershot: Ashgate Publishing Company.

David L. 2003. Hildebrand, Beyond Realism and Antirealism: John Dewey and the Neopragmatists. Nashville: Vanderbilt University press.

Davidson D. 1984. Inquiries into Truth & Interpretation. Oxford: Clarenden Press .

Davidson D, Harman G. 1972. Semantics of Natural Language Dordrecht. Boston: Reidel Publishing Company.

Davison D. 1985. Truth and meaning // Martinich A P. The Philosophy of Language. New York: Oxford University Press

Davison D. 2001. Subjective, Intersubjective, Objective. Oxford：Clarendon Press.

Dennett D. 1978. Carrent issues in the philosophy of mind. American Philosophical Quarterly, 15：4.

Dennett D. 1978. Brainstorms：Philosophical Essay on Mind and Psychology. Cambridge：The MIT Press.

Dennett D. 1981. Three kinds of intentional psychology// Healey R. Reduction, Time and Reality. New York：Cambridge University Press：37-62.

Dennett D. 1982. Beyond belief // Woodfield A. Thought and Object：Essays on Intentionality. Oxford：Clarendon Press：97-120.

Dennett D. 1987. The Intentional Stance. Cambridge：The MIT Press.

Dennett D. 1990. True believers//Lycan W G. Mind and Cognition：An anthology. Malden：Blackwell Publishers.

Devitt M. 1983. Dummett's Anti Realism. Journal of Philosophy，80（2）：73-79.

Dickstein M. The Revival of Pragmatism：New Essays on Social Thought, Law, and Culture. Durham：Duke University Press.

Dilworth C. 1992. The linguistic turn：shortcut or detour？ Dialectica, 46：201-214.

Douven I. 1996. A paradox for empiricism（？）. Philosophy of Science, 63（3）：290-297.

Dummett M. 1982. The Interpretation of Frege's Philosophy. Cambridge：Harvard University Press.

Dummett M. 1976. What is a theory of meaning？ // Evans G，Mcdowell J. Truth and Meaning. Oxford：Clarendon Press：67-137.

Dummett M. 1978. Realism// Dummett M. Truth and Other Enigmas. Cambridge：Harvard University Press：145-162.

Dummett M. 1978. The Social Character of Meaning// Dummett M. Truth and Other Enigmas Cambridge：Harvard University Press：420-430.

Dummett M. 1978. Truth and Other Enigmas. Cambridge：Harvard University Press.

Dummett M. 1978. Truth//Dummett M. Truth and Other Enigmas. Cambridge：Harvard University Press：17-24.

Dummett M. 1981. Frege：Philosophy of Language. 2nd ed. London：Duckworth.

Dummett M. 1993. Origins of Analytical Philosophy. London：Duckworth.

Dummett M. 1993. The Sea of Language. Oxford：Clarendon Press.

Dummett M. 1973. The philosophical basis of intuitionist logic. Studies in Logic & the Foundations of Mathematics，80：5-40.

Elton M. 2003. Daniel Dennett：Reconciling Science and our Self-Conception. Cambridge, Malden：Polity Press，Blackwell Pub.

Ellis B. 1990. Truth and Objectivity. Oxford: Basil Blackwell.

Feldman C. 1986. The old pragmatics and the new. Journal of Pragmatics, 10: 405-413.

Fine A. 1984. The natural ontological attitude//Leplin J. Scientific Realism. California: University of California Press: 83-107.

Fine A. 1986. The Shaky Game. Chicago: The University of Chicago Press.

Flanagan D J. 1984. The Science of the Mind. Cambridge: The MIT Press.

Fodor Jerry A. 1991. Fodor's guide to mental representation: the intelligent Auntie's vade-mecum// Greenwood J D. The Future of Psychology. Cambridge: Cambridge University Press: 76-100.

Fodor J. 1987. Psycho-semantics. Cambridge: The MIT Press.

Fodor J A. 1990. Theory of Content and Other Essays. Cambridge: The MIT Press.

Frege G. 1977. Thought// Geach P T. Logical Investigations. Oxford : Blackwell: 55-77.

Frege G. 1991. Philosophy of Mathematics. London: Duckworth.

French P A. 1988. Realism and Antirealism, Midwest Studies in Philosophy. Vol Ⅻ. Minnesota: University of Minnesota Press.

Frisch M. 1999. Van Fraassen's dissolution of Putnam's model-theoretic argument. Philosophy of Science, 66: 158-164.

Gazdar G. 1979. Pragmatics: Implicature, Presupposition, and Logical Form. London: Academic Press.

George D. 1983. Romanos, Quine and Analytic Philosophy. Cambridge, London: The MIT Press.

Ginev D. 1997. Essays in the Hermeneutics of Science. Aldershot: Ashgate Publishing Ltd.

Glock H J. 2001. Wittgenstein: A Critical Reader. Oxford: Blackwell Publishers Inc.

Goodman R B. 2002. Wittgenstein and William James. Cambridge: Cambridge University Press.

Greenwood D. 1957. Truth and Meaning. New York: Philosophical Library.

Grimes T R. 1987. Explanation and the poverty of pragmatics. Erkenntnis, (27): 79-92.

Gunson D. 1998. Michael Dummett and the Theory of Meaning. Aldershot: Ashgate.

Haberland H, Mey J. 1977. Linguistics and pragmatics. Journal of Pragmatics, 1.

Hacker P. 1990. Wittgenstein, Meaning and Mind. Oxford: Blackwell.

Hallyn F. 2000. Metaphor and Analogy in the Sciences. Dordrecht, Boston: Kluwer Academic Publishers.

Hassan I. 1987. The Postmodern Turn: Essays in Postmodern Theory and Culture. Columbus: Ohio State University Press.

Hausman A, Wilson F. 1967. Carnap and Goodman: Two Formalists. Iowa: University of Iowa.

Horgan T, Woodward J. 1985. Folk psychology is here to stay. The Philosophical Review,94

（2）：197-226.

Janik A. 2001. Wittgenstein's Vienna Revisited. New Brunswick, London：Transaction Publishers.

Jones R. 1991. Realism About What？ Philosophy of Science,（58）：185-202.

Kant I, Smith N K. 1998. Critique of Pure Reason . London：Macmillan.

Kempson R. 1988. Grammar and conversational principle// Newmeyer F J. Linguistic：the Cambridge Survey. Cambrideg：Cambridge University Press：139-163.

Kim J. 1996. Philosophy of Mind. Boulder：Westview Press.

Klagge J C. 2001. Wittgenstein, Biography and Philosophy. Cambridge：Cambridge University Press.

Lafont C, Medina J. 1999. The Linguistic Turn in Hermeneutic Philosophy. Cambridge, London：The MIT Press.

Lange-Seidl A. 1986. The pragmatic dimension of semiotics. Journal of Pragmatics, 10：109-122.

Langsdorf L，Smith A R. 1995. Recovering Pragmatism's Voice. New York：State University of New York Press.

Leeds S. 1996. A note on van Fraassen's modal interpretation of quantum mechanics. Philosophy of Science, 63：91-104.

Levinson S C. 1983. Pragmatics. Cambridge：Cambridge University Press.

Loewer B, Rey G. 1991. Meaning in Mind. Oxford, Cambridge：Blackwell.

Lycan W G. 1999. Philosophy of Language：A Contemporary Introduction. London，New York：Routledge.

Lyotard J E. 1984. The Postmodern Condition：A Report on Knowledge. Machester：Machester University Press.

Martinich A P. 1990. The Philosophy of Language. 2nd ed. New York：Oxford University Press.

Mater A. 1997. From Dummett's Philosophical Perspective. Berlin, New York：W. de Gruyter.

Merreu F 1992. Sign, Textuality, World. Bloomington，Indianapolis：Indiana University Press.

Micton R. 1979. Pragmatics, Truth and Language. Dordrecht，Boston：D. Reidel Publishing Company.

Moravosik J M. 1983. Natural language and formal language：a tenable dualism// Cohen R S, Wartofsky M W. Language Logic and Method. London，Holland：Reidel Publishing Company：225-239.

Moravosik J M. 1992. Thought and Language. London：Routlege Press.

Ogdem C K, Richards I A. 1956. Meaning of Meaning：London：Routledge and Keqan Paul Ltd.

Orenstein A, Kotatko P. 2000. Knowledge，Language and Logic：Questions For Quine.

Dordrecht, Boston,London：Kluwer Academic Publishers.

Ortony A. 1979. Metaphor and Thought. Cambridge：Cambridge University Press

Pettegrew J. 2000. A Pragmatist's Progress? Lanbam,Boulder,New York,Oxford：Rowman & Littlefield Publishers Inc.

Place U T. 1956. Is Consciousness a Brain Process？ British Journal of Psychology，47：44-50.

Poland J. 1994. Physicalism. Oxford：Clarendon Press.

Pols E. 1992. Radical Realism. Ithaca：Cornell University press.

Preyer G, Peter G. 2005. Contextualism in Philosophy：Knowledge, Meaning and Truth. Oxford, New York：Oxford University Press.

Psillos S. 1996. On van Fraassen's critique of abductive reasoning. The Philosophical Quarterly, 46（182）：31-47.

Psillos S. 1999. Scientific Realism. London，New York：Routledge.

Putnam H, Conant J. 1990. Realism With a Human Face. Cambridge：Harvard University Press.

Quine W V. 1980. From a Logical Point of View. Cambridge：Harvard University Press.

Quine W V. 1981. Theories and Things. Cambridge：Harvard University Press.

Quine W V. 1990. Pursuit of Truth. Cambridge：Harvard University Press.

Radman Z. 1995. From a Metaphorical Point of View a Multidisciplinary Approach to the Cognitive Content of Metaphor. Berlin, New York：W. de Gruyter.

Rescher N. 2000. Realistic Pragmatism. New York：State University of New York Press.

Ricoeur P. 1978. The Rule of Metaphor. London，Henley：Routledge ,Kegan Paul.

Rorty R. 1967. The Linguistic Turn. Chicago，London：The University of Chicago Press.

Rorty R. 1979. Philosophy and The Mirror of Nature. Princeton：Princeton University Press.

Ruetsche L. van Fraassen on preparation and measurement. Philosophy of Science, 63（3）：338-346.

Saatkamp H J. 1995. Rorty and Pragmatism. Nashville，London：Vanderbilt University Press.

Salmon W C. Dowe P，Salmon M H. 2005. Reality and Rationality. Oxford：Oxford University Press.

Salmon W. 1999. The spirit of logical empiricism：Carl G. Hempel's role in twentieth-century philosophy of science. Philosophy of Science, 66（3）：333-350.

Schilpp P A. The Philosophy of Rudolf Carnap. London：Cambridge University Press.

Schlick M. 1974. General Theory of Knowledge. New York：Springer-Verlag.

Schwartz S P. 1977. Naming, Necessity and Natural Kinds. Ithaca：Cornell University Press.

Shaffor J A. 1968. Philosophy of Mind. Englewood Cliffs：Prentice-Hall.

Searle J R. 1969. Speech Acts. Cambridge：Cambridge University Press.

Searle J. The Rediscovery of the Mind. Cambridge：The MIT Press.

Seidman S , Wagner D G. 1992. Postmodernism and Social Theory. Cambridge: Basil Blackwell.

Sellars W. 1974. Meaning as functional classification. Synthese, 27: 417-437.

Simons H W. 1990. The Rhetoric Turn. Chicago: The University of Chicago Press.

Skyrms B. 1984. Pragmatics and Empiricist. New Haven: Yale University Press.

Stich S P. 1996. Deconstructing the Mind. Oxford: Oxford University Press.

Stuhr J J. 1997. Genealogical Pragmatism. Albany: State University of New York Press.

Suppe F. 1989. The Semantic Conception of Theories and Scientific Realism. Urbana: University of Illinois Press.

Tarski A. 1990. The semantic conception of truth and the foundations of semantics//Martinich A P. The Philosophy of Language. 2nd ed. New York: Oxford University Press: 341-376.

Taylor B M. 1987. Michael Dummett Contributions to Philosophy. Boston: Martinus Nijhoff Publishers.

Tennant N. 1987. Anti-Realism and Logic. Oxford: Clarendon Press.

Tennant N. 1997. The Taming of the Truth. Oxford: Clarendon Press.

van Fraassen B C. 1980. A temporal framework for conditionals and chance. The Philosophical Review,15 (1): 323-340.

van Fraassen B C. 1982. The charybdis of realism: epistemological implications of Bell's inequality. Syntheses, 52 (1): 25-38.

van Fraassen B C. 1984. To save the phenomena// Leplin J. Scientific Realism, California: University of California Press: 154-172.

van Fraassen B C. 1988. Probabilities in physics and effective strategies//Proceedings of 13th, International Wittgenstein Symposium: 339-347.

van Fraassen B C. 1989. Laws and Symmetry. Oxford,New York: Oxford University Press.

van Fraassen B C. 1991. Quantum Mechanics: An Empiricist View. Oxford: Clarenden Press.

van Fraassen B C. 1991. The model interpretation of quantum mechanics//Lahti P, Mittele-Staedt P. Symposium on the Foundations of Modern Physics 1990. Singapore: World Publishing Company: 229-258.

van Fraassen B C. 1991. The pagmatics of explanation//Boyd R, Gasper P, Trent T D. The Philosophy of Science. Cambridge: The MIT Press.

van Fraassen B C. 1997. A defence of van Fraassen's critique of abductive inference: reply to Psillos. The Philosophical Quarterly, 47 (188): 305-321.

van Fraassen B C. 1992. After Foundationalism: Between Vicious Circle and Infinite Regress//Hull D, Forbes M, Ohkruhlik K. Proceedings of Conference on the Philosophy of Hilary Putnam. Taxco: Northwestern University Press: 217-240.

van Fraassen B C. 1982. Theory and confirmation: tension and conflict//Weigartner. Epistemology and Philosophy of Science: Proceedings of the Seventh International Wittgenstein Symposium. Kirchberg am Wechsel：Basil Blackwell：319-329.

van Fraassen B C. 1980. The Scientific Image. Oxford, New York：Oxford University Press.

Wilburn R. 1992. Semantic indeterminacy and the realist stance. Erkenntnis，37（3）：281.

Wittgenstein L. 1953. Philosophical Investigation. Oxford：Oxford University Press.

Wright C. 1976. Truth Condition and Criteria. Proceedings of the Aristotelian Society. 50：217-245.

Wright C. 1987. Realism, Meaning and Truth. Oxford：Basil Blackwell.

Wright C. 1993. Realism, Meaning, and Truth. 2nd ed. Oxford：Blackwell Publishers.

Young J O. 1992. Holism and Meaning. Erkenntnis, 37（3）：309-325.

Young J O. 1995. Global Anti-Realism Aldershot. Avebury：Ashgate Publishing Ltd.

后 记

伴随着“语言学转向”“解释学转向”和“修辞学转向”以及“后现代主义”思潮的相继到来，20 世纪反实在论在语言分析层面上无疑也先后经历了从“语形学转向”到“语义学转向”进而“语用学转向”的历史演变过程。正是在这一系列转向和运动中，20 世纪的反实在论适应整个哲学大语境，在与科学实在论的论争中走向了“语境化”模式的建构，从而实现了其后现代的“圆融”，而正是这一后现代走向在本质上体现了反实在论在某种程度上所具有的方法论意义，其方法论的哲学思想对于整个科学哲学的发展具有不可忽视的影响和极其重要的作用。

首先，20 世纪反实在论的语言分析方法为整个科学哲学甚至整个哲学的发展提供了一个全新的研究视角和方法，从而开辟了哲学发展的新纪元。

其次，20 世纪反实在论的语言分析方法的运用与展开，不仅拓宽了自身研究的领域和范围，而且促进了心灵哲学的深化和认知科学的转向，为人工智能的研究和发展提供了哲学基础和方法。

最后，20 世纪反实在论的语言分析方法在本质上预示了整个哲学发展的某种新趋向。它作为 20 世纪反实在论者们思考和处理哲学问题的一个角度、一种方法、一类工具和手段，对传统思辨性哲学产生了巨大的冲击，为我们带来了全新的视野和全新的洞见，产生了意义重大的结果，并展示出整个哲学的未来发展。

总而言之，20 世纪反实在论的语言分析方法的引入，既是反实在论自身发展的内在需要，同时又是科学实在论与反实在论论争的迫切要求。它将随着哲学的未来发展而进一步完善自身，从而作为一种重要的方法论体系扩展和渗透到哲学的各个研究领域。

当然，这里需要明确指出的是，20 世纪反实在论的语言分析方法是在特定的境遇中而开始构建的，因此，这一分析方法并非完美无缺，它本身所具有的片面性是不容忽视的。同时，由于反实在论自身所具有的特点，它始终将句法学看作是其整个语言分析方法的一个非常重要的基础，而且还将经验的可观察性作为其理论的基础，这也是它不可解决的一个悖论。所以，尽管 20 世纪反实在论的语言分析方法对整个科学哲学方法论上的启迪性作用是举足轻重的，但是，我们绝不能忽视它的那些缺陷以及其自身不可解决的矛盾。而且，我们也应该看到，任何一种理论都是开放的，而非封闭的，因此，我们相信，反实在论在未来的哲学发展中必定会更加成熟和完善。

正是通过对 20 世纪反实在论的语言分析方法演变和发展的总体特征的分析和把握，我们清晰地看到，在反实在论的语言分析方法中，语境是一个极其重要的概念和分析方法。它作为 20 世纪中叶以后一个非常重要的、具有鲜明的后现代特征的概念和方法突现了出来，这就恰恰为科学哲学家们提供了一个全新的思路和方法。正是基于这一情况，20 世纪的反实在论者们提出了语境的重建。从本质上讲，其重新建构的“语境”模型具有鲜明的后现代特征，它不仅强调了语境是使语形、语义和语用统一起来的重要基底，而且还将语境看作是自我辩护的重要手段和方法。正是在对语境的这一重建中，显示了 20 世纪反实在论语言分析方法论的后现代发展趋向。具体地讲，反实在论对语境的重新建构主要体现在以下图示中：

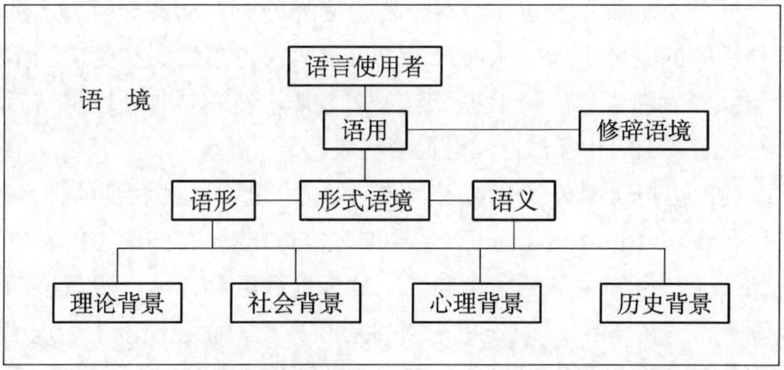

显然，这一语境重建模式的含义就在于，语言使用者在具体的理论背景、社会背景、心理背景以及历史背景当中，通过语用分析方法（在修辞语境中）对语形规则和语义规则（在形式语境中）的运用，达到对科学理论的构造、解

释和评价以及对科学哲学难题的重解。因此，正是在上述意义上，这一语境重建模式从本质上讲具有如下特征：

首先，它不仅侧重逻辑实证主义符号化的形式语境和历史主义所强调的整体解释的社会语境，而且还关注了修辞语境，从而实现了语境基底上语形、语义和语用的统一。在这里，所谓的形式语境、整体解释的社会语境以及修辞语境的统一就隐含了语形、语义以及语用的整合。因为，形式语境必然要与语义相关，没有语义分析的形式语境是空洞的；而语义分析必然要涉及社会语境，否则，它是狭隘的和不可通约的。社会语境的目的不能不是促进科学的发明与创造，而这一目的的实现必然要通过修辞语境的具体化来得以完成和展开，所以，没有修辞语境的现实化，社会语境就是盲目的。修辞语境在很大程度上是语用分析的情景化、具体化和现实化，它是以特定的语形语境的背景和社会语境的背景为基础的，否则，它就不可能真正地生成。所以，没有形式语境就没有科学的表征，没有社会语境就没有科学的评价，而没有修辞语境就没有科学的发明。①

其次，它表达了科学语言的意义或科学理论的意义就在于语言使用者即科学主体在理论背景、社会背景、心理背景、历史背景等具体的境遇中使用语用分析方法对科学理论即科学对象或客体所进行的语形和语义的理解、分析和评价。在这里，语境不仅是整个语言分析方法的基底，而且，它更是对语言分析方法的整合。正是在这一整合中，它预示了反实在论的语言分析方法已经从单一转向多元、由绝对转向相对、从外在走向内在、由宏观走向微观、由形式分析转向对语义分析、语用分析、解释分析、修辞分析、社会分析、案例分析及心理意向分析等的具体引入，从而预示了科学实在论与反实在论甚至整个英美分析哲学与欧洲大陆哲学、科学主义与人文主义、理性与非理性将在后现代语境的基底上从断裂走向相互渗透和融合的趋势。

不言而喻，正是通过对20世纪反实在论的语境重建模型特征的把握和理解，科学实在论与反实在论在语境分析方法的扩张与语境原则的渗透的基础上，在科学理论的说明与解释中从断裂走向了某种渗透和融合，从而不仅推动了反实在论甚至整个科学哲学在21世纪的未来发展和进步，而且预示了后现代科学哲学未来发展的新趋向。可以看出，反实在论的语境分析方法不仅对于反实在论的自身发展具有极其重要的意义，而且在整个科学哲学的后现代发展趋向中同样具有不容忽视的理论价值和实践意义。当然，这里需要明确指出的是，反实

① 郭贵春. 2000. 科学修辞学的本质特征. 哲学研究，(7)：24.

在论的语境构建仅仅是其发展过程中众多趋向和态势中的一种重要的趋向和态势，而非反实在论的终结形态。因此，我们也不能将它泛化。否则，正像前面提到的那样，就会陷入泛语境论的境地，因而走向极端的相对主义。这也正是本书所倡导的一个观点。

囿于笔者的能力和时间的有限以及存在的一些客观因素，本书尚有一些不尽如人意的地方，这些不足还将有待于在今后的工作、学习和研究中进一步加以探讨和改进，并在此基础上对科学实在论和整个科学哲学加以更深刻的把握。

胡瑞娜

2015 年 11 月 30 日